Di Gennaro Sangiuliano
in edizione Mondadori

Scacco allo Zar

Una repubblica senza patria
di Vittorio Feltri e Gennaro Sangiuliano
Collezione Le Scie

ISBN 978-88-04-63344-0

Published by arrangement with Delia Agenzia Letteraria 2013

I edizione ottobre 2013

Vittorio Feltri
Gennaro Sangiuliano

UNA REPUBBLICA SENZA PATRIA

Storie d'Italia dal 1943 a oggi

MONDADORI

UNA REPUBBLICA SENZA PATRIA

INTRODUZIONE

L'Italia ha un peccato originale, un peccato al quale è facile attribuire un nome. Si chiama estremismo. Non abbiamo dimenticato il fascismo. Se ancora oggi è viva la sensazione che il Paese non abbia una destra presentabile, compiuta, europea, per usare una parola abusata e vuota, una destra che non susciti paure e sospetti, è perché da noi la stessa parola «destra» evoca tutt'ora il fascismo autoritario, il fascismo dei manganelli, degli stivaloni e dell'olio di ricino. Dunque, la valenza della parola conserva un forte connotato negativo. Se vai in giro e dici che sei di destra, inevitabilmente susciti l'idea di essere un fascista. Ti va un po' meglio se vai in giro e dici che sei di sinistra, almeno passi per antifascista, e questo un po' ti assolve.

Ma anche la parola «sinistra» dalle nostre parti richiama un'idea inevitabile, quella del comunismo. Difficile passare per moderato, per socialista, quelli in Italia non sono mai stati tanti e non hanno mai suggestionato nessuno. Quindi sarai un comunista, anche perché dall'epoca di Occhetto, quando erano tanti e si dichiaravano orgogliosamente comunisti, non sono passati molti anni. Non abbastanza da dare il tempo di metabolizzare una nuova idea.

A lungo abbiamo sentito parlare di democrazia zoppa in Italia, una democrazia alla quale la sinistra non partecipava. Ma era del tutto ovvio che non partecipasse. Come potevano i comunisti, appartenenti a una sinistra che aveva per obiettivo l'abbattimento del sistema, partecipare al governo del Paese? Com'è possibile

anche solo pensare una stupidaggine del genere? Noi una sinistra normale, di impostazione socialdemocratica, non l'abbiamo avuta. C'è stata in Scandinavia, nella stessa Gran Bretagna, da noi no.

Per questo parlo di peccato originale e di estremismo, per questo ci siamo dovuti sempre confrontare con un Paese dai due versanti. Da una parte una destra inutilizzabile, perché figlia del fascismo, dall'altra parte una sinistra altrettanto inutilizzabile, perché tutt'ora erede del comunismo ortodosso.

Quando si esaurì l'esperienza del pentapartito, cosa accadde? I comunisti cambiarono l'insegna, ma nella bottega c'erano ancora loro, i personaggi erano gli stessi. I D'Alema, i Veltroni, venivano tutti dal Pci. Quando si sono costruiti come possibile squadra di governo, sono stati costretti a cercarsi una figura candidabile, oltre che e a creare agglomerati mostruosi nei quali hanno messo dentro un po' di tutto, estremisti e cattolici. Doveva però tenerli insieme un uomo del quale la gente poteva fidarsi, tant'è che scelsero Romano Prodi, uno che non a caso ha battuto per ben due volte la destra, al tempo ancora sospettata di filofascismo, visto che dentro c'erano gli ex missini di Gianfranco Fini.

Questo dimostra che la sinistra conosce bene questo meccanismo e comprende anche il proprio limite. Viceversa, ancora a causa del suo peccato originale, sa di non poter vincere e governare. È il motivo per cui la nostra democrazia resta più formale che sostanziale. Quando si cerca di creare un movimento diverso, questo è destinato a essere minoritario, non diventerà mai adulto né numericamente apprezzabile.

Siamo legati a una strana idea della politica. Non la consideriamo lo strumento che dovrebbe permetterci di vivere meglio, ma una religione, nei confronti della quale c'è solo fede cieca e nessuna voglia di ragionare. Si procede senza valutare il proprio interesse, ma solo aggrappandosi a una bandiera, comportamento tipico di un Paese che non sa cosa sia la patria, quindi si attacca a un partito, a una confessione religiosa, talvolta al calcio. Tutto, pur di non riconoscersi come popolo unico e come patria.

Ciò vale per lo stesso Berlusconi, creatore di un partito che sulla

carta doveva realizzare la rivoluzione liberale. Tutto hanno fatto in Forza Italia, e più tardi nel Pdl, tranne che un tentativo serio di compiere la rivoluzione liberale. In realtà, Berlusconi non è capo di un partito, ma una divinità capace di attirare grandi masse di voti: in quanto si oppone ai poteri della sinistra è stato disegnato e trattato come fosse il diavolo. In questi anni lo hanno caricato di significati assurdi, inimmaginabili, ma lui stesso ha accettato il gioco. Deve piacergli sentirsi Dio. Fino a quando è costretto ad accorgersi che non lo è. In certi casi può bastare un piemme a toglierti di mezzo.

Non c'è dubbio che l'idea del comunismo abbia perso smalto, anzi il comunismo vero non c'è più, nemmeno in Cina. Forse sopravvive come metodo, ma è evidente che ha tradito tutti i testi sacri. Il paradosso è che i comunisti d'Italia si offendono se gli dai del comunista. Quest'eredità di cui non riescono a liberarsi pesa ancora sulle loro spalle. Si trascinano addosso rottami di Botteghe Oscure, il residuo di quel peccato originale che tutt'ora vive. Per questo Matteo Renzi, che non è nato a Botteghe Oscure, conquista tante simpatie, anche a destra.

Persino i sindacati risentono ancora dei risvolti religiosi tipici della sinistra, di tutti i vecchi ritualismi, del mito sbiadito del 1° maggio e del 25 aprile. Tutto materiale che rivela un animo da liturgia sacra, non certo una visione del mondo seriamente politica, costruita esclusivamente sulla rappresentazione degli interessi dei cittadini. La politica dovremmo considerarla un taxi, sul quale salire e farci accompagnare dove ci pare. Noi vogliamo invece sapere solo qual è il taxi, una volta scelto ci saltiamo su e nemmeno vogliamo sapere dove ci condurrà.

Si tratta di un estremismo tipicamente italiano, il cui seme viene sparso già in famiglia. Tra le mura domestiche esiste una prima riproduzione dell'estremismo, che a volte può anche generare esiti oppositivi. Ho il papà fascista, perciò sono comunista, di certo non sarò un repubblicano. Già in famiglia impari questo modo di ragionare e di agire. In seguito, la proiezione nella società di questo fenomeno è l'origine di tanti disastri.

C'è un'altra questione che impedisce all'Italia di diventare una

patria. Si tratta della divisione Nord-Sud. Viene vissuta anch'essa su un piano sempre illogico ed emotivo, mai di convenienze reciproche, e allora scatta il bisogno di trovare un colpevole. Per il Nord la responsabilità è tutta dei terroni, che si farebbero mantenere dal Settentrione. Ma è irrazionalità pura, coloro che sostengono queste tesi non sanno bene nemmeno ciò che dicono. Per il Sud la responsabilità è tutta del Nord saccheggiatore. E devo dire che qui c'è un po' di ragione in più, si parte almeno da un elemento autentico. Se andiamo indietro, fino all'Unità d'Italia, all'arrivo dei Savoia nel Meridione, non ci vuol molto a capire che i piemontesi non avevano uno spirito sinceramente unitario. Videro piuttosto una straordinaria opportunità, e scesero soprattutto a saccheggiare. Tutto sommato, dei destini e dello sviluppo del Sud, i Savoia se ne fregavano altamente. Che il Sud sia stato spogliato non mi pare una faccenda che si possa negare. Ma poi la mitologia del sopruso ha preso il sopravvento al Sud, è diventata religione, fede, luogo comune, fino a trasformarsi in conformismo puro. E ancora una volta non se ne esce più. Il conflitto inspiegabilmente continua e il Paese non riesce ad aggregarsi.

La creazione della patria subisce i colpi di un altro nemico, l'individualismo esasperato. Probabilmente, la divisione in ducati, signorie, contee e parrocchie ci ha lasciato dentro l'animo del suddito. E un suddito non avrà mai come scopo il bene della comunità, baderà soltanto a salvarsi il sedere dalle intrusioni del principe prepotente. Perciò si attrezza, si ingegna per tirare a campare. Oggi che facciamo i conti con la crisi, se parli con un imprenditore e gli chiedi della situazione in generale, ti risponderà che le cose vanno veramente male, e che non si sa dove andremo a finire. Ma se gli chiedi come lui pensa di uscirne, è probabile che dirà di potercela fare. Il singolo, se pensa a sé, è convinto di cavarsela, e magari se la cava davvero. Tutto ciò contrasta però con l'idea di collettività e di organizzazione sociale.

Il nostro è un Paese in cui è diffusa soprattutto la piccola e la piccolissima industria, possiamo addirittura parlare di prevalenza dell'artigianato. Siamo i secondi in Europa nella produzione ma-

nifatturiera, ma tutto questo nasce nella bottega, è dunque l'esito del nostro radicato individualismo. È una caratteristica che sa generare anche risvolti positivi, intendiamoci: dà la capacità di muoversi, di cercare sbocchi anche su mercati stranieri malgrado le dimensioni assai ridotte delle nostre aziende, ma tutto avviene per iniziativa dei singoli, non c'è un sistema. Non riusciamo nemmeno a immaginare che l'esercito italiano di partite Iva si consorzi per superare le proprie difficoltà. Prendiamo un ufficio studi: se devo mantenerlo da solo, mi costa l'iradiddio, ma se si pensasse a suddividere i costi tra migliaia di imprenditori, avremmo un ufficio studi di elevata efficienza e spese ridottissime per tenerlo in piedi. Se non si riesce ad aggregare, ho la sensazione che si resti deboli, molto probabilmente destinati alla sconfitta, certamente incapaci di costruire una vera patria.

Abbiamo un retaggio che noi italiani non possiamo dimenticare, quello delle emigrazioni. Hanno riguardato soprattutto il Sud, ma anche vaste aree dell'Italia del Nord. Anche la Bergamasca ne è stata interessata: oggi il territorio vanta una delle economia più redditizie ed efficienti d'Europa, ma un tempo tantissimi si trasferivano in Svizzera. Dev'esserci rimasto un po' addosso quel vecchio incubo dell'emigrazione, il risultato è che nessuno si allontana più dal nido in cui è nato. Facciamo fatica a mandare i figli in Canada, in Inghilterra o negli Stati Uniti. Non ci vanno, al massimo si spingono a Berlino, ma solo perché lì è pieno di birrerie. Questa chiusura ci complica pure l'apprendimento delle lingue. La iattura dell'emigrazione ci è rimasta dentro e oggi reagiamo col rifiuto totale.

L'aspetto decisivo, quello che forse più di altri impedisce di metter su una patria, è l'assenza totale di una seria tradizione militare e militaresca. Tutti i paesi capaci di crearsi una patria hanno una tradizione militare forte, che può svilupparsi soltanto in una nazione autenticamente unita. Noi non siamo uniti, a causa dei sospetti tra Nord e Sud, piuttosto siamo incazzati per il timore di essere reciprocamente sfruttati. Gli italiani hanno sempre vissuto la leva come un obbligo odioso, non come l'opportu-

nità di apprendere la vita militare, di aggregarsi in base a regole di disciplina. Se guardiamo la nostra storia, vediamo che il Sud organizzò una ribellione dura quando i piemontesi imposero la naia obbligatoria. Lo comprendo, perché i meridionali dovevano aver voglia di far la guerra per il Piemonte? Manco sapevano dov'era Torino. Per loro quella regione era solo uno Stato estero, uno come tanti, come la Francia o l'Austria. E non crediate che le sensazioni fossero diverse per i veneti, che erano abituati a stare con gli austroungarici. Naturalmente, al cospetto della tragedia e della disperazione, quando al fronte la scelta era tra combattere o morire, si combatteva uniti.

Oggi il ministero della Difesa è tra i pochi che ricevono trasferimenti enormi di denaro, ma servono quasi tutti per mantenere la casta dei marescialli e degli alti ufficiali, sulla cui conservazione vigilano i sindacati, altro decisivo elemento disgregante.

Del resto, questa debolezza di cultura militare fu lo scoglio sul quale sbatté lo stesso Mussolini. Il Paese lo aveva anche un po' compattato, aveva forse pure trovato un debolissimo denominatore comune cresciuto sull'orgoglio, ma poi si era illuso di avere anche un esercito. Con quello che mise insieme, non solo non fece la bella figura che aveva sognato, non la fece nemmeno decente. L'errore è stato far la guerra, non puoi farla se non ne hai mezzi e possibilità. Non tenerne conto ha sgretolato la patria e causato l'enorme disastro che conosciamo. La guerra non è stata sbagliata per motivi tattici, è stata sbagliata all'origine, per la convinzione di Mussolini di avere un esercito e una struttura militare che non c'erano affatto.

In fondo, questo è l'errore che paga anche l'Europa. Non ha un esercito proprio, non ha un'idea militare comune. Mi chiedo come riusciamo ancora a illuderci che stia diventando un'istituzione compiuta e compatta, e mi chiedo come si possa pensare a un'Europa che sentiamo come patria. Noi italiani non ce l'abbiamo nemmeno in casa, per darci una patria abbiamo troppa strada da fare.

Vittorio Feltri

Parte prima

IL LUNGO DOPOGUERRA

di Gennaro Sangiuliano

I

SERVA ITALIA, DI DOLORE OSTELLO

«Ahi serva Italia, di dolore ostello, nave sanza nocchiere in gran tempesta, non donna di province, ma bordello!», questo celebre verso della *Divina Commedia* contenuto nel sesto canto del «Purgatorio» è ispirato dall'incontro di Dante Alighieri con Sordello da Goito, famoso poeta del XIII secolo. È il lamento sulle condizioni di un'Italia divisa, lacerata al suo interno da accese rivalità e particolarismi molto locali. Un'espressione di lucida attualità che riassumeva la condizione di un'Italia «serva», debole nel consesso geopolitico del tempo, per l'assenza di una tensione morale unitaria.

Non si esagera nell'affermare che dopo sette secoli c'è ancora molta verità nel verso di Dante. L'Italia è una Repubblica senza patria. Molti secoli dopo, Giuseppe Prezzolini scriverà: «patria di tutti, non poté nel passato l'Italia, e non può oggi, esser la patria degli Italiani».[1]

L'affermazione, apparentemente perentoria, è purtroppo l'amara constatazione che nasce dalla realtà di vita quotidiana e da una storia dolente, segnata da quasi un secolo di lacerazioni che hanno impedito di realizzare, secondo una formula alquanto abusata, un «Paese normale». Il degrado delle nostre città, i ritardi strutturali, la volgarità della politica, la corruzione, la criminalità organizzata, l'incuria del patrimonio artistico, il malessere sociale, le insufficienze della scuola, in generale la scarsa qualità della classe dirigente – non solo quella politica – traggono ori-

gine dall'essere l'Italia «una Repubblica senza patria», troppo spesso somma di particolarismi, individualità, caste, interessi opachi, faziosità. Un contesto che è frutto di una debolezza storica, che può essere puntualmente rinviato ai vizi d'origine del nostro recente passato.

Luigi Barzini e Leo Longanesi conclusero che l'Italia più che una nazione era una federazione di famiglie, anzi di clan, perché questa è l'unica vera istituzione che gli italiani riconoscono. Longanesi voleva che sul tricolore della bandiera nazionale venisse scritto come motto: «Tengo famiglia».

Trent'anni fa, lo storico Rosario Romeo ammoniva che «un Paese idealmente separato dal proprio passato è un Paese in crisi di identità e dunque potenzialmente disponibile, senza valori da cui trarre ispirazione e senza sentimento di fiducia...».

Sul territorio della Penisola esiste certamente uno Stato in termini amministrativi e giuridici, capace di fare leggi – spesso fin troppe –, di imporre e riscuotere tasse, di condizionare la vita dei cittadini, di arrestarli e giudicarli. Occorre domandarsi, però, se esista del tutto una comunità, una nazione intesa come patria.

L'Italia è una straordinaria entità culturale, geografica, paesaggistica, linguistica, dove uno straordinario popolo è stato capace di produrre una delle più importanti civiltà della storia umana. La denuncia delle insufficienze del Paese non deve impedire di riconoscere i traguardi, anche in termini di benessere collettivo, conseguiti dal popolo italiano.

«Parto dall'estremo Nord, con l'intento di scendere fino a Pantelleria, regione per regione, provincia per provincia. Sono curioso dell'Italia, degli italiani e di me stesso; che cosa ne uscirà, non saprei anticiparlo». Nel 1953, in un Paese ancora segnato dalle macerie del dopoguerra, con queste parole Guido Piovene iniziò il suo *Viaggio in Italia*, un vero percorso, fatto di appunti e osservazioni, dalle Alpi alla Sicilia, destinato a concludersi nel 1957. Al termine di questo lungo itinerario Piovene tratteggiava una Penisola di luci e ombre, concludendo che «il nostro è un popolo ricco delle virtù più umili e terrestri, povero delle virtù lucide».[2]

L'anomalia italiana deriva dall'essere stati incapaci di costruire uno Stato che poggiasse su un forte contenuto nazionale come è avvenuto per gli inglesi, i francesi, gli americani e anche per i tedeschi. Uno Stato fondato su un'identità condivisa, su un *idem sentire* comune, su una cornice capace di andare oltre le legittime diversità politiche. Uno Stato in cui i cittadini pagano le tasse perché convinti di concorrere alle necessarie spese comuni e non perché coartati da meccanismi infernali nella consapevolezza che una parte consistente finirà in sprechi e ruberie. Per dirla con estrema sintesi, uno Stato che non sia tale solo per prefetture, questure, caserme dei carabinieri, ma lo sia anche come entità immateriale, come sentimento di patria.

L'Enciclopedia Treccani definisce il sostantivo patria come «il territorio abitato da un popolo e al quale ciascuno dei suoi componenti sente di appartenere per nascita, lingua, cultura, storia e tradizioni». L'origine della parola è latina e rimanda a *patrius*, «paterno», dunque, con un richiamo esteso alla famiglia, alla tribù, agli antenati, accezione che si arricchisce perché per i latini la parola patria sottintende anche *terra*. Cicerone già la definisce come un insieme di istituzioni, tradizioni, sentimenti, ideali. L'*Encyclopédie* francese indica la patria come *pays des pères*, la terra dei padri, mentre per i tedeschi essa è *Vaterland* o *Heimat*, dove quest'ultima parola tedesca è correttamente traducibile come luogo dell'infanzia e riguarda la lingua degli affetti.

L'Italia storicamente è giunta tardi, rispetto ad altri grandi Stati europei, all'unità politica, ma come la Germania e la Francia ha sempre avuto un'unità linguistica e culturale, un comune retaggio sedimentato nel tempo.

Agli inizi del Novecento tra lo storico Gioacchino Volpe e il filosofo Benedetto Croce si sviluppò un serrato confronto sull'origine della nazione italiana. L'identità italiana, affermava Volpe, non coincide con l'atto giuridico di nascita dello Stato unitario ma lo precede di alcuni secoli, configurandosi come spirito italiano prepolitico e linguistico che affonda le radici nella romanità e nel Medioevo. Volpe espone la sua tesi in due opere, dove

descrive questo percorso storico, *Origine e primo svolgimento dei comuni nell'Italia longobarda* e *L'Italia in cammino*, all'interno delle quali è chiara la configurazione dell'unità nazionale italiana soprattutto come dimensione linguistica e culturale, quindi spirituale, prima ancora che politica e statuale.

Gli antefatti di una coscienza nazionale italiana li ritroviamo nelle pagine di Livio, Cicerone, Plinio, Virgilio, e si manifestano anche nel Medioevo nonostante l'universalismo culturale di questa epoca. I numismatici conoscono bene un'antica moneta, datata fra l'88 e il 90 a.C., fatta coniare dai Soci Italici e che reca la scritta «Italia», probabilmente la prima traccia di una connotazione geopolitica della Penisola. In quegli anni fu combattuta la cosiddetta «guerra sociale» (dove il termine sociale non è inteso nell'accezione moderna ma in quella latina che indicava nei *socii* gli alleati italici dei romani), denominata anche guerra italica, una rivolta dei municipi d'Italia, alleati di Roma, ma schierati contro la capitale nella rivendicazione di un pieno e paritario riconoscimento della cittadinanza romana per i propri cittadini, in virtù del contributo militare ed economico dato all'espansionismo della città *caput mundi*. L'imperatore Augusto delimiterà i confini italici all'arco alpino e suddividerà la Penisola in regioni.

In questa prospettiva – secondo Giovanni Gentile – il Risorgimento non crea l'Italia ma la fa ri-sorgere, riportando alla luce il fiume carsico dell'italianità che scorreva da secoli. Se, però, è accettabile ritenere – come scrisse Gentile – che Tommaso d'Aquino, Dante, Petrarca, Boccaccio, Galileo, Manzoni siano «tutti padri nostri comuni, o nostri fratelli maggiori», è altrettanto vero che questa visione è rimasta relegata in gruppi intellettuali marginali lontani dalla politica e dalle élite decisionali. È più che mai rimasto inattuato l'auspicio del giovane Piero Gobetti che dalle colonne della sua «Rivoluzione Liberale» invoca il «venir formando una classe politica che abbia chiara coscienza delle sue tradizioni storiche e delle esigenze sociali nascenti dalla partecipazione del popolo alla vita dello Stato».

Benedetto Croce scrive: «L'amore di patria è un concetto mo-

LE SCIE

INDICE

rale. Nel segno della patria i nostri più nobili ideali e i nostri più austeri doveri prendono una forma particolare e a noi più vicina, una forma che rappresenta l'umanità tutta e attraverso alla quale si lavora effettualmente per l'umanità tutta».

In maniera più definita, lo storico Federico Chabod, che fu maestro di Renzo De Felice, puntualizza la categoria culturale e filosofica della nazione: «Dire senso di nazionalità, significa dire senso di individualità storica. Si giunge al principio di nazione in quanto si giunge ad affermare, contro tendenze generalizzatrici e universalizzanti, il principio del particolare, del singolo».[3] Chabod ricostruisce il percorso con cui – anche in Italia – si è giunti a definire questo senso d'individualità storica, da Marsilio da Padova a Dante, a Machiavelli, fino al Romanticismo, che afferma la consapevolezza di un'Italia con la sua individualità storica, fatta di tratti non solo etnici e linguistici ma soprattutto di tradizione e di pensiero, «in quanto l'Italia ha un'anima sua, ben diversa dall'anima francese, tedesca, spagnola, ecc., e perciò ha diritto di poter esprimere liberamente "anche" sul terreno politico, oltre che su quello letterario, artistico, musicale, ecc., questa sua anima, questo suo spirito, proprio di lei e di nessun altro popolo».[4]

L'Italia, come altre nazioni, ha tratti specifici e peculiari, non solo una sua geografia, un suo clima, una sua dislocazione nel Mediterraneo, ma una fisionomia comportamentale del suo popolo, un tratto umano che precede il momento dell'organizzazione dello Stato e rende la nazione un «fatto spirituale».

Nel passaggio dal Medioevo alla modernità, molti popoli europei si svincolano dalla *respublica christiana* e dall'idea di impero universale per pervenire all'idea nazionale, meglio di tutti la Francia, gli altri attraverso la mediazione della monarchia, come Inghilterra e Spagna. L'Italia si attarda.

Mazzini lega alla patria la nozione di libertà, intesa non solo come indipendenza dallo straniero ma come condizione di vita dei suoi cittadini. «L'Indipendenza è l'emancipazione dalla tirannide straniera e la Libertà è l'emancipazione dalla tirannide domestica; or, finché domestica o straniera voi avete tirannide, come potete aver patria? La patria è la casa dell'Uomo, non dello Schiavo» (*Scritti editi e inediti*, LXIV, pp. 182-183).

Nel 1861 l'Italia nasce debole, si realizza un sogno delle élite intellettuali e politiche perché finalmente la Penisola è quella poetica del Manzoni «una d'arme, di lingua, d'altare, di memorie, di sangue, di cor», ma nei mesi in cui si consegue l'unità nazionale Massimo d'Azeglio, esponente di primo piano della classe dirigente piemontese, scrive in una lettera privata: «La fusione coi Napoletani mi fa paura; è come mettersi a letto con un vaiuoloso». Allo stesso viene attribuita la pubblica dichiarazione: «Si è fatta l'Italia, ma non si fanno gli Italiani».

In realtà, il Risorgimento era stato un fenomeno ristretto alle élite intellettuali e politiche, la maggioranza degli italiani era indifferente all'Italia, preoccupati solo di sopravvivere in un Paese estremamente povero. Il cancelliere von Metternich aveva non solo dichiarato che «l'Italia era un'espressione geografica», ma aveva anche scritto: «In Italia ci si detesta da provincia a provincia, da città a città, da famiglia a famiglia, da individuo a individuo».

Il popolo italiano non esisteva, alle guerre risorgimentali parteciparono alcuni intellettuali volenterosi e animati da sincero spirito patriottico ma che non superarono poche migliaia di persone. Il conte Camillo Benso di Cavour non si era mai dichiarato «patriota» e fautore dell'Italia unita, lo diventerà di fronte agli eventi, per evitare che altre dinastie italiane realizzassero il disegno nazionale e per le favorevoli circostanze che si verranno a determinare. Fra gli intellettuali risorgimentali, alcuni fra i più autorevoli – Gioberti, Rosmini, d'Azeglio – pensano che l'Italia unita debba limitarsi al Piemonte, al Lombardo-Veneto e all'Emilia, lasciando fuori il Centro pontificio e il Regno delle Due Sicilie.

All'indomani dell'Unità si scatena in alcune aree del Sud un'autentica guerra civile, a lungo derubricata dalla storiografia ufficiale sotto la voce *Brigantaggio*, e che solo di recente sta diventando oggetto di una diversa valutazione storica. Che si trattò di autentica guerra civile lo testimonia la legge Pica, dell'agosto 1863, con la quale governo e Parlamento italiani imposero lo stato d'assedio in una vasta parte del suo territorio, sancendo la sospensione delle garanzie costituzionali, trasferendo il potere giudiziario ai tribunali militari che ordinarono fucilazioni di massa, anche di donne e bambini.

Nel 1861, a unificazione fatta, più del 70 per cento della popolazione italiana risultava essere analfabeta, con punte dell'80 per cento al Sud e del 90 per cento in Sardegna. Dopo un ventennio, nel 1881, si era scesi di appena un 3 per cento, al 67 per cento. Nel 1887 veniva varata la legge Coppino sull'istruzione elementare, ma la situazione migliorava in maniera modesta, perché nel 1891 regioni come la Sicilia e la Puglia avevano ancora il 70 per cento della popolazione analfabeta.

L'ignoranza costituiva un limite enorme allo sviluppo di un sentimento di cittadinanza: chi non sapeva leggere e scrivere, la stragrande maggioranza, era un escluso, estraneo alla lingua comune e alla cultura nazionale.

Negli anni Novanta fu modificata la legge elettorale passando dal diritto di voto, fondato sulla discriminante per censo, a quello basato sull'analfabetismo. Tradotto: votava solo chi sapeva leggere e scrivere. Pur ampliandosi la base elettorale, in cifre significò che su una popolazione nazionale di trenta milioni avevano diritto al voto solo tre milioni di italiani. La storica Simona Colarizi coglie bene il legame negativo tra alfabetizzazione e sviluppo: «La patria è parola ancora vuota di significato per milioni e milioni di sudditi che rimangono impermeabili alla diffusione di una cultura nazionale, anche per ostacoli oggettivi, l'analfabetismo, appunto, e la lingua».[5]

L'Italia, per chi viveva nelle zone rurali del Sud e non aveva mai posseduto neanche un paio di scarpe, era un'entità astratta. Tra il 1880 e il 1920, circa nove milioni di italiani emigrarono all'estero, soprattutto verso le Americhe, prima verso Brasile e Argentina, poi verso gli Stati Uniti; provenivano soprattutto dalla Campania, dalla Calabria, dalla Sicilia e dalla Puglia, gente disperata, con famiglie in media di dieci figli, che lasciavano senza rimpianti e con poche nostalgie il proprio Paese verso l'incognito, perché qualunque condizione sarebbe stata preferibile a quella delle campagne italiane. È un autentico esodo, quasi un terzo della popolazione dell'epoca, la metà di quella meridionale, che per dimensioni non ha riscontro in altre nazioni europee. Ancora oggi, nelle zone interne della Campania, della Calabria, del Molise, sono visibili paesi rurali abbandonati e rimasti disabitati. Le cifre complessive, valutate dagli studiosi, indicano oltre venti milioni di cittadini italiani emigrati.

L'Italia a cavallo fra Ottocento e Novecento, però, non è solo miseria, è anche una nazione che conquista la modernità, attraverso una industrializzazione a tappe forzate che ne fa una delle economie più importanti dell'Europa. Uno sviluppo destinato a incidere profondamente nella struttura sociale. A partire dal 1896, dopo un periodo postunitario stagnante, si comincia a colmare quel ritardo industriale rispetto a Gran Bretagna, Germania e Francia. Nel 1899 viene fondata la Fiat, impresa simbolo del capitalismo italiano. Tra la fine dell'Ottocento e i primi del Novecento sono nate la Pirelli (1872), la Società Edison (1884), la Breda (1885), la Montecatini (1888), l'Ilva (1905).

Le condizioni di partenza sono di enorme ritardo rispetto al resto d'Europa: nel 1861 in Italia esistevano 2521 km di ferrovie, in Francia 4000 km, in Germania 11 mila km, nel Regno Unito 16.666 km. Nel 1871 in Inghilterra solo il 35 per cento della popolazione lavorava in agricoltura e sarebbe scesa al 25 per cento nel 1910. In Italia nello stesso periodo gli addetti all'agricoltura sono circa il 70 per cento della forza lavoro, quelli all'industria il 21 per cento. Nel 1880, la Gran Bretagna detiene il 30 per cento della produzione industriale mondiale, gli Stati Uniti il 23 per cento, la Germania il 18 per cento, la Francia il 15 per cento, l'Italia appena il 2,4 per cento. Ai primi del Novecento la Gran Bretagna cederà il primato della produzione industriale alla Germania. Nei primi anni di unità il reddito pro capite degli italiani – fatto 100 – ammonta a 220, contro 775 degli inglesi, 650 dei francesi e 550 dei tedeschi.

Il recupero è per certi versi eccezionale, inaspettato. Tuttavia, in quel periodo, il capitalismo italiano assume quei vizi d'origine che ancora oggi pesano nella sua struttura. È a forte vocazione familiare, rivolto al profitto, dove l'elemento familista prevale sull'interesse generale, diverso da quello francese, inglese o tedesco, permeato di una vena nazionale.

Le grandi banche che nascono nello stesso periodo sono decisamente condizionate dal capitale straniero: nel 1894 viene fondata la Banca Commerciale Italiana (Comit), con capitali tedeschi, austriaci e svizzeri, affidata alla direzione di Otto Joel e Federico Weil. Poco dopo, nel 1895, nasce il Credito Italiano, con capitali tedeschi e svizzeri.

Il balzo in avanti dell'economia italiana influenza anche la morfologia del Paese, inizia l'inurbamento con lo sviluppo delle città mentre sul terreno politico cresce il protagonismo delle nuove classi sociali. Agli inizi del Novecento la scena vede l'ascesa prepotente di due nuove forze sociali: la borghesia imprenditoriale industriale attiva al Nord e di riflesso un vasto proletariato che si va organizzando nel Partito socialista e nei sindacati.

Sia i capitalisti che i socialisti hanno una scarsa vocazione patriottica, i primi chiusi nella tutela degli interessi del proprio *establishment*, i secondi proiettati verso l'internazionalismo rivoluzionario. Lo stesso carattere a-nazionale connoterà la terza forza che di lì a poco assumerà un ruolo da protagonista, quella dei cattolici impegnati in politica. Questo non significa che all'interno di queste componenti non vi siano individualità e correnti con vocazioni nazionali, ma esse, quasi sempre, risultano minoritarie.

Il Partito socialista nasce con il congresso di Genova del 1892; venti anni prima, nel 1872, a Rimini era stata fondata la Federazione dell'Associazione internazionale dei lavoratori a opera degli anarchici, poi c'erano stati i tentativi insurrezionali di Imola (1874) e San Lupo (1877).

Il socialismo italiano è sin dalle origini condizionato dall'origine anarchica e dalla presenza in Italia del russo Michail Bakunin, ideologo globale dell'anarchia. Le sue idee teorizzano la dissoluzione degli Stati nazionali e per questo critica aspramente lo statalismo mazziniano. Il movimento operaio manifesta una vocazione internazionalista che esprime l'obiettivo della rivoluzione mondiale del proletariato. Solo più tardi, con il sindacalismo rivoluzionario, si manifesterà un socialismo nazionale, quando uno dei suoi leader, Angelo Oliviero Olivetti, parlerà contro le «epoche incerte della civiltà universale».

Sul fronte opposto nessun entusiasmo nazionale viene manifestato dalla nascente borghesia industriale, che si organizza nel 1906 quando dà vita alla Confederazione italiana dell'industria. Ne affida la prima guida addirittura a un francese, Louis Bonnefon-Craponne, espressione del peso del capitale straniero. Quello italiano è già un capitalismo anomalo, lontano da una visione sociale che si afferma nell'Europa continentale. In Germania Max Weber teorizza la necessità di gruppi dirigenti nazionali capaci di far superare la prospettiva della lotta di classe, precisando che «l'avidità di lucro, la ricerca del guadagno, del denaro, di un guadagno pecuniario quanto più alto è possibile, in sé e per sé non ha nulla a che fare con il capitalismo». In Italia per lungo tempo gli imprenditori saranno padroni.

L'Italia postunitaria era stata segnata anche da un lungo periodo di sostanziale estraneità da parte dei cattolici a un coinvolgimento diretto in politica; indignata dall'anticlericalismo dei primi governi del regno, questa significativa parte della nazione guardava con spirituale superiorità alle contese terrene. Solo a cavallo fra i due secoli iniziava una lenta e meditata marcia di avvicinamento che sarebbe sfociata nell'organizzazione dell'impegno cattolico in politica. Tuttavia, le prime azioni dei cattolici risentono di una forte subalternità alle gerarchie ecclesiastiche, per vocazione poco nazionali. Non è un caso che i suoi maggiori teorici, sia pure molto diversi fra loro, sono due sacerdoti, Ernesto Bonaiuti e Romolo Murri, mentre un altro sacerdote, don Luigi Sturzo, sarà il fondatore del primo vero partito cattolico, il Partito popolare. Almeno fino alla Seconda guerra mondiale sono uomini di Chiesa a organizzare e dirigere l'impegno cattolico, si tratta di personalità diverse, di grande spessore intellettuale, però accomunate dall'universalismo, lontane da un progetto nazionale.

Dunque, agli inizi del nuovo secolo, l'Italia è divisa fra una vecchia classe dirigente compromessa dagli scandali e dall'inerzia, che alla prova dei fatti risulta incapace di completare il Risorgimento dando pieno significato a questa parola, e nuovi protagonisti sociali, che per motivi diversi, antepongono interessi di classe ed economici, anche legittimi, a una visione complessiva.

Giovanni Papini chiarisce bene il senso di questa «inadeguatezza» nelle pagine di *La cultura italiana,* dove, infatti, annota: «La generazione che ha seguito quella del Risorgimento – quella che si potrebbe chiamare, con non celato sarcasmo, dei figli dei liberatori – è stata inferiore al compito suo. Se è riuscita ad organizzare una enorme burocrazia (del resto indolente e indisciplinata) – a costruire delle ferrovie, scomodissime e insufficienti – a riempire gli archivi di leggi dimenticate e di regolamenti non osservati – e a risollevare la vita economica, non è riuscita però a dare alla vita della nazione quelle attitudini e quegli ideali che trovano la loro espressione in una grande cultura».

Norberto Bobbio si domanda se sia esistita un'ideologia italiana, intesa come «un orientamento dominante, egemone, quasi ufficiale, che non appena scosso da tendenze contrarie riprende il sopravvento, e fa apparire eretico, non genuino, non nazionale, ogni altro pensiero che non vi si adegua»,[6] alla maniera di quella ideologia nazionale britannica che ben traspare nei romanzi Rudyard Kipling o sul modello dell'«ideologia francese» affermata da Bernard Henry Lévy. In altre parole se ci sia stato un tentativo credibile di costruire un'identità forte dell'Italia capace di rendere credibile lo Stato. Con onestà intellettuale Bobbio individua un accenno di «ideologia italiana», pur esprimendosi con toni negativi, in quel movimento di idee che, partendo dalla critica radicale al positivismo, si innescò agli inizi del Novecento attorno all'idealismo di Benedetto Croce e Giovanni Gentile che consentì alla cultura italiana di «uscire all'aria aperta e vivida».[7] Il loro idealismo vuole modernizzare la cultura attraverso una «morale della Storia» destinata a offrire coesione a quelli che definisce «spiriti di popoli» (*Völkergeister*).

Il movimento aperto da queste idee trovò dinamismo e originalità attraverso una stagione di avanguardie, di movimenti e soprattutto di riviste. In pochi anni, in un intreccio di amicizie e collaborazioni, saranno editi il «Leonardo» di Papini e Prezzolini, la «Critica» di Croce e il «Regno» di Corradini, che per Bobbio «rappresentano le tre figure, hegelianamente parlando, di quella domestica fenomenologia dello spirito che si svolge attraverso irrazionalismo, idealismo e nazionalismo».[8] Poi ci sarà «La Voce», la rivista animata da Giuseppe Prezzolini che Malaparte qualificherà come la «serra calda del fascismo e dell'antifascismo», «Lacerba» di Papini e Soffici, il Futurismo di Marinetti che dal manifesto pubblicato su «Le Figaro» si guadagnerà una notorietà internazionale che nessun altro movimento culturale italiano ha mai avuto. Un fermento che si svilupperà fino all'interventismo e al sindacalismo rivoluzionario.

La questione nazionale, intesa come inadeguatezza delle classi dirigenti, e latente da oltre un decennio, ora si manifesta prima sul terreno culturale poi su quello politico. «Corradini fece della questione nazionale l'unica e autentica questione sociale»[9] insiste Bobbio. C'è uno sfruttamento di classe ma ci sarebbe anche uno sfruttamento composto «di rapporti internazionali, di emigrazione nostra, di conquiste e di colonie altrui», quello che tocca alle «nazioni proletarie».

I giovani fiorentini, come tutta l'Italia intellettuale, sono di fronte al problema della transizione da una società aristocratica alla società di massa che preme alle porte.

«Io vorrei brevemente mostrare l'italianità del nostro pensiero», così scrive Giuseppe Prezzolini in *L'aristocrazia dei briganti*, un celebre articolo apparso nel 1903 sul «Regno». «Dobbiamo preferire le idee scaturite da cervelli italiani, e nutrite delle osservazioni delle cose latine ... Noi non abbiamo bisogno di vivere a pigione delle idee francesi o inglesi...» L'articolo di Prezzolini si riferiva alla «scoperta» della teoria delle élite di Gaetano Mosca e Vilfredo Pareto, a quel tempo scarsamente apprezzati in Italia, ma destinati a conferire a tutta la scienza politica ed economica europea idee assolutamente innovative. Pareto, in particolare, è l'autore del *Cours d'économie politique* (1896), destinato a diventare un classico dell'economia politica moderna, ancora oggi studiato nei corsi universitari di tutto il mondo. L'ingegnere italiano stroncò con efficacia il positivismo marxista, dimostrando che l'agire umano è distinto in azioni logiche e non logiche.

C'è un altro riferimento costante nei protagonisti di questa stagione, lo scrittore romagnolo Alfredo Oriani, morto nel 1909, che con il suo saggio più noto, *La lotta politica in Italia* (1892), aveva influenzato un'intera generazione di giovani parlando di «missione» dell'Italia: il completamento dell'unità con Trento e Trieste, l'egemonia sull'Adriatico per recuperare il dominio di Venezia e la partecipazione all'espansione coloniale in gara con le altre nazioni. Un libro che si chiude con il richiamo retorico alla battaglia di Dogali: «L'Italia, risorta a nazione, aveva ripreso il proprio posto d'avanguardia nella guerra immortale della civiltà contro la barbarie: Dogali era stata la prima conseguenza di Solferino».[10]

Oriani è venerato da Giovanni Amendola e Mario Missiroli che ne fanno il profeta dell'Italia che verrà, il maestro della *Rivolta ideale*, altro titolo di una sua opera, saggio che colpirà anche Gramsci, che lo definirà «l'unico tentativo un po' serio di nazionalizzare le masse popolari, cioè di creare un movimento democratico con radici italiane ed esigenze italiane».

«La nazione è una potenza per fare l'utile dei cittadini», un luogo morale ed etico ma anche l'ambito della promozione individuale.[11] Ecco perché viene contestato tanto l'individualismo liberale, perché l'individuo deve utilmente inserirsi tra i produttori, quanto il collettivismo che riduce tutto a una visione economicistica che alimenta la discordia sociale. La risposta indicata, non senza eccessi di retorica, è nel rinnovamento nazionale della borghesia e nella costruzione della solidarietà nazionale interclassista. Mosca e Pareto avevano auspicato un'aristocrazia dello spirito, dinamica, aperta ai migliori, contrapposta a quella dei «briganti», del trasformismo, della corruzione parlamentare ed elettorale che mortifica la vita pubblica.

L'alternativa che l'ideologia italiana pone è molto chiara, la schematizza Giovanni Papini in un altro famoso articolo-saggio, del 1904, sempre sul «Regno», intitolato *O la classe o la nazione.* Perché nella classe, spiega Papini, «tendono a prevalere gli interessi dei particolari, siano questi i poveri, i proletari, gli schiavi oppure i ricchi, i mercanti, gli oligarchi», nella nazione, invece, «le singole voci tacciono, si nascondono le brame parziali e tutte le forze, tutte le brame, tutti i voleri si protendono verso la suprema vita armoniosa della *polis*».

Gli umori e i sentimenti di questa intensa stagione verranno espressi in una sintesi estrema ed efficace di Giovanni Amendola: «L'Italia come oggi è non ci piace!».

Queste avanguardie, diverse fra loro, ma accomunate da un vitalismo dell'ideologia italiana, troveranno poi una composizione politica, prima diventando una sorta di «partito degli intellettuali», dopo nell'interventismo e nel fascismo. Tuttavia, è una parabola che perderà presto il suo tratto genuino, il progetto mussoliniano smarrirà via via i connotati di un'originale «ideologia italiana» per assumere i tratti di una «retorica italiana» che alimenterà le tragedie delle leggi razziali e della guerra.

Non solo pezzi importanti di questa cultura del rinnovamento italiano, da Gobetti ad Amendola, a Salvemini, allo stesso Croce si schierano con l'antifascismo, ma il partito di Mussolini si sclerotizza in quella che Renzo De Felice definisce una «grande organizzazione di inquadramento, controllo e guida».[12]

Il fascismo aveva in sé alcuni germi dell'ideologia italiana, li manifesterà in alcune avvedute riforme sociali e in un vasto programma di opere pubbliche, poi assumerà i toni da operetta, da «salto nel cerchio di fuoco» e i rituali imposti da Achille Starace. Ruggero Zangrandi, il giornalista autore del *Lungo viaggio attraverso il fascismo*, originale diario dell'attraversamento del Ventennio da parte di un giovane, racconta quello che gli riferì Vittorio

Mussolini, il figlio del duce e suo amico di adolescenza: «È inutile il fascismo è tutto un "bluff": papà non è riuscito a far nulla di quello che voleva; gli italiani sono fascisti per vigliaccheria e della rivoluzione se ne fregano». È l'Italia degli slogan, o meglio dei motti, visto il rifiuto di parole straniere: «Ardisco e non ordisco», «Noi tireremo dritto», «Duce tu sei la nostra luce», «Il fascista non usa l'ascensore», «Credere, obbedire, combattere».

Il giudizio sul fascismo – ribadita la condanna della dittatura – resta complesso, soprattutto in rapporto al tema dell'identità nazionale. «Il regime non riuscì nel suo progetto globale di trasformare gli italiani» afferma Giordano Bruno Guerri, «ma riuscì, per la prima volta nella storia, a portare la quasi totalità del popolo a un sentimento comune, anche se non inattaccabile, né così profondo e spirituale come avrebbe voluto il duce».[13]

Dunque, l'Italia per un lungo tempo era passata di retorica in retorica: prima quella risorgimentale di marca crispina, che condusse al disastro di Adua, poi la marcata retorica fascista che condusse alla dittatura e a una rovinosa guerra, quindi quella della Resistenza, infine, una certa retorica della Costituzione, che hanno impedito spesso riforme e modernizzazione.

La retorica, nelle sue diverse manifestazioni, ha coperto il peccato d'origine di uno Stato senza patria. Il punto più alto, la lacerazione più intensa, sarà l'8 settembre del 1943, quando la classe dirigente si dissolverà e fuggirà indecorosamente lasciando una nazione allo sbando. Un momento tragico che metterà a nudo il castello di carta dell'italiano forte costruito dalla propaganda fascista.

Nel dopoguerra l'Italia ha aumentato il solco delle divisioni partigiane a scapito di un'identità collettiva. Ogni forma di sentimento nazionale veniva assimilata *tout court* al fascismo. Il Peppone di Guareschi si commuoveva all'*Internazionale* e inneggiava alla grande patria russa. Il Partito comunista italiano, nei fatti e nei comportamenti, assumeva un carattere antinazionale; contava il 25 aprile e non il 2 giugno, festa della Repubblica. La parte più consistente del Paese, invece, quella cattolica, preferiva organizzarsi dentro le sacrestie, pagando un prezzo all'internazionalismo ecumenico. Il grande capitale familiare si organizzava nei poteri forti poggiati su logge transnazionali.

Timide correnti nazionali percorrevano solo i piccoli partiti laici (Partito repubblicano italiano e Partito liberale italiano) e la destra monarchica e missina, almeno fino all'avvento di Bettino Craxi che con il suo «socialismo tricolore» tenta di ripercorrere i passi del francese Mitterrand nella costruzione di una sinistra che sappia essere anche nazionale. I riflessi di questa condizione culturale si vedono in politica estera, per lunghi anni l'Italia preferisce accomodarsi sotto l'ombrello americano e della Nato, delegando di fatto la sua sovranità militare, salvo qualche deroga, timida e opportunista, nei rapporti col mondo arabo.

La parola «Italia» è rimasta a lungo confinata in un lessico unicamente calcistico, il sentimento di una rassegnata «morte della patria» ci ha accompagnati per lunghi decenni in cui si è giunti a mettere addirittura in discussione la possibilità che gli italiani fossero una nazione. Lo dimostra il fatto che il «carattere degli italiani», nel cinema come nella letteratura, assumeva solo i toni di un'oleografia folkloristica, dove spiccavano i toni buffoneschi di un popolo postumo alla sua storia e felice nella precarietà.

L'italianità, del resto, spariva come concetto e categoria di pensiero dai processi educativi e didattici. La scuola volutamente si rifiutava di trasferire alle nuove generazioni i valori della storia comune e i contenuti dell'identità collettiva. I giovani italiani, in un dopoguerra durato almeno mezzo secolo, fatta eccezione per una piccola minoranza, venivano orientati a una retorica opposta a quella del fascismo, quella antinazionale.

Solo in anni molto recenti c'è stato un recupero di alcuni simboli, come l'inno e la bandiera, e la riscoperta di pagine tragiche come Cefalonia e le foibe. Qualcosa, certamente, ma ancora poco.

Oggi non esiste, se non in una marginale minoranza, una sorta di ideologia italiana, un connotato prepolitico, inteso come riconoscibilità di una forma mentis tipica che in America chiamerebbero *moral majority*, la maggioranza diffusa.

Augusto Del Noce coniò il termine «transpolitico» per indicare una dimensione profonda che sedimenta nella coscienza dei popoli, un fiume carsico che scorre nelle società, non dissimile da Oswald Spengler che sostanzia nella carenza di questo elemento la decadenza dell'uomo europeo, perso alla ricerca di un universalismo indefinito.

Il giurista tedesco Carl Schmitt ritiene che la terra, intesa come legame al luogo delle proprie origini, sia la «madre del diritto» e al riguardo parla di *nomos* della terra. «Il *nomos* è pertanto la forma immediata nella quale si rende spazialmente visibile l'ordinamento politico e sociale di un popolo, la prima misurazione e divisione del pascolo, vale a dire l'occupazione di terra e l'ordinamento concreto che in essa è contenuto e da esso deriva.»[14]

Il filosofo francese Alain De Benoist definisce in termini identitari la nozione di cittadinanza: «I cittadini sono coloro che discendono dalla stessa stirpe e che partecipano della medesima cultura. Per il fatto di avere origini e valori in comune, essi ed essi soli sono investiti di eguali diritti politici; questi si compendiano nella facoltà di partecipare a decisioni collettive, e in tale partecipazione si riassume la loro libertà».[15]

Il mondo è entrato nell'era globale, segnata da un mercato planetario, dall'apparente dissoluzione delle identità in un solo stile di vita. Tuttavia è anche l'era delle risposte radicali alla globalizzazione. Il sociologo inglese Young argomenta che «quando la comunità si sbriciola, scopriamo l'identità», concetto mutuato dal più noto sociologo polacco Bauman che, nel saggio dal titolo *O tarapatach tożsamości wciasnym świecie* (Sulle sventure dell'identità in un mondo troppo stretto) scrive: «Scopriamo l'identità quando non è più data, ma va cercata».

L'Italia dal 1992, da oltre un ventennio, ha conosciuto lo stravolgimento di vecchi assetti politici consolidati, iniziando un lungo viaggio verso una stabilità politica, istituzionale e sociale che stenta a conseguire. L'immagine è quella di un popolo a metà del guado di un fiume, che ha abbandonato la vecchia sponda ma a cui le correnti impediscono di raggiungere la nuova. Resta sottotraccia, come un fiume carsico, la nostra patria.

Le recenti celebrazioni sui 150 anni dell'Unità d'Italia potevano essere l'occasione, oltre che per una giusta ricorrenza, anche per una riflessione sulla debolezza della nostra appartenenza identitaria. Non lo sono state.

Vale la pena soffermarsi sull'istantanea che Giuseppe Prezzolini offre ai suoi lettori quando parla di due Italie: «Un'Italia fatta di fatti e una di parole, una d'azione, l'altra di dormiveglia e di chiacchiere; una dell'officina, l'altra del salotto, una che crea, l'altra che assorbe, una che cammina, l'altra che ingombra».

II

SETTEMBRE 1943: FUGA E DISSOLUZIONE DI UNO STATO

Il cielo è pulito, fa caldo. Sono le 5.10 di giovedì 9 settembre 1943, quando un corteo di quattro auto, partito da via XX Settembre, nel cuore ministeriale della capitale, si incammina verso la Tiburtina per lasciare Roma. Procedono con le luci di città schermate, l'alba si annuncia mezz'ora dopo e lascia presagire una bella giornata. La strada attraversa alcune vestigia dell'antica romanità; quasi un monito, quello della piccola colonna automobilistica è un abbandono non solo materiale ma soprattutto morale.

Sulla prima vettura, un'Alfa 2800 tirata a lucido, che reca due gagliardetti, quello reale e quello da maresciallo, ci sono Vittorio Emanuele III, la regina Elena e l'aiutante di campo del sovrano, il generale Puntoni. Sulla seconda vettura siede il capo del governo, il maresciallo Badoglio, con il nipote, il tenente colonnello Valenzano. Segue un'altra auto con il ministro della Real Casa Pietro d'Acquarone, poi una vettura con la servitù e i bagagli.

Più avanti al gruppo in fuga si uniranno il capo di Stato maggiore generale, Vittorio Ambrosio, il capo di Stato maggiore dell'esercito, Mario Roatta, il ministro della Marina, Raffaele de Courten. Un tortuoso viaggio attraverso i monti dell'Abruzzo che li porterà a Ortona e da qui, a bordo della corvetta *Baionetta*, a Brindisi, già in mani inglesi. Il maresciallo Badoglio supera gli altri e si imbarca per primo a Pescara.

Roma è stata abbandonata dal capo dello Stato, il re, dal capo del governo, Badoglio, dai capi militari. Al ministero della Guerra, in via XX Settembre, regna il caos, i dispacci che arrivano dai comandi italiani dislocati sui vari fronti di guerra restano senza risposta. Alle 19.42 del giorno prima, dai microfoni dell'Eiar, Badoglio aveva confermato con un proclama la notizia dell'armistizio con gli anglo-americani, già data a Radio Algeri e alla Reuter dal generale Dwight Eisenhower, comandante in capo delle forze alleate.

Nulla era stato programmato; nel pomeriggio, un'ora prima dell'annuncio radiofonico, una riunione del Consiglio della corona aveva seriamente preso in considerazione l'ipotesi di sconfessare tutto. Quando il re aveva comunicato l'avvenuto armistizio, tutti i capi militari avevano sgranato gli occhi: «Armistizio? Noi non ne sapevamo nulla!». Nella breve seduta nessuno aveva fatto cenno a misure militari.

Roma avrebbe potuto essere difesa, i tedeschi stavano invadendo l'Italia ma nella zona della capitale le forze armate italiane erano in schiacciante maggioranza, sei divisioni contro due di Berlino. Poco prima di darsi alla fuga, però, il generale Ambrosio aveva diramato un dispaccio nel quale intimava di non aprire il fuoco sulle truppe tedesche e anzi di favorirne il transito. Peggio ancora fa Badoglio, che rifiuta di firmare la «Memoria OP 44», nella quale si fissavano le disposizioni affinché le forze armate potessero salvaguardare la loro integrità.

Giorni prima con gli anglo-americani era stato concordato un aviosbarco e un lancio di paracadutisti alleati che avrebbero aiutato i militari fedeli ai Savoia a difendere la capitale. Ma quando, il giorno 7, due ufficiali americani, in tutta segretezza, giungono a Roma per concordare i termini dell'operazione si trovano in una situazione surreale. Si aspettano di trovare interlocutori adeguati, con idee chiare. La situazione è, invece, ai limiti del ridicolo. Il comandante della difesa di Roma, il generale Carboni, è a una festa; Badoglio dorme e ha dato ordine di non essere svegliato; il generale Ambrosio è a Torino per un trasloco; Roatta è a cena. I due ufficiali alleati vengono intrattenuti da un colonnello che non conosce una parola d'inglese e li tratta da turisti. Il meglio che gli riesce di fare è condurli in un lussuoso ristorante.

Che gli italiani avrebbero potuto difendere con facilità Roma lo conferma l'atteggiamento dell'ambasciata tedesca nella capitale. L'ambasciatore Rahn aveva fatto bruciare tutti i documenti della sede diplomatica e avviato il rimpatrio del personale.

Sono le ore della «morte della patria»,[1] secondo un'efficace espressione coniata decenni dopo, in cui la classe dirigente italiana si manifesta in un ignobile campionario di atti di codardia e debolezze. Badoglio fugge da Roma senza portare con sé una copia del testo dell'armistizio, richiedendone una velina agli Alleati una volta giunto a Brindisi. Ai colloqui con i rappresentanti militari americani dirà di non conoscere le clausole.

La firma del documento che, di fatto, sanciva la resa italiana era avvenuta sei giorni prima della fuga da Roma, il 3 settembre, a Cassibile, frazione a sud di Siracusa. A firmare, per l'Italia, è il generale Giuseppe Castellano, un siciliano, esponente di rango della massoneria e uomo di fiducia di Badoglio. Per parte alleata, firma il generale Walter Bedell Smith, futuro direttore della Cia. La sequenza fotografica che ritrae quella firma suscita ancora oggi imbarazzo e vergogna. Castellano si presenta in abiti borghesi, indossa un elegante blazer, con il fazzoletto nel taschino, come si va al circolo per l'aperitivo serale, l'aria è di chi sta vendendo un pezzo di terra dal notaio. Il suo abbigliamento suscita ilarità e una certa pena negli anglo-americani. Lo accompagna un funzionario del ministero degli Esteri, Franco Montanari, e con i gradi di capitano un giovanissimo avvocato palermitano, Vito Guarrasi, personaggio circondato da un alone di mistero, che «per oltre mezzo secolo sarà evocato quale possibile spiegazione per ogni mistero».[2] Un personaggio spesso citato dalle cronache riguardanti questioni di mafia, anche se non sarà mai condannato per reati di questo tipo. Poche settimane prima, la mafia ha avuto un ruolo nello sbarco degli anglo-americani, ha raccolto informazioni sulla dislocazione delle truppe tedesche e italiane e le ha passate agli agenti dell'Oss. Alla vigilia dell'invasione, agenti del servizio segreto militare americano si erano presentati in incognito sull'isola con le credenziali di una «L» che stava per Lucky Luciano, ovvero Salvatore Lucania, il capo delle famigerate cinque famiglie di Cosa Nostra a New York. Questi servigi saranno ripagati con l'alleggerimento della situazione giudiziaria di alcuni boss.

Gli unici preparativi dell'armistizio riguardano questioni personali. Un treno carico di oro, opere d'arte e preziosi, proprietà di Casa Savoia, aveva raggiunto la Svizzera, mentre Vittorio Emanuele III si era fatto consegnare sedici milioni in contanti prelevati dai suoi conti.

I fatti che si susseguono in queste ore mostrano un quadro mortificante, più di tanti saggi parlano film come *Tutti a casa* di Luigi Comencini interpretato da Alberto Sordi o il romanzo di Curzio Malaparte *La pelle*: «Tutti ufficiali e soldati facevano a gara a chi buttava più "eroicamente" le armi e le bandiere nel fango ... Finita la festa, ci ordinammo in colonna e così senz'armi, senza bandiere, ci avviammo verso i nuovi campi di battaglia, per andare a vincere con gli Alleati questa guerra che avevamo già persa con i tedeschi ... È certo assai più difficile perdere una guerra che vincerla. A vincere una guerra sono tutti buoni, non tutti sono capaci di perderla».

Due mesi prima c'era stata l'assurda resa di Pantelleria. L'isola, difesa da ben 18 mila uomini e 180 cannoni, era una barriera naturale, rocciosa e ricca di caverne, al punto che Eisenhower ne aveva sconsigliato l'attacco perché presentava «ostacoli spaventosi per un assalto». Ben fortificata, avrebbe potuto costituire un serio problema per gli Alleati: si arrese dopo i primi bombardamenti aerei, fra lo stupore incredulo degli anglo-americani. In un documentario girato dall'esercito americano, la voce narrante del cronista dice: «Ci saremmo aspettati una maggiore resistenza degli italiani nella loro terra».[3]

Lo sfascio non è solo militare, c'è un'autentica dissoluzione dello Stato nelle sue diverse articolazioni, una sequela di omissioni e a monte un vuoto spirituale, una debolezza morale. Lo storico Claudio Pavone parla di «vuoto istituzionale». L'Italia guerresca sbandierata dalla propaganda fascista si è liquefatta in poche ore con non pochi elementi di farsa. Tuttavia, i comportamenti non sono giustificabili da un legittimo rifiuto della guerra voluta da Mussolini. C'era da tutelare l'Italia e gli italiani dalla prevedibile rappresaglia nazista. Il Regio esercito si sfalda, nessuno dei suoi generali, soprattutto quelli vicini a Casa Savoia, che avevano guardato con sospetto il fascismo, tenta una difesa dall'invasione tedesca. Tutte le figure di comando, militari e civili, si nascondono in attesa degli eventi.

Eppure, tutti gli studiosi sono concordi nel ritenere che con un minimo di preparazione e con un minimo coraggio si sarebbe potuto evitare il disastro.

Anche nel cambio di alleanze, dai tedeschi agli anglo-americani, c'è impreparazione, goffaggine, quando a Brindisi giunge il generale alleato Mason McFarlane resta interdetto dall'impreparazione degli italiani e di Badoglio a discutere le clausole dell'armistizio definitivo che sarà siglato a Malta il 29 settembre.

Le trattative erano state un capolavoro di doppiogiochismo, Badoglio offriva rassicurazioni ai tedeschi sulla volontà di continuare insieme la guerra, ma la goffa ostentazione di queste offerte li aveva messi in allarme. In agosto a Lisbona a un primo incontro con gli emissari di Eisenhower si erano presentati tre generali italiani, Castellano e altri due, che avevano cominciato a litigare fra loro, al cospetto degli anglo-americani, su chi avesse i poteri per trattare.

Una «tremenda realtà», scriverà Corrado Alvaro. In questo panorama di macerie, c'è qualche eroica eccezione: la resistenza a Porta San Paolo, il sacrificio della divisione Acqui a Cefalonia, episodi isolati di resistenza. Ci saranno anche migliaia di adolescenti che per reazione a questo disastro, umiliati dallo spettacolo della classe dirigente, correranno ad arruolarsi sotto le bandiere della Repubblica di Salò, verso il destino tragico di una sconfitta sicura.

Dopo Caporetto, nell'ottobre del 1917, l'Italia era sbandata, si era temuto il dilagare delle armate austro-tedesche nella pianura Padana, a Roma le polemiche e le incertezze erano state atroci ma, poi, sul Piave, la nazione si era ricomposta sorprendendo il mondo.

Questo disastro, invece, è totale, in pochi giorni, forse ore, i tedeschi occupano l'Italia, da Salerno in su. La Wehrmacht cattura una cifra enorme di militari italiani, circa seicentomila secondo alcune ricostruzioni storiche, a cui la Germania non riconosce il rango di prigionieri di guerra, secondo le convenzioni internazionali, bensì quello generico di internati. «Le forze armate italiane non esistono più» scrive con una punta di soddisfazione il bollettino dell'alto comando tedesco.

Il nocciolo della questione morale, che esplode in quelle ore, è nel rapporto col fascismo. La guerra velleitaria di Mussolini ha goduto dell'appoggio della monarchia. «Più o meno tutti gli italiani avevano giurato fedeltà al re e fedeltà al duce» annota Claudio Pavone.[4] Il tentativo di separare esercito e monarchia dal fascismo è tardivo, probabilmente lo è anche per la stragrande maggioranza degli italiani che aveva condiviso le scelte di Mussolini.

Renzo De Felice scrive che in quei giorni inizia lo «svuotamento del senso nazionale», per cui l'8 settembre è la «data simbolo del male italiano». La fuga del re e dei suoi generali ha «minato per sempre la memoria collettiva nazionale» aggiunge lo storico. Per concludere: «Furono in pochi ad affrontare il dramma dell'8 settembre senza calpestare patriottismo e dignità nazionale, etica militare e solidarietà civile».[5]

«Abbasso tutti» scrisse qualcuno su un muretto del lungotevere, espressione che sintetizzava la *débâcle* morale, l'abbandono totale.

Firenze 1944

Mancavano dieci minuti alle due del pomeriggio. Una vettura nera spunta da via del Salviatino, un lungo viale serpeggiante, costeggiato da cipressi, lecci e tigli. L'auto col motore acceso si ferma davanti al cancello di Villa di Montalto, una bella costruzione tardo-ottocentesca, fatta edificare da un principe tedesco secondo i canoni della più tipica architettura prussiana.

Adagiata sulle prime pendici della collina di Fiesole la villa, di proprietà dell'avvocato Casoni che l'ha resa disponibile a un illustre amico, domina la zona di Campo di Marte a Firenze.

È aprile, c'è il sole ma la temperatura è ancora fredda. La strada è deserta. L'autista sta aprendo il pesante cancello in ferro battuto, quando un gruppetto di cinque giovani lascia il muro di cinta sotto il quale stavano conversando. Sembrano studenti, portano libri sotto il braccio.

«È lei il professor Gentile?» domanda quello che è avanti al gruppetto. «Sì, sono io» risponde l'anziano signore che per cortesia ha abbassato il finestrino.

I primi due fanno fuoco con i revolver che impugnano, la mira è facile, la vittima è a meno di un metro. Gli altri tre guardano le spalle agli aggressori, puntano con le loro armi l'autista, nel caso sia armato. Non lo è.

L'azione dura pochi minuti, i cinque prendono le biciclette che avevano poggiato sul muro di cinta della villa e fuggono via indisturbati.

Giovanni Gentile avrebbe compiuto settantaquattro anni il 30 maggio, una vita trascorsa nell'università, noto per la sua disponibilità verso i giovani. Aveva, forse, pensato che quello fosse un gruppo di studenti che lo aspettava per un chiarimento, un consiglio, una spiegazione. Erano, invece, i suoi assassini.

L'autista dopo lo sbandamento iniziale si riprende, risale in auto e punta all'ospedale di Careggi. La corsa è inutile, Gentile è già morto. È il 15 aprile 1944.

Per comprendere il valore e il posto di Giovanni Gentile nella cultura italiana vale la pena affidarsi al giudizio di studiosi molto lontani politicamente da lui. Ecco cosa scrive il filosofo Biagio De Giovanni, a lungo intellettuale vicino al Partito comunista ed eletto eurodeputato del Pds: «Gentile è uno dei grandi classici del pensiero europeo del Novecento». Giudizio condiviso da Massimo Cacciari, altro intellettuale di peso della sinistra italiana, che afferma: «Gentile va ristudiato e rivisitato come un grande filosofo del Novecento europeo, non solo italiano».[6]

Una settimana dopo, il Cln (Comitato di liberazione nazionale) di Firenze diffonde un volantino di rivendicazione dell'uccisione, chiuso da una frase inequivocabile: «La giustizia del popolo ha emesso la sua sentenza: morte!».

Il documento s'intitolava *Il caso Gentile* ed era zeppo di argomentazioni volte a giustificare un assassinio che, non solo in ambienti fascisti, ma soprattutto nella comunità scientifica più democratica e antifascista aveva suscitato orrore. In realtà, lo scritto fu una rielaborazione, a cura di Girolamo Li Causi, di un articolo scritto dal latinista Concetto Marchesi apparso nel febbraio precedente sulla «Nostra lotta» e quasi in contemporanea sul giornale pubblicato in Svizzera «Libera Stampa».

Marchesi, studioso di indubbie capacità, da giovane era stato socialista, ma dopo l'avvento del fascismo si era, per così dire, adeguato, aderendo al giuramento di fedeltà al regime ed entrando nell'Accademia d'Italia, l'istituzione voluta proprio da Gentile. Il suo testo, probabilmente concertato con i vertici del Partito comunista, fu la risposta all'articolo-appello, intitolato *Ricostruire*, che Giovanni Gentile aveva pubblicato sul «Corriere della Sera» il 1° dicembre 1943.

Nel momento delle più profonde lacerazioni, nella fase più cruenta del conflitto che aveva spaccato in due l'Italia, Gentile in nome della cultura si era appellato a un «bisogno di concordia degli animi, rinvio di tutto quello che può divenire, cessazione delle lotte». Lo fa in nome di un unitario spirito della nazione. È un atteggiamento coerente con la storia di Gentile, che da potente del regime ha difeso oppositori, ha strappato intellettuali antifascisti al carcere, ha protetto e aiutato nell'espatrio persone di religione ebraica.

L'appello non piace all'ala più dura del fascismo repubblichino e attira le invettive di Roberto Farinacci, ma soprattutto non piace a quella parte della Resistenza egemonizzata dai comunisti che non vuole sentir parlare di pacificazione. La replica di Concetto Marchesi è dura e suona come una sentenza di condanna: «La spada non va riposta finché l'ultimo nazista non abbia ripassato le Alpi, finché l'ultimo traditore fascista non sia sterminato. Per i manutengoli del tedesco invasore e dei suoi scherani fascisti, senatore Gentile, la giustizia del popolo ha emesso la sentenza: morte!».

Sia l'autore del testo, Concetto Marchesi, che il suo «esegeta» Girolamo Li Causi nel dopoguerra diventeranno parlamentari della Repubblica ed esponenti di primo piano del Pci.

A Firenze il clima era pesante, nel capoluogo toscano operava la banda Carità, una delle formazioni più violente del fascismo repubblichino, macchiatasi di delitti efferati e insensati, per censurare i quali Gentile aveva scritto a Mussolini. L'inverno a cavallo fra il '43 e il '44 era trascorso in un susseguirsi di attacchi della Resistenza e di violente rappresaglie da parte dei fascisti.

Da Salò Mussolini aveva offerto a Gentile di trasferirsi al Nord, o quantomeno una scorta armata. Il filosofo aveva nettamente rifiutato l'uno e l'altra. A ucciderlo è un commando dei Gap,[7] partigiani di città, organizzati in piccoli nuclei dipendenti direttamente dal Partito comunista e non dal Cln, specializzati in azioni nei centri urbani, uccisioni mirate di esponenti del fascismo e tedeschi, ma dopo la guerra anche di avversari politici che avevano combattuto il nazifascismo. Sono ben diversi dagli altri partigiani, fra i quali militavano cattolici, monarchici, socialisti, che soffrivano il freddo in montagna. Negli anni Settanta ai Gap si ispirerà l'azione di diversi gruppi terroristici, la stessa sigla sarà adoperata da Giangiacomo Feltrinelli,[8] il ricco editore che voleva fare la guerra di liberazione partigiana, mentre Alberto Franceschini, uno dei fondatori storici della Brigate Rosse, ne rivendicherà esplicitamente il modello.[9]

In un'Italia piena di lutti, sotto i bombardamenti, l'assassinio di Giovanni Gentile provoca indignazione e non solo in campo fascista. L'azione è stata voluta dai comunisti, gli altri partiti che aderiscono al Comitato di liberazione della Toscana la giudicano un «arbitrio». Viene convocata una burrascosa riunione nella quale i comunisti finiscono in minoranza. È votato un documento redatto dal liberalsocialista Enzo Enriques Agnoletti, delegato del Partito d'azione. L'ordine del giorno puntualizza che «Giovanni Gentile non aveva commesso quei delitti per cui possono venire emesse condanne popolari», il filosofo non è «né una spia né un delatore», per concludere che «l'influenza culturale da lui esercitata non era contraria alla libertà».

Sui giornali clandestini della Resistenza si scatena un piccolo dibattito sull'opportunità di questa uccisione, tra gli esponenti dei vari organismi del Cln vi sono intellettuali allievi di Giovanni Gentile, o quantomeno influenzati dal filosofo; e tutti sanno che quando era tra i vertici del regime si era speso per alleviare una serie di casi personali, mentre come direttore scientifico dell'Enciclopedia Italiana aveva garantito che vi collaborassero personalità dichiaratamente antifasciste.

A stroncare ogni rimpianto è il leader dei comunisti italiani, Palmiro Togliatti, da poco rientrato dal lungo esilio e già circondato da un alone di venerazione che ne contempla una sorta di dogma dell'infallibilità riconosciuta dai militanti. «L'Unità», stampato a Napoli, città dove Togliatti si trovava, pubblica una sua nota con cui intende chiudere il caso e nella quale Gentile viene bollato come «traditore volgarissimo», «camorrista», «bandito politico» e soprattutto «corruttore di tutta la vita intellettuale italiana». Non manca una chiara stoccata verso quegli ambienti della Resistenza che si sono permessi di criticare l'assassinio. «Non riesco a prendere il tono untuoso di chi» scrive Togliatti «facendo il necrologio di una canaglia, dissimula il suo pensiero e la verità col pretesto del rispetto ai morti.» La «linea» sul caso è data, Togliatti farà anche ripubblicare da «Rinascita» l'articolo di Concetto Marchesi, nella versione modificata da Girolamo Li Causi, preceduto da una nota, *Sentenza di morte*, a firma di Sergio Bertelli.

Il leader dei comunisti fece anche di più. Massimo Caprara, che fu il suo segretario e il più stretto collaboratore per almeno un decennio, racconterà che uno dei componenti del commando che uccise Gentile, il toscano Alvo Fontani, fu accolto nella segreteria di Togliatti, proprio per tenerlo a riparo da azioni giudiziarie ben protetto nel ventre del partito.[10]

Nell'assassinio di Gentile c'è il perimetro delle miserie italiane: opportunismo, superficialità, ipocrisia. Concetto Marchesi, che con le sue parole aveva quantomeno messo la persona di Gentile in un cono di luce, durante il regime aveva fatto il giuramento dei professori universitari al fascismo.[11] Come lui molti fra gli allievi del filosofo passeranno direttamente da un convinto fascismo all'entusiastica adesione al Pci. Sarà, infatti, folta la schiera degli intellettuali «gentiliani», che nati nell'epicentro culturale del fascismo, spesso coccolati e vezzeggiati dal regime, finiranno nell'immediato dopoguerra per aderire all'antifascismo più radicale, sotto l'ala accogliente e rigeneratrice dell'egemonia culturale comunista, teorizzata da Gramsci e organizzata fattivamente da Palmiro Togliatti. Una vicenda taciuta per decenni e che quando emergerà susciterà non pochi imbarazzi.

III

«SONO IL COMPAGNO ERCOLI»

Napoli, marzo 1944

La sera del 27 marzo 1944 Napoli è una città deserta, misera, piegata. C'è il coprifuoco, è forte il timore delle incursioni degli Junker 88 della Luftwaffe tedesca.

Alle devastazioni della guerra si aggiungono i timori per un'eruzione del Vesuvio, l'ultima della sua storia, sulla parte sud della città incombe una nube di cenere vulcanica.

Un uomo dal volto smagrito che dimostra più dei suoi 51 anni bussa alla porta della neocostituita federazione del Pci di Napoli, in un antico palazzo, tra i pochi rimasti indenni nel centro della città, in via San Potito.

Roma è ancora occupata dai tedeschi, sarà liberata solo a giugno, la sede comunista di Napoli funziona, di fatto, da direzione nazionale del Pci. L'uomo indossa un pullover girocollo grigio pesante e una giacca di tweed marrone, una pipa di radica in mano, ha l'aria di uno scrittore, un intellettuale. Colpisce più volte energicamente la porta. Gli apre Maurizio Valenzi, allora giovane militante comunista destinato a una carriera di primo piano nella nomenklatura rossa: senatore, eurodeputato e sindaco di Napoli. «Sono Ercoli!» annuncia il nuovo arrivato, con il tono autoritario di chi è venuto a comandare.

Lo accompagna l'avvocato Adriano Reale, fratello di Eugenio, uno dei capi del Pci. Adriano, invece, è un azionista. Con ironia dice: «Signori, permettete che vi presenti il segretario del vostro partito».[1]

«Ercole Ercoli» è il nome adoperato da Palmiro Togliatti, segretario del Pci dal 1927. Si fa chiamare anche Mario Correnti. Nato a Genova da padre piemontese, la famiglia lo aveva destinato alla carriera ecclesiastica. Era dotato di grande intelligenza e forza di volontà, meticoloso negli studi. Non è solo il capo dei comunisti italiani, durante il lungo esilio a Mosca è soprattutto diventato segretario del Comintern, l'organizzazione che raccoglie tutti i partiti comunisti del mondo. Lavoratore instancabile, silenzioso, ligio all'ortodossia di Mosca, si è guadagnato il rango di strettissimo e fedele collaboratore di Stalin soprattutto nella gestione degli affari riguardanti i partiti «fratelli», quando si trattava di liquidare eresie. Uno dei pochi comunisti, non sovietici, ammessi a una frequentazione domestica con il dittatore.

Le modalità con cui Togliatti era asceso al vertice del partito presentavano non poche zone d'ombra e quando torna in Italia la sua leadership è ancora zoppicante, soprattutto per alcune voci che circolano circa i rapporti con Antonio Gramsci.

Nel cuore dei militanti il vero leader del comunismo italiano era rimasto quest'ultimo. Gramsci è il grande motore intellettuale che ha prima disegnato in termini culturali e poi realizzato politicamente la scissione di Livorno e la nascita del Partito comunista d'Italia. Togliatti ne era stato solo un coprotagonista.

Nel 1926 Mussolini aveva impresso la definitiva e dura svolta autoritaria al fascismo, Gramsci era stato arrestato e sottoposto a processo insieme ad altri dirigenti comunisti. Già in questa circostanza ci si era chiesti perché non fosse stato fatto espatriare in tempo, diversamente da Togliatti da tempo utilmente riparato all'estero. L'8 novembre 1926, tre giorni dopo il fallito attentato a Mussolini a Bologna, il capo della polizia, Arturo Bocchini, con una circolare telegrafica inviata a tutti i prefetti aveva ordinato il fermo dei deputati comunisti, che il giorno successivo venivano dichiarati decaduti dal loro mandato. La misura era temuta e da tempo era stata pianificata la fuga del leader dei comunisti in Svizzera dove avrebbe diretto il centro estero del partito, già attivo da tempo. Gramsci al momento dell'arresto non avrebbe dovuto trovarsi in Italia ma a una misteriosa riunione in Francia, prima convocata e poi disdetta all'ultimo momento, dall'inviato segreto del Comintern in Italia, Jules Humbert-Droz. Uno dei dirigenti comunisti attivi in Francia, Giulio Cerreti, futuro parlamentare del Pci, che all'epoca organizzava il passaggio all'estero dei compagni a rischio di arresto, domanderà a Togliatti, senza riceverne risposta, perché a Gramsci «non fu garantita la dovuta irreperibilità».[2]

Intellettualmente attivissimo, in carcere Gramsci, per attenuare il peso della detenzione, si era dato un intenso programma di studi con cui darà forma alla riflessione che troverà spazio nella sua opera più famosa: i *Quaderni del carcere*.

Nel carcere di Turi, aveva strutturato il proprio pensiero sulla letteratura e la storia d'Italia soprattutto alla luce della propria originale interpretazione del marxismo. In quest'opera di ricerca e riflessione aveva espresso chiare critiche, purtroppo solo negli scritti e ai pochi interlocutori che aveva a disposizione nella condizione di detenuto, sull'evoluzione violenta e autoritaria del comunismo sovietico formulando ampi dubbi sulla teoria della dittatura del proletariato. Non aveva gradito, inoltre – e lo aveva fatto sapere –, la «svolta» togliattiana del congresso di Colonia del 1931, quando i comunisti italiani si erano definitivamente assoggettati alla politica del Comintern e soprattutto a quella di Mosca.[3]

I suoi bersagli sono Stalin, la maggioranza che lo sostiene in seno al Pcus (Partito comunista dell'Unione Sovietica) e i fiancheggiatori italiani. E commette un peccato ancor più grave per l'ortodossia sovietica: simpatizza per Trotsky, o quantomeno non lo criminalizza in maniera pregiudizievole. Sono gli anni in cui Togliatti definisce Trotsky come «la puttana del fascismo».

In questo clima, alcuni compagni della prima ora bisbigliavano che non era stato fatto nulla per ottenere la liberazione di Gramsci. L'Italia fascista aveva buoni rapporti diplomatici con l'Unione Sovietica, se Mosca fosse stata investita del caso e il Cremlino avesse voluto prodigarsi, forse si sarebbe potuto organizzare uno scambio con qualche dissidente anticomunista. Mussolini era stato sondato e aveva fatto sapere di essere disponibile a aderire. Lo avrebbe fatto per motivi di propaganda internazionale, per tornaconto politico ma, forse, lo avrebbe fatto.[4] Se così fosse stato, però, un Gramsci libero sicuramente avrebbe ripreso con la sua autorevolezza la guida dei comunisti italiani.[5]

Nell'estate del 1927, don Luigi Viganò, sacerdote di San Vittore, aveva avvicinato lo stesso Gramsci su mandato del Vaticano. Gli aveva prospettato la concreta possibilità di uno scambio, visto con favore dai fascisti che se ne sarebbero vantati davanti alla comunità cattolica internazionale, fra alcuni sacerdoti detenuti in Urss e i capi comunisti arrestati in Italia. Lo storico Paolo Spriano, nel 1988, pubblicherà un appunto del deputato socialista Egidio Gennari che riferisce in termini circostanziati l'azione di don Viganò.

La moglie di Gramsci, Giulia Schucht, al riguardo, inoltrerà una formale denuncia al Comintern nella quale documenterà le manovre di Togliatti a danno di Gramsci. Ne scaturirà una breve inchiesta denominata «affare Gramsci-T.». Togliatti non ne fu scalfito, ma la polizia segreta sovietica tenne le carte – che ancora oggi non è possibile consultare – pensando che sarebbero potute tornare utili in futuro.

Dopo qualche mese dalla morte di Gramsci, Benito Mussolini in persona ritenne di dire qualcosa con un articolo non firmato, come faceva spesso, dal titolo *Altarini*, pubblicato sul suo giornale «Il Popolo d'Italia». Con un certo risalto vi lasciava intendere che la mancata soluzione del caso Gramsci dipendeva dai dissidi che lo avevano contrapposto ai vertici del suo partito. Il duce mostra di conoscere bene le questioni interne ai comunisti e i dissidi del suo prigioniero con Togliatti: «Gramsci è morto di malattia, non di piombo, come succede ai generali, ai diplomatici, ai gerarchi comunisti in Russia, quando dissentono – anche un poco – da Stalin e come sarebbe accaduto a Gramsci stesso se fosse andato a Mosca».[6]

Su Togliatti, non solo girava voce che non avesse fatto nulla per tirare Gramsci fuori dal carcere, ma si bisbigliava un altro tremendo sospetto. Una lettera inviata a Gramsci nel 1928, nel carcere di San Vittore, a Milano, a firma di Ruggero Grieco, uno dei fondatori del Pcd'I, divenne una prova con la quale il tribunale fascista condannò l'intellettuale sardo. La lettera portava il timbro e il francobollo sovietici e chiedeva al detenuto pareri e direttive sulla strategia del comunismo internazionale. Lo stesso Gramsci comprese subito che, ingenuità o inganno, sarebbe diventata una trappola che aggravava la sua posizione processuale avvalorando la tesi accusatoria di essere al servizio di potenze straniere. Questo mentre la difesa argomentava l'estraneità dell'intellettuale da ogni trama internazionale. Il risultato fu la devastante condanna a 20 anni 4 mesi e 5 giorni di reclusione.

Grieco diventerà nel dopoguerra un ossequiato senatore del Pci. Il partito per decenni sostenne che la lettera fosse stata falsificata dalla polizia fascista. Il primo a scardinare questa «verità», in termini molto duri, sarà Leonardo Sciascia.[7]

Il fantasma di questo recente passato, dunque, aleggia su Togliatti al suo rientro. Dopo l'arresto di Gramsci, da un punto di vista formale, lui non era mai stato eletto segretario del Pci da alcun organismo del partito. Era solo il capo di fatto. Appena tornato in Italia si preoccupa di sanare immediatamente questo vizio all'apparenza formale. Sarà eletto segretario a guerra conclusa e confermato segretario generale, al V Congresso nel dicembre 1946.

Nei primi giorni del suo ritorno in Italia Palmiro Togliatti riannoda le fila di un passato che gli desta non poche preoccupazioni, come se volesse diradare ombre che sa essere imbarazzanti. Occorre riavvolgere la pellicola degli ultimi anni.

All'alba del 27 aprile 1937, Antonio Gramsci era morto nella clinica Quisisana nel quartiere Parioli di Roma. Al capezzale del suo letto c'era la cognata Tatiana Schucht che lo aveva assistito negli ultimi mesi. In quelle ore la donna entra in possesso esclusivo dei preziosi quaderni che raccolgono anni di studi e riflessioni del leader comunista. «Saranno una trentina, alcuni di duecento pagine» scrive in una lettera.[8]

A Tania (Tatiana) il cognato, poco prima di morire, ha fatto una chiara raccomandazione: Togliatti non deve entrare in possesso dei manoscritti. Anzi, in una delle sue ultime conversazioni lo ha bollato «compagno ex amico». Quei piccoli quaderni, scritti con grafia fitta e ordinata, innocui come ogni espressione di pensiero, per Palmiro Togliatti rappresentano un pericolo da eliminare a ogni costo.

Dall'Urss pone in essere una macchinosa operazione volta a garantire che tutti gli scritti di Gramsci finiscano immediatamente al sicuro all'ambasciata sovietica di Roma e di lì a Mosca, classificati come documenti segretissimi. Il capo comunista si vale della collaborazione di Piero Sraffa, un economista docente a Cambridge, figlio del rettore della Bocconi e soprattutto un comunista coperto, un agente prezioso dell'Internazionale perché appartenente a una famiglia potente e inserita nei vertici del fascismo.[9]

Un epilogo che contravviene alle ultime volontà di Gramsci.

A Mosca le sorelle Schucht, insieme al loro padre, chiedono la consegna di almeno una copia fotografica dei *Quaderni*. Togliatti oppone un netto rifiuto argomentando: «I *Quaderni* di Gramsci che ho già quasi tutti accuratamente studiato contengono materiali che possono essere utilizzati solo dopo un'accurata elaborazione. Senza tale trattamento, il materiale non può essere utilizzato e anzi alcune parti, se fossero utilizzate nella forma in cui si trovano attualmente, potrebbero essere non utili al partito».[10]

A sette anni dalla morte di Gramsci la sistemazione di questa faccenda sembra essere tra le prime preoccupazioni di Palmiro Togliatti appena tornato in Italia. Gramsci è già stato «canonizzato» come martire del fascismo e imbalsamato come «primo marxista d'Italia», secondo la definizione data dal necrologio del Pcd'I alla sua morte. Nello stesso tempo, però, proprio in quei mesi del 1944, dietro le quinte inizia il lavoro di verifica e manipolazione dei suoi scritti che verranno attentamente purgati delle posizioni scomode. I *Quaderni* che conosciamo oggi sono trentatré, molti autorevoli studiosi ritengono che ne sarebbe scomparso uno, il trentaquattresimo, forse quello più imbarazzante per l'analisi e i giudizi che vi sono contenuti.

La meticolosa opera di revisione in cui impegna alcuni fedelissimi, ha per Togliatti non solo un fine protettivo ma punta a utilizzare il pensiero di Gramsci, il suo prestigio intellettuale, creando un filo di continuità con quanto il Migliore si appresta a fare.

L'edizione ufficiale dei *Quaderni* arriverà solo nel 1961, pubblicata dagli Editori Riuniti, una casa editrice del partito. Massimo Caprara scrive di una «sistematica violazione dei testi» supervisionata personalmente da Togliatti che già nel 1941 aveva scritto a Georgi Dimitrov che era «necessario fare una scelta molto ampia delle *Lettere* e dei *Quaderni*, per l'utilità del partito», inserendo opportune «omissioni tematiche» o addirittura «accurati interventi chirurgici volti a sopprimere brani o frasi».[11] Solo nel dicembre 1964, dopo la morte di Togliatti, fu pubblicato su «Rinascita» il Memoriale di Athos Lisa, militante comunista che era stato in carcere con Gramsci e che parlava esplicitamente di un certo isolamento del leader comunista. Mentre, addirittura nel 1997, a comunismo morto e sepolto, un ex dirigente di punta del Pci, Aldo Natoli, nell'introduzione alle *Lettere 1926-1936* ammette: «Oggi disponiamo di documenti che dimostrano in modo inequivocabile come Togliatti ritenne che, per motivi politici, interventi manipolatori sugli scritti di Gramsci fossero non solo ammissibili ma anche necessari».

A guerra ancora aperta, con l'Italia spaccata in due, con i fascisti attivi al Nord, con gli inglesi che vogliono mantenere la monarchia di Casa Savoia, Togliatti sorprende tutti con le sue questioni apparentemente lontane. Nella sera in cui ritrova i suoi compagni ed è per la prima volta, dopo anni, in Italia, non cede ai sentimenti ma freddo e distaccato pone a Maurizio Valenzi una sola domanda secca: «Bordiga, che cosa fa Bordiga?», come se fosse la questione più importante. «Niente!» risponde il futuro sindaco di Napoli. «Non è possibile, cercate di capire» replica.

Amadeo Bordiga, coltissimo ingegnere napoletano, era stato il primo segretario del Partito comunista d'Italia, tra i fondatori del comunismo italiano. Nel congresso del 1923, però, dopo l'arresto da parte della polizia fascista, era stato sostituito per ordine di Mosca. Le sue simpatie per il principale avversario di Stalin, Lev Trotsky, lo avevano messo sulla strada dell'eresia; nel congresso di Lione del 1926 era stato messo in minoranza dall'ala bolscevica del partito che aveva scelto Gramsci e, poi, nel 1930 era stato addirittura espulso per connivenza col trotskismo.

Eppure, nonostante la totale emarginazione politica, nel 1943 Togliatti ne temeva ancora il prestigio.

L'Italia era una pedina rilevantissima nella strategia sovietica. Per consentire il rimpatrio clandestino di Ercoli era stata mobilitata tutta la rete spionistica di Mosca, che lo aveva premurosamente accompagnato a Baku, a Teheran, al Cairo, ad Algeri, fino a Napoli con una nave mercantile. Un viaggio impossibile per chiunque altro, in piena guerra.

Non solo, alla cura degli affari italiani Stalin aveva designato uno degli uomini a lui più fedeli, uno stalinista di collaudata efficienza, quell'Andrej Vyšinskij che era stato il procuratore generale dei tremendi tribunali speciali sovietici negli anni Trenta, con i quali erano state mandate a morte milioni di persone innocenti. Pur non avendo truppe sul territorio italiano, l'Unione Sovietica aveva ottenuto la possibilità di nominare un proprio rappresentante sovietico nella Commissione alleata per l'Italia, l'organismo che assumeva le decisioni sul futuro politico della Penisola. Il designato dal Cremlino è Andrej Vyšinskij.

Il compagno Ercoli era giunto in Italia con un mandato molto preciso e determinato. A schiarirgli le idee era stato Iosif Vissarionovič Džugašvili, detto Stalin, guida indiscussa del comunismo mondiale. La notte del 3 marzo 1944, poco prima di intraprendere il complesso viaggio verso l'Italia, fra i due c'era stato un lungo colloquio, alla presenza del ministro degli Esteri sovietico Vjačeslav Michajlovič Molotov. Secondo i meticolosi verbali del Comintern, curati dal capo dei comunisti bulgari Georgi Dimitrov, anche lui esule a Mosca, Stalin comunicò a Togliatti che l'Italia in virtù degli accordi che si stavano delineando con gli anglo-americani, dopo la Conferenza di Teheran, sarebbe ricaduta nella sfera d'influenza alleata, quindi per il momento andavano accantonati quei progetti di insurrezione armata che avrebbero dovuto concretizzare anche in Italia la rivoluzione bolscevica. La realpolitik del momento imponeva una battuta d'arresto – magari non definitiva – del sogno rivoluzionario coltivato dai comunisti italiani.

Al Nord, i comunisti che partecipavano alla Resistenza sembravano più attenti a costruire le premesse militari per la rivoluzione del dopo che alla lotta ai nazifascisti. Si accaparravano le armi migliori, erano attenti a non rischiare l'integrità delle loro formazioni e soprattutto avevano già regolato i primi conti con i partigiani cattolici o monarchici. Ma Togliatti sapeva che senza l'avallo di Stalin nulla sarebbe stato possibile e quando sbarcò a Napoli, qualche settimana dopo l'incontro con il dittatore sovietico, aveva ben definito la nuova strategia. È quella che si sarebbe sostanziata, appena un mese dopo, nella storica «svolta di Salerno» con la quale il Pci si sarebbe inserito nella dinamica costituzionale e democratica, superando la forma di partito rivoluzionario, avrebbe partecipato al primo governo post fascista e avrebbe accantonato, almeno per ora, la richiesta di abbattimento della monarchia dei Savoia.

Tutto ciò avrebbe spiegato a Maurizio Valenzi e agli altri compagni che lo avevano accolto a Napoli lo scarso interesse che Togliatti mostrava verso i progetti d'insurrezione che gli venivano prospettati.

Non senza sorprendere i suoi militanti, il capo dei comunisti aveva mostrato di prediligere altre questioni: l'organizzazione legale del partito, la struttura e soprattutto i giornali.

Il Pci ha una grande attrattiva, non solo verso operai e contadini, ma soprattutto miete consensi in quella borghesia che aspira a lavare il «peccato fascista». Al momento della caduta del fascismo, il 25 luglio del '43, il partito ha poco più di seimila iscritti, all'arrivo di Togliatti a Napoli sono già quarantamila, a ottobre del '44 supereranno le settantamila unità.

Il capolavoro del Migliore sarà proprio la costruzione capillare di un grande partito di massa, egemone nella società italiana spesso oltre la sua consistenza elettorale, radicato attraverso un sistema di articolazioni profonde, capace di tenere insieme le pulsioni militari, il mito sovietico, la specificità italiana, l'operaismo, fino a inglobare gruppi di potere della società borghese. Il primo obiettivo delle giornate napoletane è costruire tutto ciò che Togliatti già prefigurava nella sua mente.

Capri, aprile 1944

Capri appare splendida anche quando il cielo è solcato da qualche nuvola. Rocce avvolte dal verde e quella sua forma tipica che appare per chi la guarda dal mare come la testa di una ninfa distesa. La perla del Mediterraneo.

Man mano che il traghetto partito da Sorrento si avvicina a Capri, Togliatti prova qualche brivido nel pensare che su quell'isola aveva soggiornato il compagno Lenin. Il modello umano e politico di ogni bolscevico.

A Napoli, per l'11 aprile, è fissato il primo discorso pubblico di Togliatti, la prima vera manifestazione del Pci dopo anni di clandestinità. È stato prenotato il cinema Modernissimo, nel centro della città, a pochi metri da piazza Dante, una delle poche sale sopravvissute ai bombardamenti.

Palmiro, però, ha bisogno di concentrarsi, di scrivere, di riordinare le idee. Il titolo della riunione è freddo: «Rapporto ai quadri». Ma tutti si aspettano molto di più, la linea, la strategia del partito per il futuro immediato, e non solo. Eugenio Reale lo accompagna per un breve soggiorno a Capri, lontano dalle petulanti richieste dei compagni che vogliono incontrarlo.

Nelle prime giornate napoletane a Togliatti erano stati presentati Leo Longanesi e Curzio Malaparte, «due penne rilucenti nel ventennio nero», come li bolla Valenzi, giornalisti che erano stati nelle grazie di Mussolini. L'incontro avviene non senza imbarazzo, fra lo stupore dei compagni che li giudicavano due abietti nemici.

Palmiro accetta dal «fascista» Malaparte l'invito a soggiornare per qualche giorno nella sua splendida villa di Capri, una struttura di architettura moderna collocata in cima a punta Masullo, con vista mozzafiato sui Faraglioni. Il giornalista era riuscito a farla costruire, nel 1938, in un punto così fantastico grazie alla sua amicizia con Galeazzo Ciano e ai legami con i gerarchi del regime. La realizzazione, ispirandosi a un progetto dello stesso scrittore, era stata affidata all'architetto Adalberto Libera, uno dei padri del razionalismo, una sorta di Le Corbusier italiano.

È un vero capolavoro nel suo genere: grandi saloni che grazie alle ampie vetrate danno la sensazione di essere sospesi sull'azzurro del mare. Una vista che cattura la più piena luce accecante, tappeti orientali, mobili déco, pavimenti in legno. La dimora di un imperatore del XX secolo nell'isola che era stata la residenza fastosa degli imperatori romani.

Malaparte è raggiante, gentile, premuroso. Accoglie gli ospiti in tipici abiti da vacanza, con un foulard al collo. A Togliatti tanta cortesia, ai limiti della reverenza, un po' imbarazza. A Reale, nel ruolo di accompagnatore, si è aggiunto Ettore Settanni, uno dei più influenti esponenti della comunità isolana. Il capo comunista indugia sulla collezione d'arte di Malaparte. Si sofferma davanti a un grande quadro, «Ma questo è un Savinio!» esclama. La risposta dello scrittore non si fa attendere: «Ecco un capo di partito che conosce anche la pittura moderna. Questo è un fatto nuovo».

Togliatti vuole conoscere tutto, aneddoti compresi, dei due soggiorni di Lenin a Capri. Da allora tornerà spesso a riposarsi nell'isola azzurra.

Malaparte cerca di guadagnare benemerenze raccontando i giorni del suo breve confino a Lipari su ordine di Mussolini. Non è molto credibile per colui che ha coniato non pochi slogan mussoliniani. Ma Palmiro finge di credere al suo ruolo di perseguitato.

Gramsci aveva definito Malaparte un «arrivista sfrenato, vanitoso e snob, camaleontico». Togliatti si sdebiterà facilitandogli la rigida procedura per l'iscrizione al Pci e consentendogli di scrivere nientedimeno che per «l'Unità», sia pure con uno pseudonimo. Quando sarà scoperto il vero collaboratore, una serie di firme del giornale, da Calvino a Moravia a Ginzburg, protesteranno con forza. Togliatti risponderà: «Non ne so nulla».

A Napoli, Ercoli viene sistemato dai compagni in un appartamento al numero undici di via Broggia. È al quarto piano di un elegante edificio, in una traversa di via Costantinopoli nel centro della città, non lontano dalle antiche mura grecoromane, in una zona di palazzi nobiliari. La casa, una vera rarità in una città bombardata con migliaia di senzatetto, è stata messa a disposizione dal chirurgo Cataldo Carone. Non lontano abita Benedetto Croce. Il leader comunista è mattiniero, si veste accuratamente, in casa indossa un maglione, quando esce un doppiopetto blu che gli conferisce l'aspetto di un professore borghese. Al mattino gli vengono recapitati i giornali, prima di andare al partito sbriga la corrispondenza e consulta qualche libro. Ha una dedizione per l'ordine, la sua scrivania ha pile di volumi e carte accuratamente disposti. Ma il capo comunista ha soprattutto una mania per la segretezza. Nonostante non corra alcun rischio nella Napoli liberata dagli Alleati, si muove come un clandestino. Nessuno in quello stabile, se non anni dopo, conoscerà mai la sua vera identità. Si fa chiamare «cavaliere», non adopera il telefono, se ha da comunicare qualcosa manda bigliettini, una sorta di «pizzini» brevi e netti. Anche al partito fa molte domande sulle persone, non dà alcuna risposta, se non formule ideologiche.

Al suo primo incontro con Maurizio Valenzi, nonostante sapesse che si trattava di un compagno affidabilissimo, Togliatti gli aveva intimato: «Scrivimi una tua biografia!». Era un sistema diffusissimo nella burocrazia poliziesca comunista, importato direttamente dalla prassi stalinista. «Tu racconti la tua vita» ricorderà Valenzi, «specialmente la tua militanza, e tre mesi dopo qualche altro dirigente ti chiede una seconda biografia, e più tardi un'altra ancora. Se la riscrivi uguale, magari pensa che hai paura di contraddirti o hai qualcosa da nascondere. Se cambi, setaccia ogni parola alla ricerca delle contraddizioni con la prima versione.»[12]

La stessa richiesta verrà rivolta dal direttore dell'«Unità», Velio Spano, al giornalista Renato Mieli, al momento dell'assunzione al giornale comunista: «Stai attento a non omettere nulla. Cerca di ricordare e denunciare, piuttosto, tutti gli errori commessi, tutti i fatti negativi del passato, anche a costo di metterti in cattiva luce». Commenterà Mieli: «La richiesta non mi era piaciuta. Faceva pensare ai processi di Mosca».[13]

Ai militanti sembra incredibile che su di loro gravi sempre la cultura del sospetto, mentre personaggi palesemente compromessi col fascismo vengano presi in considerazione. Tutto torna, però, perché messi per il momento da parte i fucili, secondo le indicazioni di Stalin, Togliatti si concentra sull'espansione e l'organizzazione del partito, di cui un momento decisivo è la conquista di un'egemonia culturale diffusa.

La Rivoluzione francese era stata una rivoluzione borghese e i capi giacobini erano tutti intellettuali di provenienza agiata, i capi bolscevichi che avevano fatto la Rivoluzione d'ottobre provenivano dall'aristocrazia zarista, in Italia occorreva cominciare a portare dalla propria parte l'intellettualità borghese, magari la stessa che fino a qualche anno prima si era compromessa con il fascismo. Su questo punto, almeno, Gramsci aveva ragione. Lui aveva codificato la strategia secondo cui, prima del potere politico, si dovesse puntare alla conquista delle «casematte» della società civile, a quei centri della società intellettuale attraverso cui assicurarsi un consenso prepolitico. I comunisti si autorappresentano come la parte etica e nuova dell'Italia, il dominio dei centri culturali aiuta a creare questo alone.

Togliatti ammetteva che il fascismo non era stato una dittatura di pochi ma un diffuso sistema di massa che in una certa fase aveva goduto anche di consenso. Giorgio Amendola era stato più esplicito quando aveva affermato che molti giovani avevano dato la loro adesione al fascismo non per viltà ma per «intima convinzione».[14]

L'intellettualità italiana si era ampiamente compromessa col fascismo, solo diciotto professori universitari si erano rifiutati di prestare il giuramento di fedeltà al regime, richiesto da un regio decreto del 1931, e per oltre un decennio il ministero della Cultura popolare, il famigerato Minculpop, aveva gestito un elenco di 906 fra giornalisti e scrittori, messi a libro paga da Mussolini.[15]

Il primo passo di questa strategia, in queste settimane napoletane, è la fondazione della rivista «Rinascita». Togliatti ci mette grandi energie, i compagni lo immaginano al Nord a capo delle brigate partigiane, come il maresciallo Tito, prima per sconfiggere i nazifascisti poi a imporre il comunismo con le armi in pugno. Lui seccato risponde: «Il comunista deve essere capace di usare la penna come una vera arma». Ne sarà direttore per vent'anni, cura in prima persona l'uscita del giornale di trentadue pagine, stabilisce i collaboratori, la redazione, le rubriche, il formato di stampa. «Dibattito» è la parola d'ordine che accompagna «Rinascita», anche se propone «in genere una summa delle idee e delle parole d'ordine che il Pci aveva elaborato».[16]

I primi numeri della nuova rivista sono tutti protesi a esaltare il legame con l'Unione Sovietica, il mito della guerra antinazista, dell'Armata Rossa, della riscossa dopo che i tedeschi erano giunti alle porte di Mosca, della resistenza di Stalingrado, della mitologia del condottiero Stalin «con un impiego così ampio e martellante di epiteti apologetici da far pensare che la fantasia dell'articolista, Mario Montagnana, ne rimanesse stremata».[17]

Il Migliore sa bene che la situazione non è più quella degli anni Venti, quando la dittatura fascista aveva interrotto l'azione dei comunisti, occorre rivitalizzare il pensiero marxista, aggiornarlo e soprattutto piegarlo alla situazione politica italiana.

La prima redazione è a Salerno, l'amministrazione è a Napoli.

In un'Italia sventrata dalla guerra, dove la stragrande maggioranza della gente ha difficoltà ad alimentarsi, a mangiare anche se poco, dove la borsa nera regna sovrana, a Togliatti non mancano le risorse. Quelle per una dignitosa, certo non ostentata, vita personale e soprattutto quelle per avviare la macchina del partito: stampare giornali, pagare dipendenti e funzionari, sostentare centinaia di compagni con famiglie che già lavorano a tempo pieno per il partito. Chi paga? Il compagno Ercoli è giunto in Italia grazie all'impegno dei sovietici. È iniziato quel generoso flusso di finanziamenti da Mosca che prenderà il nome di «oro rosso».

IV

COSTRUIRE L'EGEMONIA ROSSA

Sorrento 1943

Il 4 settembre 1943 alla filiale di Sorrento della Banca Commerciale, splendida località della costiera campana, arriva una telefonata da Roma. «Il malato è guarito. Avvertitene il senatore Croce», una comunicazione secca che dura pochi secondi, meglio così perché le linee telefoniche funzionano a singhiozzo a causa dei continui salti dell'energia elettrica. L'impiegato della banca sa cosa fare, raggiunge la bellissima Villa Tritone, dimora a picco sul mare, dove risiede Benedetto Croce, e trasmette il messaggio. Significa che sono stati conclusi i termini per l'armistizio fra l'Italia e gli Alleati.

Il filosofo si è trasferito a Sorrento da alcuni mesi con la sua famiglia, da quando Napoli è diventata pericolosissima per l'intensificarsi dei bombardamenti anglo-americani. Il 4 agosto ben quattrocento «fortezze volanti B-17» avevano duramente colpito i quartieri del centro storico demolendo addirittura la trecentesca basilica di Santa Chiara, a pochi metri dal palazzo di Croce.

Solo sotto le pressioni degli amici e della famiglia si era deciso ad abbandonare la sua storica residenza nel centro di Napoli, Palazzo Filomarino, per raggiungere Villa Tritone presa a fitto da un banchiere olandese che non la frequentava da tempo per le vicende belliche. A trattenerlo era l'amore smisurato che aveva per la sua biblioteca di sessantamila volumi, un concentrato di rarità, accumulate in oltre trent'anni. Durante i bombardamenti, mentre gli altri correvano nel rifugio, il filosofo preferiva restare nei saloni del suo palazzo. Diceva che non avrebbe resistito all'ipotesi di tornare e trovare tutto distrutto: «Meglio morire con i miei libri».

Dopo il 25 luglio e la caduta di Mussolini a «don Benedetto» guardano in tanti. Di fede monarchica, per i Savoia è un prezioso alleato perché, a parte il prestigio culturale, Croce era stato, nel maggio 1925, il promotore del manifesto degli intellettuali antifascisti, oppositore morale al regime, di cui rifiutò laute offerte, rompendo anche con il suo miglior amico, Giovanni Gentile. Un comportamento diverso dall'atteggiamento di quei tanti intellettuali che scrissero lettere deferenti al duce e poi sarebbero diventati comunisti.

Gode di un consolidato prestigio internazionale, è conosciuto e tradotto nelle università anglosassoni ed è amico di influenti esponenti della cultura americana – il rettore della Columbia University Nicholas Murray Butler, l'ex sottosegretario e columnist del «New York Times», Walter Lippmann – oltre che in rapporti epistolari con lo scienziato ebreo Albert Einstein, riparato negli Usa. All'atto dell'entrata in guerra contro l'Italia, la stampa americana e la comunità italoamericana lo avevano indicato come esempio morale d'opposizione al fascismo. Di lui parla addirittura Winston Churchill in una lettera a Franklin Delano Roosevelt indicandolo quale interlocutore per un'Italia democratica.

Al senatore guardano soprattutto i conservatori inglesi che vogliono rafforzare l'ala moderata dello schieramento antifascista, mentre i comunisti ne temono il prestigio culturale.

Croce ha 77 anni, vorrebbe estraniarsi fra i suoi libri, ma da mesi è il crocevia di una complessa attività politico-diplomatica. Riceve gli emissari alleati, i rappresentati dei partiti che si stanno ricostituendo, gli uomini di Badoglio, i nobili legati a Casa Savoia. Il 28 marzo, a Roma, ha incontrato in tutta segretezza la principessa del Piemonte e sua madre la regina del Belgio. Il mediatore e organizzatore dell'appuntamento era stato Umberto

Zanotti Bianco. Il 13 agosto ha scritto ad Alessandro Casati per annunciargli la ricostituzione del vecchio Partito liberale, esprimendo le sue preoccupazioni circa la possibilità che l'Italia potesse finire nelle mani dei comunisti.

Villa Tritone è stupenda, domina il Golfo, dalle sue terrazze è possibile guardare in lontananza Napoli, Capri e tutta la costa. Croce dorme poco la notte, guarda i bagliori dei bombardamenti sulla città. Annota sul suo diario: «Anche stanotte dormito poco, da mezzanotte alle quattro. Fisso è il pensiero alle sorti dell'Italia: il fascismo mi appare già un passato, un ciclo chiuso, e io non assaporo il piacere della vendetta; ma l'Italia è un Paese doloroso».[1] Un'altra volta scrive: «Sono stato sveglio per alcune ore, tra le 2 e le 5, sempre fisso nel pensiero che tutto quanto le generazioni italiane avevano da un secolo in qua costruito politicamente, economicamente e moralmente è distrutto, irrimediabilmente».[2]

La mattina del 13 settembre 1943 due ufficiali delle SS varcano l'ingresso della hall dell'Hotel Parker's, il lussuoso albergo che, in quelle drammatiche giornate, era stato occupato e destinato a sede del comando tedesco di Napoli. Allora come oggi la sala ristorante era situata all'ultimo piano panoramico dal quale si gode una magnifica vista del Golfo. Nelle giornate limpide è possibile osservare Capri, Ischia e la Penisola sorrentina.

Qui ad attendere i due militari provenienti da Roma, inviati dal capo politico delle SS in Italia, il colonnello Eugen Dollmann, ci sono due ufficiali della Luftwaffe, il colonnello Scholl, comandante della piazza di Napoli, e il suo vice, il maggiore Hugo Saggau. È l'aviazione tedesca, stranamente in quelle drammatiche giornate, a esprimere il comando territoriale a Napoli. Al colloquio è presente anche un sottufficiale, Hans Wessel, interprete e assistente del comandante.

La conversazione è breve quanto spiccia, i due ufficiali, non senza arroganza, chiedono uomini e mezzi per rioccupare la cittadina di Sorrento, noto comune della Costiera, dalla quale i tedeschi già si erano ritirati da qualche giorno sotto la pressione degli Alleati sbarcati a Salerno nella notte tra l'8 e il 9 settembre. L'occupazione, chiariscono, dovrà durare alcune ore, il tempo di operare un rastrellamento che consenta l'arresto di un personaggio importante. I tedeschi sono rabbiosi per quello che chiamano il tradimento italiano.

Il colonnello Scholl eccepisce che non c'è nessuna necessità militare di rioccupare Sorrento, una località turistica, difficile da raggiungere, schiacciata fra i promontori e il mare, senza alcuna importanza strategica, visto che anche Napoli deve essere abbandonata per attestarsi sulla «linea Gustav». Tantomeno il comandante ottiene chiarimenti sull'importante personaggio obiettivo del rastrellamento.

Poco più di un mese prima, nel luglio '43, una nota riservata proveniente dalla sezione di Napoli dell'Ovra (la polizia fascista) aveva genericamente informato gli uffici di Roma che l'anziano filosofo Benedetto Croce era stato contattato dai servizi segreti americani. Non si chiariva, però, la natura del contatto, né le finalità precise. La stessa segnalazione era finita nel nulla a causa della caduta del regime e del caos che era conseguito. I tedeschi, però, erano venuti in possesso dell'informativa.

Gli americani si spingono molto più avanti di vaghe ipotesi politiche, e già a fine maggio il generale William Donovan, direttore dell'Oss (Office of Strategic Service, il servizio segreto americano di allora), uomo vicinissimo al presidente Roosevelt, apre un fascicolo sul «senator Benedetto Croce, well known Italian philosopher and writer». Una successiva nota inviata da Donovan al generale Mark Clark, comandante della campagna d'Italia, sottolinea il valore di Croce e la necessità di stabilire rapporti. Lo fa attraverso il genero Raimondo Craveri (marito della figlia Elena) che viene arruolato come agente nell'Oss.

Il 12 settembre Mussolini è stato liberato dai tedeschi a Campo Imperatore: è l'atto decisivo che consentirà al fascismo agonizzante di rialzare la testa. Sorrento non è occupata, né dai tedeschi né dagli americani, che, però, sono sbarcati a Capri. Il filosofo, intanto, fa sapere al genero d'essere disponibile a incontrare appena possibile i vertici militari alleati.

La sera del 13 l'avvocato Giuseppe Brindisi, commissario prefettizio di Capri, riceve dalla prefettura di Napoli una soffiata che lo informa di un imprecisato progetto dei tedeschi di rioccupare Sorrento. Gli ufficiali delle SS hanno chiesto alla prefettura carburante e notizie sull'esatta ubicazione di Villa Tritone. In quelle ore, con l'arrivo imminente degli anglo-americani, non pochi funzionari compromessi con il regime tentano di guadagnare in extremis la patente d'antifascisti. In prefettura qualcuno ha intuito le reali intenzioni dei tedeschi e si è attivato.

Brindisi informa immediatamente l'ammiraglio inglese Stone, e lo stato maggiore anglo-americano, presso il quale si trova Raimondo Craveri, dà l'ordine di condurre immediatamente Benedetto Croce sull'isola di Capri. Viene incaricato dell'operazione l'ufficiale dei servizi segreti inglesi Gallegos (oriundo spagnolo). Occorre farlo di notte per evitare i colpi dell'artiglieria tedesca ancora insediata sulle colline che guardano il mare. Un primo tentativo scatta la notte del 14 settembre ma il mare grosso, nonostante il breve tratto, impedisce di raggiungere la costa di Sorrento. Nelle stesse ore alcuni volontari armati, guidati da un amico di famiglia, un piccolo possidente, Antonio Gugliucci, montano la guardia alla villa del filosofo. Il trasferimento avrà successo il giorno dopo, quando la sera, alle ventuno, Gallegos, accompagnato da Brindisi, imbarca su un veloce motoscafo Croce con le figlie Elena, Silvia e Lidia. Senza incidenti l'imbarcazione giunge a Capri alle 22.30, e da quel momento Benedetto Croce è posto sotto la protezione alleata. Radio Londra ne dà notizia.

Il 16 settembre una pattuglia motorizzata di soldati tedeschi entra in Sorrento, fa un breve giro, raggiunge Villa Tritone, la circonda, ma Croce non c'è. Poi il gruppo riparte alla volta di Napoli. Il 17 Croce riceve l'ammiraglio inglese J.B. Morse, inviato di Winston Churchill, e accetta di entrare come ministro senza portafoglio nel governo Badoglio. La sera cena con il famoso giornalista americano Knickerbocker, nei giorni successivi il «New York Times» ospiterà un intervento del senatore.

«Il senatore Croce è un'ombra. Un mistero, qualcosa che sta fra il Santo Padre, la signora direttrice, l'oracolo di Delfi e il commissario di Polizia ... Muovere qualche critica al senatore equivale a dir male della Libertà...» scrive in quei giorni Leo Longanesi.[3]

Anziano, senza un partito di massa alle spalle, Benedetto Croce è un impaccio, un fastidio se non un pericolo per i comunisti italiani. Il suo prestigio, la sua cultura e soprattutto l'accurata conoscenza del marxismo, maturata in anni di studi, molto più minuziosi di coloro i quali si professano comunisti, ne fanno un ostacolo. Croce è in grado di confutare, millimetro per millimetro, la teoria comunista. L'antifascismo, di cui ha dato ampia prova, non gli impedisce di denunciare i pericoli altrettanto totalitari del comunismo. I fascisti lo vogliono morto, i comunisti si pongono sulla stessa linea. Il 26 marzo 1944 «l'Unità» lancia una minaccia tanto esplicita quanto concreta: «a tutti i Croce capitalisti o proprietari fondiari, il proletariato risponderà in definitiva, più che con le armi della critica, con la critica delle armi». Evocazione tremenda se si pensa a quello che accadrà dopo un anno al Nord.[4]

Croce non perde la calma, risponde con ironia: «Fate o minacciate, se così vi piace, violenze, ma lasciate stare la dialettica, l'idealismo, il materialismo e la filosofia».

L'arrivo di Togliatti mitigherà la situazione, il Migliore ha una conclamata antipatia per il filosofo ma conosce bene le ragioni della realpolitik. Appena a Napoli accetta di recarsi a casa di Croce per una riunione di esponenti antifascisti e con lui farà parte del secondo governo Badoglio e del primo governo Bonomi. Lo scontro politico e culturale, però, resta acceso, i primi numeri di «Rinascita» fanno di Croce il bersaglio preferito, lo si accusa di «un'aperta collaborazione» col fascismo, perché «la predicazione antimarxista crociana si svolse all'ombra del littorio» e in uno scambio di «cortesie» gli «fu concesso di arrischiare ogni tanto una timida frecciolina contro il regime».[5]

Togliatti teme Croce, perché è consapevole che il suo progetto deve fare i conti con la filosofia crociana. La critica del senatore al marxismo e ai suoi dogmi è l'unico faro in grado di contrastare quell'egemonia culturale, che in ossequio all'egemonia gramsciana Togliatti si apprestava a stendere. Croce è «fastidioso» perché la sua filosofia nel tratto più politico individua una questione centrale per il futuro dell'Italia: non basta essere democratici, occorre che la democrazia sia anche liberale. Non solo, individua nel miscuglio fra cattolicesimo radicale e comunismo un pericolo per la libertà.

Il filosofo scrive direttamente al leader comunista: «Le dirò che provo un curioso effetto tra di meraviglia e di filosofico sorriso, nell'udirmi talvolta designare dai suoi come "reazionario" o anche "filofascista". La modestia, il pudore, mi vieta di rammentare che io sono stato il più radicale, e con ciò sempre liberalissimo, rivoluzionario nella vita mentale e culturale d'Italia...».[6]

La polemica oscilla tra toni ironici, quando il senatore viene definito «sonnacchioso», per la tendenza ad appisolarsi durante le riunioni, a causa dell'età avanzata, a toni più aspri. Il 27 marzo del 1947, intervenendo all'Assemblea Costituente, Togliatti torna a lanciargli un anatema e in perfetto stile stalinista avverte: «Vorrei dire, dell'onorevole Benedetto Croce, che è passato in quest'aula come un'ombra, l'ombra di un passato molto lontano!».

Fra i giornali comunisti ci si passa la parola e Croce viene definito sempre «don Benedetto», dove il «don» sta a evocare una sorta di feudalesimo culturale meridionale, se non camorristico. L'antipatia comunista per il filosofo ha ragioni lontane, addirittura databili a prima dell'ascesa del fascismo, ai tempi della rivista «L'Ordine Nuovo», quando, pur esprimendo apprezzamento per l'idealismo, il duo Gramsci-Togliatti preferiva nettamente Gentile.

Un analogo trattamento Togliatti lo riserva a Giuseppe Prezzolini, definendolo in un'intervista, in cui replicava a un articolo sulle alleanze internazionali del Pci: «Meretrice venduta su tutti i marciapiedi». Prezzolini valuta la possibilità di querelarlo poi desiste, si ferma a una lettera, considera di non avere né un partito, né un giornale alle spalle come Togliatti, né tantomeno «la cassa dei fondi segreti dei Russi».[7]

Benedetto Croce morirà nel 1952, era stato soprattutto un grande intellettuale di transizione tra la filosofia hegeliana dell'Ottocento e il Novecento. Il suo fantasma, però, continuerà a dar fastidio all'egemonia culturale della sinistra italiana che tenterà di cancellarne ogni traccia. Nel 1948 in un *Messaggio per l'indipendenza della cultura italiana* aveva scritto una sorta di testamento: «La libertà non è un partito, ma un metodo che unifica tutti i vari partiti che siano indipendenti, cioè che non ammettono forme di Stati "totalitari"».[8]

Per lunghi anni le opere del filosofo non verranno ristampate, bisognerà attendere la metà degli anni Ottanta perché tornino a essere diffuse.

Salerno 1944

Quando giunge in Italia, Palmiro Togliatti ha già in tasca quel piano politico con cui imprimerà un deciso cambio di rotta rispetto a chi immaginava un Pci proteso alla rivoluzione armata bolscevica. È quella che prenderà il nome di «svolta di Salerno», concordata e avallata da Mosca con cui il Pci, ferocemente antimonarchico, accantona la questione istituzionale e accetta l'inserimento nella legalità democratico-parlamentare. Il Migliore annuncia la nuova linea nel discorso dell'11 aprile al cinema Modernissimo di Napoli, la svolta prelude all'ingresso nel secondo governo Badoglio. «Siamo logici e realistici», avverte, non ostiniamoci a fare «del problema monarchico» il perno. I compagni che sognano la rivolta armata, come Tito o i partigiani greci, lo guardano attoniti, ma la disciplina ferrea di partito impedisce dissensi. Gli stessi contenuti erano stati anticipati in termini più espliciti nel Consiglio nazionale di qualche giorno prima. Il 3 aprile, a Mosca, la «Pravda» aveva annunciato che Togliatti avrebbe collaborato con Badoglio alla formazione di un nuovo governo, una comunicazione che provenendo dall'organo ufficiale del Pcus fa comprendere ai comunisti italiani da dove viene l'imprimatur.

Dietro le quinte il Pci aveva trattato con Enrico De Nicola la soluzione istituzionale con la quale Vittorio Emanuele III rimaneva formalmente re ma trasferiva tutte le sue funzioni al figlio Umberto che diventava Luogotenente del regno. Nelle stesse settimane l'ambasciatore sovietico a Washington, Andrej Gromyko, aveva presentato agli Alleati un memorandum sull'Italia nel quale evidenziava la necessità di superare l'impasse fra il Pci e Badoglio.

Il servizio segreto americano dedica un dettagliato rapporto agli effetti del ritorno di Palmiro Togliatti, il compagno Ercoli, in Italia: «Questo è un fatto decisivo per lo sviluppo del comunismo in Italia; più addentro di qualsiasi altro leader del Pci nelle tattiche segrete dei sovietici, uomo di assoluta fiducia del gruppo dirigente del Cremlino, può saldare l'anello mancante nella catena che lega l'Italia comunista alla Russia di Stalin. Ercoli è a conoscenza dei piani sovietici per l'Italia e deciso a realizzarli nel quadro della politica internazionale sovietica. Egli sa bene che i problemi italiani contano per il Cremlino, contrariamente a quanti pensano (tra questi i tanti "compagni di strada" americani) che l'espansionismo russo si fermi prima del Mediterraneo ... Il capo comunista inoltre, di ritorno dall'esilio, non confonderà l'urgenza con la fretta».

Il secondo governo Badoglio giura il 24 aprile a Villa Episcopio a Ravello, definita il «piccolo Quirinale». Togliatti che diventa ministro senza portafoglio, come Benedetto Croce, definisce lo spettacolo «miserevole» e descrive il re «grottesco: è nel fisico quello che è nel morale».

Risolta, in termini machiavellici, la questione istituzionale, Palmiro Togliatti si concentra sul partito. Consapevole dei fremiti e delle pulsioni della sua base, lancia due parole d'ordine: il «partito nuovo» e la «democrazia progressiva». Due facce di un Giano Bifronte, la prima definizione sottolinea l'esigenza di costruire un partito diffuso, radicato ma che vada oltre il proletariato operaio e contadino, che punti al ceto medio e alla borghesia; la nozione di «democrazia progressiva», invece, lascia aperta la prospettiva sia pur «progressiva» verso la dittatura del proletariato. Un compromesso teorico improntato al più vivo realismo.

La costruzione del «partito nuovo» passa soprattutto attraverso la conquista di una diffusa egemonia culturale, che assicuri al Pci il dominio delle idee non solo nella cultura politica ma in tutte le manifestazioni della vita sociale: la scuola, l'arte, il cinema, la letteratura, l'università, i giornali, le case editrici. Sono quelle «casematte» la cui conquista preventiva era stata ben teorizzata da Gramsci, per dare al partito una posizione di vantaggio nella società per poi facilitarne l'ascesa politico-elettorale.

Togliatti cerca i nuovi alfieri dell'egemonia culturale nell'ambito più sorprendente per l'Italia di quei mesi, ancora divisa in due dalla linea Gotica. Li recluta fra i giovani fascisti, fra coloro che si sono alimentati alla cultura gentiliana, agli estetismi del regime, ai miti e alla dottrina del regime. Una vera e propria «operazione politica» di recupero dei giovani «ex», come la definirà la storica Mirella Serri nel saggio *I Redenti. Gli intellettuali che vissero due volte*. Un vero e proprio passaggio dal fascismo militante all'antifascismo militante, che portò nel Pci neofiti pieni di zelo perché avevano qualcosa da farsi perdonare. Un tema a lungo tabù nel dopoguerra, prima taciuto e negato, poi, di fronte all'inequivocabile forza dei documenti, attenuato con la vulgata secondo cui questi giovani erano impegnati in una fronda interna al regime.

Giorgio Amendola aveva osservato come gli intellettuali e i giovani avessero dato «la loro adesione in massa al fascismo» non per «manifestazione di viltà ma di intima convinzione», il che rendeva gli ex fascisti e la loro cultura «parte viva della nostra cultura».[9] Una considerazione che smentisce la tesi postuma dell'opposizione nascosta. In ogni caso, quella della «fronda» interna, presunta o reale, appare una posizione comoda rispetto sia a quella degli antifascisti che avevano patito carcere ed esilio, sia a quella tragica dei giovani rimasti fedeli a Salò.

Ad accorgersi di quello che stava accadendo sotto le ceneri di un'Italia squassata dalla guerra furono alcuni importanti giornali stranieri, sia «The Times» che «The Economist» lanciano l'allarme sull'«ampia presenza di ex fascisti nel Partito comunista».[10] Gli Alleati temono una saldatura di posizioni estreme, anche nella Germania postbellica alcuni ex nazisti scivoleranno verso la Ddr (la Germania dell'Est comunista).

Il realismo induce Togliatti a guardare in questa direzione per un motivo ben ponderato; chi è stato fascista crede nello Stato etico e educatore, è avvezzo alla retorica, a una visione totalizzante del credo politico, si può «obbedire e combattere» per Mussolini come per Stalin. Su questa scelta, il Migliore sfida sia la vecchia guardia del suo partito, quella degli esuli, dei confinati e dei detenuti nelle carceri del regime, sia l'intransigenza del Partito d'azione.

Mirella Serri li definisce «redenti», accogliendo l'immagine che danno di se stessi, due dei giovani intellettuali fuorusciti dal ventre del fascismo: Carlo Muscetta e Norberto Bobbio. Si autodefiniscono come coloro che hanno «avuto una prima vita "non autentica" e una seconda vita "autentica"», protagonisti di una «dissimulazione onesta», di una doppia vita. Con questa operazione il Pci assume il ruolo di «fonte battesimale», secondo la definizione di Paolo Mieli, in grado di offrire la redenzione a chi si è compromesso col regime e ora vuole guadagnare una nuova verginità.

Nei mesi trascorsi a Napoli, Togliatti mette gli occhi su un attivo gruppo di giovani postfascisti del Guf napoletano (Gruppi universitari fascisti), provenienti dalla buona borghesia partenopea e intellettualmente molto vivaci. Si raccolgono attorno alla rivista «IX maggio», alcuni di loro sono destinati a carriere di successo nello spettacolo, nella letteratura, nel giornalismo e, ovviamente, nella politica. Il Migliore nota due giovani garbati e sempre ben vestiti, Massimo Caprara e Giorgio Napolitano, nel partito gli operai li chiamano «signurini» per sottolinearne il tratto borghese. Allo stesso gruppo appartengono Raffaele La Capria, Luigi Compagnone, Francesco Rosi, Giuseppe Patroni

Griffi, Antonio Ghirelli, Maurizio Barendson, Tommaso Giglio. Caprara diventa subito il segretario particolare di Togliatti, Napolitano un po' temporeggia poi si iscrive al partito nel 1945.

A Roma il vivaio sarà soprattutto quello della prestigiosa rivista «Primato» (1940-1943), promossa dal ministro fascista Giuseppe Bottai, ma anche quelli di altre pubblicazioni come «Roma fascista», la rivista dei Guf della capitale, «Nuovo Occidente», «Il ventuno domani», «Tevere» di Telesio Interlandi, «Gioventù Italica», «La Ruota». All'ombra di queste riviste si sono formate decine di intellettuali destinati ad assumere rilievo nel dopoguerra: Mario Alicata, Corrado Alvaro, Giulio Carlo Argan, Arrigo Benedetti, Romano Bilenchi, Vitaliano Brancati, Dino Buzzati, Enzo Forcella, Renato Guttuso, Mario Luzi, Carlo Muscetta, Marcello Piacentini, Guido Piovene, Salvatore Quasimodo, Renzo Rossellini, Giorgio Spini, Luigi Salvatorelli. Storie e personalità molto diverse accomunate, però, da questa doppia vita, un prima e un dopo. Non tutti aderiranno al Pci, Giorgio Vecchietti, condirettore di «Primato», diventerà fra i primi direttori del Telegiornale Rai, l'antenato del Tg1; Giorgio Bocca, iscritto del Guf di Torino, che nel 1940 era stato premiato da Mussolini, diventerà azionista. Elio Vittorini, che dopo la guerra dichiarerà di essere diventato comunista già nel 1942, proprio in quello stesso anno partecipa al convegno degli intellettuali organizzato a Weimar dal ministro della Propaganda nazista Joseph Goebbels.

Nessuno dei giovani intellettuali destinati all'antifascismo militante si scaglia, o spende almeno una parola, contro le ignobili leggi razziali. Giorgio Vecchietti spiega così il suo consenso: «Due nuove parole accendono l'aria italiana: autarchia e razza».[11]

Norberto Bobbio, futuro senatore a vita della Repubblica e celebrato intellettuale antifascista, in una famosa lettera scritta a Mussolini aveva non solo precisato la sua iscrizione al Partito fascista e ai Guf ma aveva anche rivendicato «i fondamenti teorici per la fermezza delle mie opinioni politiche e per la maturità delle mie convinzioni fasciste».[12] In una intervista rilasciata al giornalista Pietrangelo Buttafuoco che farà molto scalpore, Bobbio novantenne riconoscerà: «Ero immerso nella doppiezza, perché era comodo fare così. Fare il fascista tra i fascisti e l'antifascista con gli antifascisti».

Solo nel 2005, quando forse pensava che la sua carriera politica si fosse conclusa, Giorgio Napolitano, nell'autobiografia *Dal Pci al socialismo europeo*, accenna all'esperienza giovanile con i Guf, alla partecipazione alla Mostra del Cinema di Venezia e all'annesso convegno degli universitari fascisti. Vicende normali per un giovane della sua generazione.

Napolitano si iscrive al Pci, presentato, secondo regolamento, da due compagni veterani. Sono Renzo Lapiccirella, vivace giornalista dell'«Unità», e Mario Alicata, anche lui proveniente dai Guf. Presto, però, il giovane Napolitano trova nel partito un nume tutelare ben più autorevole, Giorgio Amendola, già uno dei capi storici del Pci, proveniente dall'antifascismo attivo e dal confino ma soprattutto un lucido intellettuale che ne ispirerà la cosiddetta linea migliorista, quella più moderata e meno stalinista.

Le carriere comuniste avvengono con il metodo della cooptazione, si sale nella struttura per chiamata dall'alto, quando si ha la fortuna di essere individuati e adottati da un capo. Il giovane Napolitano, con i suoi modi borghesi, il suo ben vestire, le parole misurate, piace a molti, a Togliatti, ad Amendola e a Salvatore Cacciapuoti, un duro e scontroso operaio del silurificio di Baia, comunista della prima ora e segretario della federazione Pci di Napoli. Lo chiamano il «piccolo Stalin» per i modi spicci, a tratti un po' arroganti, ma è proprio lui, distante socialmente, a proporre l'assunzione del ventitreenne Giorgio come funzionario di partito, affidandogli la responsabilità del settore «lavoro di massa».

Al giovane Napolitano viene affidato anche un altro ruolo, meno politico ma forse decisivo per la sua carriera nel partito, quello di assistente di lusso della coppia Togliatti e Iotti. Massimo Caprara è il segretario particolare del Migliore, Napolitano è chiamato, a volte, a integrare la squadra del leader. Nel 1949, infatti, Amendola e Cacciapuoti lo incaricheranno di «accompagnare e assistere» Palmiro Togliatti e Nilde Iotti in una vacanza a Capri, una delle prime apparizioni pubbliche della coppia. Giorgio funge da *enfant du pais*, accudisce il grande capo tenendo lontani gli scocciatori e mantenendo i contatti con Roma, preservando le necessità di riposo. La seconda volta a Sorrento, dove Togliatti trascorre la convalescenza dopo un incidente automobilistico, assistito dalla figlia adottiva Marisa Malagoli. La discrezione e l'efficienza gli valgono il ruolo di accompagnatore anche in un importante viaggio ufficiale di Togliatti nella Iugoslavia di Tito.

La vicinanza a Togliatti tuttavia è occasionale, perché il giovane Napolitano diventa segretario di Giorgio Amendola e lo segue a Roma al ministero dell'Assistenza postbellica. Poi, nel 1951 otterrà un vero incarico nel partito diventando il segretario della federazione di Caserta, e il 7 giugno 1953, a ventotto anni, sarà eletto deputato proprio in rappresentanza della provincia di Terra di Lavoro. Nel 1962 diventa il segretario della importante federazione del Pci di Napoli. Giorgio Napolitano sfiorerà anche la successione a Longo alla segreteria del Pci, quando, nel 1968, il suo nome sarà inserito in una terna con Enrico Berlinguer e Alessandro Natta.

Come tutti gli esponenti di primo piano del Pci, Giorgio Napolitano trascorre le vacanze in paesi comunisti. È in Iugoslavia, sui laghi di Plitvice, quando, anni dopo, apprenderà la notizia della morte del Migliore. Scriverà di averne apprezzato le «posizioni innovative» prese «nell'ultima parte della sua vita».

V

AMNISTIARE E FUCILARE

Roma 1945

«Il ministero di Grazia e giustizia è un bel palazzo. Come i bei palazzi del tempo antico», così con un corsivo sotto il titolo *Ritratti*, apparso senza firma sull'edizione romana dell'«Unità», Palmiro Togliatti descrive il suo ingresso a Palazzo Piacentini, il monumentale edificio romano di via Arenula sede del ministero della Giustizia. Il Migliore vi arriva il 21 giugno 1945 come membro del governo Parri che giura lo stesso giorno: nell'esecutivo il Pci ha ottenuto tre ministeri e cinque sottosegretari, gli altri due dicasteri rossi sono le Finanze con Mauro Scoccimarro e l'Agricoltura con Fausto Gullo.

Un funzionario solerte del ministero fa esporre subito il ritratto di Togliatti nella galleria dei ministri, dove ci sono ancora in fila quelli degli uomini del regime Alfredo Rocco e Dino Grandi. Solo dopo qualche giorno un addetto della segreteria del leader comunista si accorge dell'accostamento e vi pone rimedio.

Ritratti a parte, Palmiro Togliatti muove poco della burocrazia ministeriale fascista, anzi tenta di attrarla dalla sua parte. Esemplare il caso di Gaetano Azzariti, uno degli alti magistrati in forza al ministero che, nonostante fosse stato il presidente del Tribunale della razza, una delle articolazioni delle odiose leggi razziali fasciste, diventa uno stretto collaboratore del guardasigilli comunista. I servizi di Azzariti saranno tenuti in gran conto dal Pci, che darà il via libera alla sua nomina a presidente della Corte costituzionale, il primo della storia repubblicana.

La svolta di Salerno e l'accantonamento della questione istituzionale hanno portato i comunisti nell'area di governo, prima col secondo governo Badoglio, poi con i due governi Bonomi. Nel 1945 il Pci ha già raggiunto 1.700.000 iscritti, diventerà in pochi anni il primo partito della sinistra e soprattutto la forza culturale egemone.

Non è un caso che Togliatti scelga di guidare la Giustizia, mentre lascia alla Dc l'Industria e al Psiup il Lavoro, dicasteri che sarebbero dovuti risultare più confacenti al Pci. L'insediamento in questo delicato ministero ha più obiettivi. Giorgio Bocca nella biografia di Togliatti scrive di «seduzione della magistratura», il riferimento è all'inizio di quella strategia che, come è avvenuto per gli intellettuali, tenta di attrarla nella propria sfera d'influenza. La magistratura dell'epoca è fatta di elementi reazionari, molti dei quali compromessi con il fascismo ma desiderosi di acquisire una verginità democratica. Il leader comunista li lusinga con un messaggio, inviato loro subito dopo l'insediamento: «A voi, Magistrati italiani, spetta in prima linea dare al Paese questa sicurezza». Bocca insiste descrivendo una magistratura «blandita e riverita» per la quale il ministro Togliatti, in un'Italia dove tutti sono in miseria, chiede aumenti di stipendio.

La guida di via Arenula non ha solo questo scopo, il disegno di Togliatti, coerente e lucido, ha più linee. Togliatti è ministro della Giustizia anche nel primo governo De Gasperi e il 22 giugno 1946 viene promulgato il decreto presidenziale numero 4, l'atto che contiene la cosiddetta amnistia Togliatti che cancella tutti i reati comuni e politici, compresi quelli di collaborazionismo con il nemico, commessi dopo l'8 settembre 1943, fino al concorso in omicidio. L'atto voluto dal ministro comunista è approvato all'unanimità dal Consiglio dei ministri e controfirmato dal presidente del Consiglio Alcide De Gasperi.

L'amnistia è l'atto col quale si tenta di pacificare l'uscita dalla guerra civile all'indomani della nascita della Repubblica. Il 2 giugno si era svolto il referendum istituzionale per scegliere fra monarchia e repubblica e contemporaneamente le elezioni dell'Assemblea Costituente. Non mancano dure polemiche, i monarchici denunciano il clima di intimidazione che avrebbe accompagnato il voto al Nord, dove agiscono ancora gruppi partigiani armati, e soprattutto lamentano la mancata partecipazione al voto di centinaia di migliaia di deportati e militari tornati dai campi di prigionia che non erano stati inseriti nelle liste elettorali. L'esclusione degli ex prigionieri viene imputata a Togliatti che ne avrebbe fatto ritardare l'inserimento negli albi di voto, e lo si accusa anche della repentina assunzione di duecento nuovi funzionari al ministero della Giustizia destinati alle operazioni elettorali.

La scelta fra monarchia e repubblica spacca l'Italia in due, il Nord si pronuncia in maniera netta per la repubblica, il Sud per la monarchia. A Napoli, la città che ha dato una maggioranza schiacciante al mantenimento del regno, la popolazione insorge e un corteo di monarchici tenta di assaltare la federazione del Pci, i comunisti rispondono facendo fuoco, così come la polizia ausiliaria. Nove giovanissimi militanti monarchici, fra cui una donna, vengono uccisi, i feriti sono 150.

Nei palazzi romani e anche fra i giornalisti si sussurra che alla repubblica siano giunti i voti dei fascisti repubblichini che odiano Casa Savoia per il tradimento a Mussolini e ai quali Togliatti avrebbe promesso l'amnistia. Molti anni dopo, Giorgio Almirante e Pino Romualdi confermeranno questo accordo.

L'amnistia non è solo a vantaggio dei fascisti che effettivamente se ne giovano uscendo a migliaia dalle carceri, è anche a favore dei partigiani, di quei gruppi della Resistenza non minoritari che si sono macchiati di gravi delitti mettendo in atto la «resa dei conti», secondo la formula della storico Gianni Oliva.

All'indomani del 25 aprile, nelle stesse ore in cui gli italiani festeggiavano la liberazione e la fine della guerra, in molte zone del Nord e del Centro inizia una mattanza di vaste proporzioni, quella catena di eccidi, piccoli e grandi, che Giampaolo Pansa ha documentato dopo decenni di silenzio in un libro che ha destato scandalo e non poche polemiche: *Il sangue dei vinti*. La lunga scia di sangue si protrae per almeno due anni dopo l'aprile 1945; nelle zone ad alta concentrazione comunista, come nel «triangolo rosso» delle province di Bologna, Modena e Reggio Emilia, addirittura fino al 1948. Vengono uccisi ex fascisti, i loro familiari, ma anche persone estranee al conflitto politico: donne, bambini, adolescenti. A essere assassinati sono non solo coloro in qualche forma compromessi col vecchio regime ma anche partigiani cattolici, sacerdoti, simpatizzanti di partiti antifascisti diversi da quello comunista o coloro che sono individuati come nemici di classe, possidenti agricoli, professionisti e industriali.

Si tratta di uccisioni individuali, agguati notturni nelle campagne o nelle strade cittadine isolate, o veri e propri eccidi di massa. A Schio, in provincia di Vicenza, nella notte tra il 6 e 7 luglio 1945, dal locale carcere furono prelevati tutti i detenuti. Alcuni erano fascisti, la maggioranza erano comuni detenuti accusati dei più svariati reati, molte erano le donne e altri ancora erano stati arrestati per errore. Ne furono trucidati, senza processo, ben 53, forse 54, fra cui 15 donne, di cui la più giovane aveva appena 16 anni.

Monchio, frazione di Palagano (Modena), 1945

Rolando Rivi è poco più che un fanciullo, da tre mesi ha compiuto quattordici anni, ha il viso levigato senza alcun accenno di barba, il suo corpo non ha ancora i segni della pubertà. Per la madre Albertina Canovi è un bambino. Suscita curiosità con quell'abito talare indosso che si ostina a portare, anche se da un anno il seminario di Marola dove studiava per diventare prete lo ha rimandato momentaneamente a casa, causa la guerra e l'occupazione tedesca. Agli inizi del 1944 è tornato dai genitori a Castellarano, paesotto sulla sponda sinistra del fiume Secchia, alle pendici dell'Appennino reggiano.

La zona è teatro di una violenta guerra partigiana, i tedeschi si sono distinti per la ferocia delle loro rappresaglie contro la popolazione civile, a Monchio hanno compiuto una strage di contadini inermi. Ma è anche il cuore di quel triangolo rosso dove i gruppi partigiani comunisti hanno già iniziato una guerra civile nella guerra civile, ideologica e selettiva per eliminare i futuri avversari politici.

Il piccolo Rivi si sente già un sacerdote, va in giro col suo abito lungo e nero, in mano il breviario delle preghiere e il rosario. Il padre lo ha esortato più volte a mettersi in abiti civili, i preti da quelle parti sono visti malissimo e alcuni sono già stati uccisi. Lui, invece, si attiva per far funzionare la piccola chiesa della frazione di San Valentino e ripete: «Preghiamo per tornare al più presto in Seminario. Quando sarò prete, partirò come missionario».

La mattina del 10 aprile si stava recando in parrocchia, come faceva più volte al giorno, quando viene prelevato da un gruppo della locale brigata Garibaldi, gli autori del rapimento lasciano un biglietto ai genitori: «Non cercatelo. Viene un attimo con noi partigiani». Lo fanno camminare per alcune ore nella boscaglia fino a Piane di Monchio nel Modenese dove è la base partigiana. Il destino che lo attende è atroce: seviziato e percosso per tre giorni di seguito, viene «graziato» dal commissario politico che nel far fuoco a bruciapelo dice: «Domani un prete in meno». Lui intanto pregava. Il corpo verrà ritrovato pieno di lividi.

Papa Francesco, il gesuita argentino Jorge Mario Bergoglio, è subito piaciuto a tutti per la sua umiltà, la sua cortesia, la capacità di dare amore. Una certa sinistra che non conosceva la sua biografia intellettuale, le posizioni ferme su temi delicati, dall'aborto al celibato del clero, vi ha subito intravisto un seguace della teoria della liberazione, un prete movimentista. Chi ne conosce bene la lunga esperienza di guida della Chiesa argentina sa, invece, che oltre a una grande disponibilità per i poveri, accompagnata dalla semplicità dei forti, Bergoglio ha sempre mantenuto una linea culturale coerente con i grandi principi del cattolicesimo.

Il 28 maggio 2013, a poche settimane dalla sua elezione a pontefice, papa Francesco ha autorizzato la Congregazione per le cause dei santi a promulgare il decreto che riconosce il martirio di Rolando Rivi. La sua beatificazione avrà una formula impensabile fino a qualche anno fa in Italia: «Vittima dei partigiani comunisti».

Per decenni la storia del piccolo Rivi, se si esclude il racconto di Giampaolo Pansa che lo ha narrato in uno dei suoi libri, è rimasta sconosciuta, relegata ai familiari e ai pochi fedeli che lo avevano conosciuto. Ancora nel 2011, a oltre sessant'anni dai fatti, la maggioranza di sinistra del comune di Reggio Emilia si è rifiutata di aderire alla richiesta fatta dalla Lega Nord e dal Pdl di dedicare una strada a Rolando Rivi.

La «resa dei conti» non è certo autonoma rispetto agli antefatti degli eccidi nazifascisti, a quella cruda scia di sangue che aveva accompagnato la risalita verso il Nord della Wehrmacht. All'indomani del 25 aprile l'Italia settentrionale è costellata di stragi, piccole e grandi, ben vive nella memoria dei partigiani.

La vendetta è un sentimento esecrabile che purtroppo si ripresenta spesso sul palcoscenico della storia.

Nettuno 1944

È una piccola isola lacustre, dove svettano i cipressi, a immettere i visitatori nel sacrario militare americano di Nettuno, un curato luogo di silenzio dove riposano 7862 soldati americani morti sui vari teatri della campagna d'Italia, dalla Sicilia, a Salerno, ad Anzio. Il cimitero è gestito direttamente dall'amministrazione di Washington e sorge nello stesso luogo dove, durante i furiosi combattimenti dopo lo sbarco del 22 gennaio 1944, furono ammassati i primi caduti della battaglia. Quelli che vi riposano oggi sono il 35 per cento di coloro che furono sepolti in un primo momento, in 490 tombe vi sono quei militari che non sono stati mai identificati.

L'Italia è stata liberata dagli Alleati, dagli americani, inglesi, australiani, polacchi, neozelandesi, brasiliani, francesi che hanno risalito la Penisola. Oltre trecentomila i loro caduti. Questo è un dato militare, quindi storico.

All'alba della Repubblica c'è un problema di legittimazione dello Stato democratico che dovrà nascere. Durante la Prima guerra mondiale c'era stato il disastro di Caporetto ma poi erano venuti il Piave e Vittorio Veneto.

L'apporto della Resistenza c'è stato, significativo su un terreno morale. Ma esso fu assolutamente marginale per gli esiti della Liberazione e della vittoria sui tedeschi.

Nel 1995, nell'anno del cinquantenario della Liberazione, Renzo De Felice, lo storico che aveva indagato con meticolosità sul fascismo, operandone una ricostruzione senza pregiudizi, strappa il velo della retorica resistenziale e con rispetto comincia a ragionare con verità. Dichiara De Felice: «Una vulgata storiografica, aggressivamente egemonica, costruita per ragioni ideologiche (legittimare la nuova democrazia con l'antifascismo), ma usata spesso per scopi politici (legittimare la sinistra con la democrazia) ha creato, invece, una serie di stereotipi che ci hanno impedito di dipanare quell'intricata matassa in cui si aggrovigliano i nodi irrisolti degli ultimi cinquant'anni: la sconfitta dell'Italia e la crisi dell'identità nazionale, il ruolo decisivo per la vittoria degli eserciti inglese e americano e le frustrazioni dell'antifascismo, i limiti militari della Resistenza e la realpolitik del partito comunista e del partito cattolico, l'inconsistenza storica della monarchia e l'inadeguatezza etico-politica della borghesia».[1]

Per mezzo secolo l'Italia ha conosciuto una dominante vulgata apologetica e agiografica della Resistenza, unico pilastro dello Stato democratico. Incorporato il mito del partigiano eroe senza macchia, unico portatore di valori, l'identità italiana, quella secolare della letteratura, del diritto e dell'arte, quella del Risorgimento, viene spazzata via insieme al fascismo. L'atto di nascita della Repubblica è la Resistenza. Lo dimostra il fatto che per decenni la vera festa nazionale è stata il 25 aprile, mentre la ricorrenza del 2 giugno restava marginale, per non dire di quella del 4 novembre.

L'analisi critica di De Felice parte dalle cifre, la guerra civile fu un fatto che coinvolse una minoranza di italiani, mentre la stragrande maggioranza della popolazione scelse di stare in una «zona grigia» in una sorta di attendismo degli eventi. La Resistenza è un fenomeno tardivo, in Italia non c'è un De Gaulle e neanche un Tito, capaci di coagulare forze diffuse e significative. Il calcolo dello storico precisa in tre milioni e mezzo gli italiani coinvolti nella guerra civile: la cifra include familiari, amici, vicini, a fronte di 44 milioni di italiani dell'epoca. I partigiani combattenti, tra formazioni di montagna, di città e fiancheggiatori, per lungo tempo si sarebbero mantenuti sulle 200 mila unità. Il loro numero cresce esponenzialmente nell'imminenza del 25 aprile 1945, quando la sconfitta tedesca è inequivocabile. Anzi, il più massiccio arruolamento si registra dopo la Liberazione, quando un esercito di opportunisti scende in strada col fazzoletto al collo e si autoproclama partigiano. Finanche in Sicilia, dove lo sbarco alleato era avvenuto ben prima dell'inizio della Resistenza, proliferano le sedi dell'Associazione partigiani.

Le facili adesioni incontrano il disappunto in primo luogo dei veri combattenti. Ferruccio Parri, leader del Comitato di Liberazione Alta Italia, in un congresso del 1947 di ex appartenenti alla Resistenza denuncia come falsificazione la cifra di 280 mila partigiani. Il comunista Luigi Longo in un suo libro memoriale del 1964 scrive di 235 mila combattenti.

Durante il fascismo, una certa Italia borghese e convenzionale aveva fatto carte false per ottenere le qualifiche di sansepolcrista, aderente alla prima adunata di Mussolini, a Milano, in piazza San Sepolcro nel 1919, o di antemarcia, iscritto al fascio prima della marcia su Roma. La stessa cosa accade dopo il 25 aprile per ottenere la qualifica di partigiano.

A scalfire quella che era stata la vulgata dominante è stata anche l'opera di uno storico, ex partigiano, come Claudio Pavone, che nei primi anni Novanta propone una lettura inedita del fenomeno resistenziale, destando non poco scandalo fra i depositari di una verità fino ad allora monolitica. Nel volume *Una guerra civile. Saggio storico sulla moralità nella Resistenza*, Pavone introduce il concetto di «guerra civile» fino ad allora negato dalla sinistra che non riconosceva alcuna dignità al nemico. E si spinge oltre quando pone una riflessione sulla moralità della Resistenza stessa.

La guerra partigiana fu certamente una guerra patriottica contro l'invasore tedesco, ma fu anche una guerra civile fra italiani fascisti e antifascisti, e una guerra di classe dove la frangia comunista propugnava la prosecuzione del conflitto, anche dopo la sconfitta nazifascista, contro le classi borghesi fino alla vittoria del proletariato.

Pavone non discute il valore della Resistenza, ma ne coglie una «immagine apologetica, levigata e rassicurante» che si era formata nel tempo come base legittimante della democrazia italiana. Parlare di «guerra civile» non significa solo cogliere il dato oggettivo di una guerra che contrappose, talvolta con tratti di ferocia, italiani contro italiani, ma significa prendere atto che i fascisti non possono essere liquidati solo nel ruolo di alleati dei tedeschi.

Il giornalista Domenico Bartoli giunge a teorizzare che agli aderenti alla Rsi vada ritirata la cittadinanza italiana, misura difficile da contemplare su un piano giuridico, ma che offre il senso della *conventio ad excludendum* verso una parte degli italiani. Pavone rompe questo schema: «La qualifica di servi dello straniero data ai fascisti non è sufficiente a cancellare in loro quella di italiani, né autorizza a eludere la riflessione su di essi».[2]

Per una parte delle formazioni partigiane, quelle comuniste, il nemico di classe era prevalente rispetto al nemico della patria, il regolamento di conti politico diventava preminente e poco importava che non tutti gli industriali o agrari fossero fascisti. Con la guerra partigiana, per la prima volta in Italia, il proletariato era armato e si realizzava il sogno di un partito rivoluzionario, dotato degli strumenti militari per fare la rivoluzione. In alcuni episodi della guerra partigiana gli obiettivi di classe vengono addirittura preferiti a quelli contro i tedeschi. Non può essere diversamente in un clima culturale dove «antifascista» deve equivalere a «comunista».

Per lunghi anni la falsa memoria passa anche per le omissioni che fanno del loro passato alcuni illustri «antifascisti» che da giovani avevano aderito alla Repubblica di Salò o si erano compromessi a vario titolo col regime.

Giorgio Bocca, poi partigiano e giornalista «democratico» di successo, per decenni penna di punta del gruppo Espresso-la Repubblica, nell'agosto 1942 pubblica di spalla sulla prima pagina del giornale «La Provincia granda - Sentinella d'Italia - Foglio d'ordini settimanale della Federazione dei Fasci di Combattimento di Cuneo» un lungo articolo intitolato *I Protocolli dei Savi anziani di Sion*.

I toni trasudano il peggior antisemitismo, Bocca rimastica la tesi, cara alla propaganda nazifascista, di un presunto complotto globale degli ebrei per garantirsi il dominio sul mondo: «Sono i "Protocolli dei Savi di Sion" un documento dell'internazionale ebraica contenente i piani attraverso a cui il popolo ebreo intende giungere al dominio del mondo ... Gli ebrei lanciano allora il grido: "Libertà, eguaglianza, fratellanza". La massa illusa e piena di speranza abbatte le solide istituzioni e prepara il campo a quelle forme di governo liberali e democratiche in cui gli ebrei, padroni dell'oro, divengono i dominatori».

I «Protocolli» erano un falso documentale prodotto dalla polizia zarista, ai primi del Novecento, per screditare le comunità ebraiche e rilanciato dal nazismo per giustificare la persecuzione contro gli ebrei. Qualche giorno prima sullo stesso giornale Bocca aveva scritto: «Questo odio degli ebrei contro il fascismo è la causa prima della guerra attuale. La vittoria degli avversari solo in apparenza, infatti, sarebbe una vittoria degli ebrei. A quale ariano, fascista o non fascista, può sorridere l'idea di dovere, in un tempo non lontano, essere lo schiavo degli ebrei?».

Dopo l'8 settembre Bocca diventa partigiano, ma nel lungo dopoguerra non avvertirà mai il bisogno di chiarire questo suo passato, anzi si dichiarerà «coerente» datando altrove i suoi esordi giornalistici.

Qualche settimana dopo, il 24 settembre 1942, il settimanale «Roma Fascista» pubblica un articolo di Eugenio Scalfari: «Gli imperi moderni quali noi li concepiamo» scrive il fondatore della «Repubblica» «sono basati sul cardine "razza", escludendo pertanto l'estensione della cittadinanza da parte dello stato nucleo alle altre genti».

Mentre solo in anni recentissimi la storica Mirella Serri ha fatto chiarezza sulla figura di Giaime Pintor, altra icona dell'antifascismo, fratello di uno dei fondatori del «Manifesto», morto nel tentativo di attraversare le linee tedesche per unirsi ai partigiani. Il giovane intellettuale Pintor aveva partecipato, nell'ottobre 1942, al convegno degli scrittori europei organizzato dalla propaganda nazista a Weimar.

Il Nobel per la letteratura Dario Fo si arruola come volontario nella Rsi nel battaglione A. Mazzarini della Guardia nazionale repubblicana con cui partecipa al rastrellamento e alla riconquista del caposaldo di Cannobio nell'Ossola. Il suo compito era quello di trasportare bombe. Fo ha negato per lungo tempo questo suo passato e ha querelato chi sosteneva il contrario. Messo alle strette da una serie di documentazioni, alcune addirittura fotografiche che lo ritraggono in divisa, ha dovuto ammettere, prima in un'intervista al quotidiano «la Repubblica», poi al «Corriere della Sera», questo passato ingombrante, giustificandolo con la giovane età e con la necessità di sfuggire alla fucilazione prevista per i renitenti alla leva.

Da una delle azioni giudiziarie, quella nei confronti di Gianni Cerutti, giornalista del «Nord», sulla militanza di Dario Fo nelle formazioni militari repubblichine scaturisce una verità giudiziaria. Scrive, infatti, una sentenza del tribunale di Varese: «È certo che Fo ha vestito la divisa del paracadutista repubblichino nelle file del Battaglione Azzurro di Tradate. Lo ha riconosciuto lui stesso – e non poteva non farlo, trattandosi di circostanza confortata da numerosi riscontri probatori documentali e testimoniali – anche se ha cercato di edulcorare il suo arruolamento volontario sostenendo di avere svolto la parte dell'infiltrato pronto al doppio gioco. Ma le sue riserve mentali lasciano il tempo che trovano ... lo rende in certo qual modo moralmente corresponsabile di tutte le attività e di ogni scelta operata da quella scuola nella quale egli, per libera elezione, aveva deciso di entrare. È legittima dunque per Dario Fo non solo la definizione di repubblichino, ma anche quella di rastrellatore».

Per alcuni tratti la vicenda di Fo ricorda quella di un altro Nobel, lo scrittore tedesco Günter Grass, che solo nel 2006 ha ammesso di essersi arruolato come volontario, non coscritto, nelle Waffen-SS.

Roberto Vivarelli, rispettato storico antifascista, nel 2000, dopo oltre cinquant'anni, scrive una confessione liberatoria, rivelando di essere stato fascista a Salò, militare nelle Brigate Nere col fratello Piero, regista che nel dopoguerra sarà militante del Pci.

Altri non hanno mai negato il loro passato nella Repubblica di Salò: dal giornalista Mauro De Mauro, vittima della lupara bianca per il suo impegno contro la mafia, agli attori Giorgio Albertazzi, Tino Carraro, Walter Chiari, Enrico Maria Salerno, Ugo Tognazzi e Raimondo Vianello.

VI

QUANDO LA POLIZIA DENUNCIÒ IL GIOVANE ONOREVOLE NAPOLITANO

Caserta 1955

Le strade del centro di Caserta sono tutte assolate, con pochi ripari d'ombra. A fine giugno si è già in piena estate. Per i residenti questa è ancora la Terra di Lavoro, nome dell'antica provincia che comprendeva un territorio più vasto e che evoca *labor*, l'economia basata sul duro lavoro dei campi.

Nell'immediato dopoguerra la provincia di Caserta è politicamente bianca, ha votato per la monarchia, poi è diventata marcatamente democristiana. Non è ancora inquinata dalla camorra, che dilagherà a partire dagli anni Settanta, l'economia è quasi solamente agricola.

La Dc ha stravinto nelle elezioni del 1948, cedendo qualcosa solo al Partito monarchico, la sua base di consenso poggia oltre che sul grande peso della Chiesa, sui possidenti terrieri, grandi ma anche piccoli. I comunisti tentano di guadagnare consenso cavalcando le ragioni dei braccianti.

Nel 1950 il Parlamento aveva varato la riforma agraria che imponeva l'esproprio coatto dei latifondi improduttivi e la distribuzione delle terre. Lentezze e complicità locali, però, non hanno dato piena attuazione alla riforma. Manifestazioni e occupazioni sono quasi quotidiane. I focolai più acuti della protesta sono l'Emilia Romagna e il Veneto, nel basso Ferrarese è in atto un'occupazione continua.

La mattina del 29 giugno 1955, oltre cinquecento braccianti sostano davanti alla sede dell'Anpi (l'Associazione nazionale partigiani d'Italia), vogliono manifestare, sfilare in corteo nel centro della cittadina, alcuni vorrebbero occupare la prefettura. Li guida il giovane deputato comunista Giorgio Napolitano, eletto proprio nella circoscrizione Napoli-Caserta. Il corteo non è autorizzato, le strade sono presidiate dalla Celere, i reparti antisommossa della polizia fondati nel '46 dal ministro dell'Interno Giuseppe Romita ma rafforzati dal nuovo ministro, il democristianissimo Mario Scelba. Sono schierati con manganelli di legno, elmetti militari, seduti sulle jeep donate dall'esercito americano. L'ordine è non far muovere nessuno e disperdere immediatamente ogni assembramento.

La tensione sale, i manifestanti urlano, salutano col pugno chiuso, cantano l'*Internazionale*, accennano un corteo, ma la polizia non fa sconti e un trombettiere suona la carica. «Ne seguirono tafferugli» come recita il fascicolo della magistratura che documenta i fatti. Il parapiglia dura una mezz'ora. Nulla di eccessivamente grave, qualche manganellata da parte dei celerini, la risposta dei contadini anche loro armati con nodosi bastoni, alcuni fermi. Il giovane deputato Giorgio Napolitano resta in piazza ben difeso dal servizio d'ordine del Pci.

Il seguito della vicenda è raccontato, in linguaggio burocratico ma chiaro, dagli atti parlamentari della seconda legislatura. È tutto in quel fascicolo, che raccoglie le denunce della polizia e della magistratura, dall'intestazione quanto mai netta: «Camera dei Deputati. Relazione della giunta per le autorizzazioni a procedere contro il deputato Giorgio Napolitano».

Finiti gli scontri, il giovane parlamentare sale al primo piano della vicina questura di Caserta. «L'onorevole Napolitano» scrive il procuratore titolare del fascicolo «si portava in Questura e, irrompendo nell'ufficio del questore, gli diceva, alla presenza del capo di gabinetto dottor Verrusio: "Lei, questore, ha fatto scendere in piazza dei funzionari irresponsabili".» In altre parole, Napolitano ritiene che l'ostinazione degli agenti nel voler impedire la manifestazione, sia pur non autorizzata, abbia fatto scatenare il peggio. La reazione del questore è dura, forte della copertura del Viminale, denuncia il giovane deputato, la magistratura si allinea e lo imputa dei «reati di cui agli articoli 341 del Codice penale (oltraggio a pubblico ufficiale) e 18 del testo unico delle leggi di Pubblica sicurezza (riunione senza preavviso)».

Denuncia fatta, inviata a Montecitorio: la vicenda, molto comune a quei tempi, non ha alcun seguito giudiziario. È ancora vigente in quegli anni, nella sua pienezza, l'art. 68 della Costituzione, quello sull'immunità parlamentare, e la giunta per le autorizzazioni a procedere della Camera non ritiene di autorizzare la magistratura ad andare avanti. A chiedere di rigettare l'incriminazione è un deputato della parte avversa, il democristiano Carlo Scarascia Mugnozza, che agisce secondo il bon ton istituzionale dell'epoca e soprattutto in ossequio alla condivisa accettazione dell'istituto dell'immunità parlamentare. Il ministro di Grazia e Giustizia in carica, che sorveglia affinché l'autonomia della politica sia salvaguardata, è Aldo Moro.

Le passioni di questa stagione coinvolgono anche il giovane Napolitano, che nella sua lunga carriera politica si dimostrerà uomo di equilibrio e delle istituzioni.

Del resto, tutto sommato, i fatti di Caserta sono poca cosa. Qualche mese prima a Carpineti, nella frazione di Colombaia, in provincia di Reggio Emilia, due militanti democristiani vengono uccisi a fucilate mentre festeggiano in un'osteria la vittoria della lista cattolica alle elezioni del comitato di gestione della locale mutua. A far fuoco e poi a confessare l'eccidio è il mezzadro Guerrino Costi, iscritto al Pci, arrestato insieme ad altri nove militanti comunisti.

Nel giugno 1955 Mario Scelba non è solo il ministro degli Interni, è anche il presidente del Consiglio. Il direttore del «Corriere della Sera» Mario Missiroli dirà presentandolo in pubblico: «A lui dobbiamo se siamo liberi». Scelba, l'allievo prediletto di don Luigi Sturzo, di cui era stato segretario, è molto cauto, all'apparenza mostra la bonomia del parroco siciliano di campagna anche nell'aspetto fisico, mentre in realtà è uomo duro e determinato. La sua prudenza a volte cede, come quando si lascia scappare a due giornalisti stranieri la frase: «I comunisti stanno pianificando l'insurrezione armata o quasi».

Non lo pensa solo Mario Scelba. Un anno prima l'ambasciatrice americana Claire Boothe Luce ha cominciato a scrivere una serie di preoccupati rapporti a Washington, al Dipartimento di Stato o direttamente alla Casa Bianca. Già a gennaio del '54 aveva scritto: «Non v'è dubbio che entro il prossimo anno possa crearsi in Italia una situazione di guerra civile...». È un'affermazione allarmata, che cade in un momento di grande instabilità della politica italiana. Ai primi dell'anno il presidente del Consiglio Pella rassegna le dimissioni, Amintore Fanfani tenta di dar vita a un monocolore Dc ma non ottiene la fiducia. Ci riuscirà appunto Scelba a formare, il 10 febbraio, un governo tripartito Dc-Psdi-Pli, con l'appoggio esterno del Partito repubblicano. Nell'agosto di quello stesso anno muore Alcide De Gasperi e questo fa venir meno un fattore di coesione del centro politico.

La Luce, donna energica, ex giornalista, di grande cultura internazionale, è un'esponente del partito repubblicano che ha ricevuto il delicato incarico di ambasciatrice a Roma dal presidente Ike Eisenhower. Ma è soprattutto la moglie di Harry Luce, l'editore di «Life» e di «Fortune», i più popolari magazine americani dell'epoca, oltre che magnate di una catena di quotidiani. Dopo poco l'ambasciatrice spedisce a Washington una seconda nota. «La nazione italiana» scrive «è in crisi, può darsi che imbocchi la strada sbagliata e anzi, per me, essa vi si è già avviata. La tendenza è verso il comunismo. Per poter portare via terreno al Pci il governo potrebbe far molto di più di quello che fa. Noi stiamo alle costole, ma con scarso successo ... In America non ci si rende conto che il comunismo è veramente a un passo dalla conquista del potere. Nelle ultime elezioni i democristiani ebbero il 40 per cento dei suffragi e i comunisti il 37 per cento. Se alla prossima occasione guadagnano tre punti diventano il partito più importante e la norma costituzionale vuole che vengano invitati a formare il governo. Se riescono a formare il governo l'Italia si avvierà verso l'abisso.»[1]

A Washington, i rapporti della signora Claire Boothe Luce vengono esaminati con estrema preoccupazione, anche se alcuni ritengono che la fase più acuta sia stata superata. Il segretario di Stato John Foster Dulles, che pure ha fama di moderato, telegrafa all'ambasciatrice americana a Roma: «Noi siamo rimasti particolarmente impressionati dai suoi vigorosi allarmi che riguardavano la crescita costante dell'appoggio popolare e dell'influenza del Partito comunista. Io ritengo che per affrontare questa situazione siano necessarie sia forti misure in grado di colpire il potere organizzativo comunista sia un potere legislativo capace di ottenere un ampio appoggio popolare e parlamentare. La crescita dell'influenza comunista e l'assenza di qualsiasi decisa misura governativa in grado di contrattaccare sono una questione di grave preoccupazione per noi, combinata con la recente esitazione italiana nell'affrontare i problemi che riguardano gli sforzi comuni del mondo libero per assicurare la sicurezza contro la tirannia comunista ... Se i comunisti saranno sconfitti e screditati agli occhi degli italiani e se gli italiani e il governo rovesceranno in modo deciso questa tendenza attuale assai pericolosa e rigetteranno il comunismo, il presidente ha indicato che sarà pronto ad appoggiare un programma speciale di aiuti all'Italia».

L'Italia, insieme alla Germania, è la trincea della Guerra fredda, del confronto serrato fra Usa e Urss che, nei primi anni Cinquanta, sta entrando nella sua fase più acuta. Nel 1948 si sono consumati i fatti di Berlino, i sovietici avevano chiuso ogni accesso via terra alla capitale tedesca e gli occidentali avevano dovuto organizzare un gigantesco ponte aereo per approvvigionarla. La vicenda berlinese ha impressionato molto l'opinione pubblica americana che teme che l'Europa continentale diventi tutta comunista. Del resto, tra il 1945 e il 1948 Mosca aveva «normalizzato» la situazione di Paesi come la Polonia, l'Ungheria e la Cecoslovacchia, all'interno dei quali i governi di coalizione multipartiti nati nell'immediato dopoguerra avevano dovuto cedere il passo a regimi basati sui partiti comunisti e dichiarare la nascita di democrazie socialiste.

In questa complessa partita erano risultate cruciali le scelte operate da Alcide De Gasperi. Il suo viaggio negli Stati Uniti, nel gennaio del '47, il primo di un capo di governo italiano, aveva costituito uno spartiacque. Gli incontri con i più alti esponenti dell'Amministrazione americana, dal segretario di Stato, James Byrnes, al segretario al Tesoro, John Snyder, fino alla Casa Bianca col presidente Harry Truman, rompono l'isolamento internazionale dell'Italia e ne sanciscono la presenza nel campo occidentale. Un viaggio coraggioso, che De Gasperi vuole con forza rompendo anche le riluttanze interne al suo partito, quelle dell'ala che fa capo a Giuseppe Dossetti e che vuole una difficile posizione non allineata.

Il leader democristiano torna a Roma anche con sostanziali aiuti economici, fondamentali per far ripartire l'Italia, un prestito di 100 milioni di dollari, fra i più alti mai concessi alle nazioni europee; altri 50 milioni di dollari a fondo perso, sotto la voce di rimborso per la permanenza delle truppe americane in Italia; la rinuncia alle riparazioni di guerra; la rinuncia alla cessione delle unità della flotta italiana; un piano per far insediare in Italia alcune fabbriche di multinazionali americane capaci di creare rapida occupazione.

Al ritorno in Italia De Gasperi si appresta a decretare la fine dell'alleanza di governo con i comunisti e i socialisti che avverrà nel maggio successivo. Togliatti denuncia questa scelta come il «prezzo» pagato agli americani ma in realtà nessun documento ha mai provato che vi fosse stata una richiesta in tal senso. Anzi, nel settembre 1946 De Gasperi aveva accusato Togliatti di praticare una «politica del doppio binario», di esercitare il doppio ruolo di governo e opposizione e soprattutto di avere posizioni inaccettabili in politica estera.

In questo clima, accade un altro fatto importante: al XXV congresso dei socialisti, la minoranza guidata da Giuseppe Saragat esce dal partito e dà vita a una formazione autonoma, su basi più moderate e filo-occidentali.

Dopo quel viaggio gli americani premono per far accettare definitivamente l'Italia in organizzazioni internazionali quali il Fondo Monetario e la Banca Mondiale, e soprattutto, superando l'opposizione britannica, renderanno possibile l'adesione al Patto Atlantico.

VII

PIANO K E RIVOLUZIONE ARMATA

Roma, 14 luglio 1948

È metà mattinata, i lavori alla Camera dei deputati sono iniziati già da alcune ore: nei primi anni della Repubblica il Parlamento lavora molto più di quando farà dopo. Alle 11.20 Palmiro Togliatti decide di concedersi una pausa e allontanarsi per una decina di minuti per andare a prendere un gelato nella rinomata pasticceria Giolitti, che dista pochi passi da Montecitorio. Esce con Nilde Iotti, la ventottenne deputata di Reggio Emilia, con cui ha una relazione molto chiacchierata, anche nel partito.

Il leader comunista percorre pochi metri della via Uffici del Vicario, quando viene raggiunto alle spalle da un giovane che con un revolver Smith&Wesson calibro 38 gli esplode contro vari colpi. Tutto si consuma in pochi istanti. Togliatti viene raggiunto da tre proiettili: alla nuca, all'addome, l'ultimo in petto, non lontano dal cuore. Nilde Iotti tenta di fargli da scudo, non viene colpita ma il suo abito è pieno del sangue di Togliatti che tenta di soccorrere. La giovane donna urla: «Assassini! Lo hanno ammazzato!».

Sono momenti di caos e concitazione, la gente scappa. Non si sa quanti siano gli attentatori, se abbiano altri obiettivi. I poliziotti di guardia al palazzo di Montecitorio corrono verso Nilde Iotti. L'uomo che ha fatto fuoco si allontana, ma senza correre, a passo leggermente sostenuto, è un giovane ben vestito, con un gessato blu. «Mi chiamo Antonio Pallante» dichiarerà subito al carabiniere che riesce a bloccarlo.

Le indagini rivelano che è un simpatizzante del blocco liberale e qualunquista, si dichiara anticomunista e nazionalista ma precisa ripetutamente di non essere un neofascista e tantomeno un nostalgico.

Ci vorrà un'ora e mezza prima che Rete Azzurra, uno dei due canali radiofonici della Rai, la Radio audizioni italiane, riferisca dell'attentato a Togliatti. Ma quando giunge la comunicazione ufficiale la notizia si è già sparsa in tutta Italia. Le indagini confermeranno le affermazioni di Pallante che dichiara di aver fatto tutto da solo, senza alcun aiuto. Per giorni, però, girano le voci più disparate. Pochi credono al gesto isolato, la piazza rossa crede più al complotto, all'azione di un gruppo organizzato che voleva uccidere il leader del comunismo italiano.

L'attentato avviene a quasi tre mesi dalle elezioni politiche del 18 aprile, quando al termine di una tesissima campagna elettorale, sovvertendo le previsioni della vigilia, la Democrazia cristiana aveva ottenuto la maggioranza assoluta dei seggi e sfiorato anche in voti quella assoluta. Il Fronte democratico popolare ne era uscito sonoramente sconfitto ottenendo uno scarso 30 per cento dei suffragi, in calo rispetto alle precedenti elezioni per l'Assemblea Costituente. Alcide De Gasperi, all'apice della sua popolarità, era stato abile e ispirato nel portare la contesa elettorale sull'opzione: libertà o dittatura. Su questa scelta di fondo era riuscito a mobilitare l'elettorato moderato italiano facendogli comprendere che era in gioco un bene supremo. Agli inizi del novembre '47 il vicesegretario Dc, Paolo Emilio Taviani, aveva riunito a Roma i segretari provinciali del partito, che a stragrande maggioranza si erano detti convinti della vittoria socialcomunista. Poi era partita la rimonta, grazie soprattutto alla macchina organizzativa dell'associazionismo cattolico, fatta muovere da Pio XII e dalla Santa Sede, a cominciare dai comitati civici promossi da Luigi Gedda. Giovannino Guareschi aveva coniato sul «Candido» il fortunato slogan: «Nel segreto dell'urna Dio ti vede, Stalin no».[1]

Togliatti è uscito livoroso da quella sconfitta. Appena quattro giorni prima dell'attentato, il 10 luglio, ha parlato alla Camera contro il piano Marshall. Il leader comunista viene ricoverato al Policlinico Umberto I, le sue condizioni sono disperate. La sua stanza è guardata dagli uomini del servizio d'ordine del partito, guidati da Giulio Seniga, tutti armati. Per assisterlo viene selezionata una squadra di dodici infermieri, tra quelli che sono riconosciuti militanti del Pci. Massimo Caprara si districa nel delicato compito di gestire le due donne accorse al capezzale di Togliatti, la moglie Rita Montagnana e l'amante Nilde Iotti.

Già dopo mezzogiorno Roma ribolle, carica di tensione. Una folla enorme blocca le vie del centro, Montecitorio è circondato dai militanti comunisti scesi spontaneamente in piazza, scoppiano scontri con la polizia che con ripetute cariche deve respingere i tentativi di assalto ai palazzi governativi. Piazza Esedra, piazza San Silvestro, piazza Venezia e anche zone periferiche sono i teatri di duri incidenti. De Gasperi convoca d'urgenza una riunione straordinaria del governo, sceglie il palazzo di Montecitorio perché meglio difeso di quello del Viminale che allora ospitava le riunioni del Consiglio dei ministri. La stragrande maggioranza dei manifestanti comunisti è convinta che Togliatti sia morto, e che l'annuncio non sia stato dato per tenere calma la piazza.

A Roma a fatica Scelba riesce a controllare la situazione e contenere le proteste. Al Nord, invece, è tutta un'altra storia perché in poche ore prende il via una vera e propria insurrezione armata, qualcosa che per dinamica e precisione appare preparato da tempo. Milano, Torino e Genova sono le città dell'operaismo italiano, punti cardinali del cosiddetto triangolo industriale. Nel capoluogo piemontese già nel primo pomeriggio una quarantina di fabbriche sono occupate armi in pugno dagli operai. I comandanti partigiani assumono il comando delle loro formazioni e distribuiscono il materiale bellico accuratamente conservato, molto spesso all'interno degli stessi stabilimenti industriali.

Sono circa le 13.00 quando un gruppo di operai irrompe nello studio di Vittorio Valletta. Presidente e amministratore delegato della Fiat, ligure di origini siciliane, fama di duro, è l'uomo simbolo del capitalismo italiano. Gli operai imbracciano mitra Sten di fabbricazione britannica, l'arma che durante la guerra veniva paracadutata dagli Alleati ai partigiani. Con un certo imbarazzo che cela deferenza verso Valletta, leggono un comunicato evidentemente preparato: «Professor Valletta, la informiamo che in seguito al vile e criminale attentato alla vita del compagno Togliatti è stato proclamato lo sciopero generale e che la Fiat è occupata».[2] In realtà, da Roma non era giunto alcun ordine, il leader della Cgil, Giuseppe Di Vittorio, era in viaggio aereo di trasferimento da San Francisco all'Italia e non sapeva ancora nulla dell'accaduto.

Valletta non si scompone e risponde secco: «Il vostro comportamento è illegale, quando tutto tornerà normale vi farò licenziare». Da quel momento, però, il presidente della Fiat è di fatto sequestrato nel suo ufficio, può comunicare con l'esterno solo sotto sorveglianza, ma non inasprisce gli animi, resta tranquillo e anzi, mette a disposizione di Aldo Togliatti un aereo privato della Fiat per consentirgli di raggiungere immediatamente il padre a Roma.

Sui tetti di Torino, nei punti strategici, compaiono mitragliatrici, in un'ora la distribuzione delle armi è completata, vengono fissati posti di blocco con partigiani armati nei punti nevralgici della città. Tutto accade in maniera veloce e ordinata, ognuno sa cosa deve fare e dove andare, come se si muovesse un esercito ben addestrato ai propri compiti.

Non solo Torino ma buona parte del Piemonte è militarmente in mano ai comunisti, sono presidiate la Valsesia, il Biellese, il Monferrato. È invasa la sede del quotidiano «La Stampa» che non uscirà per due giorni. Le operazioni sono coordinate da un big del partito, il senatore Cino Moscatelli, che era stato uno dei comandanti partigiani più in vista nella guerra ai nazifascisti.

L'altra città che viene rapidamente occupata è Genova. Qui l'operazione è ancora più fulminea e tecnicamente perfetta. Il capoluogo ligure ha un forte insediamento operaio comunista incentrato sui manovali, i cosiddetti «camalli», del grande porto mercantile e su alcune grandi imprese come l'Ansaldo. Il partito è tanto ramificato quanto egemonizzato dai gruppi partigiani, dotati di armi in abbondanza e di prestigio perché avevano liberato la città prima dell'arrivo degli Alleati costringendo i tedeschi alla resa.

Come a Torino, già nelle prime ore del pomeriggio la città è saldamente presidiata dai comunisti che giungono a circondare la prefettura e ad assaltare la caserma di Bolzaneto. Ci sono barricate e posti di blocco con mitragliatrici, i tram sono stati saldati alle rotaie dagli operai dell'Ansaldo, radio e giornali passano sotto il controllo della Camera del lavoro. Sono controllate dai rivoltosi anche Sestri Ponente, Chiavari e Nervi. Un tenente colonnello dei carabinieri è catturato e portato nella sede del Pci, un sottotenente della polizia viene gravemente ferito, la sede del Msi è assaltata e devastata. Le cinque autoblindo mandate a liberare la prefettura sono catturate dalla folla. Scelba, che valuta la situazione di Genova come la più compromessa, isolata e irraggiungibile via terra, ipotizza di mandare via mare un contingente dell'esercito.

A Milano tutte le grandi fabbriche, la Breda, l'Alfa Romeo, la Caproni, la Falck, la Bezzi, vengono occupate da operai e partigiani ben armati. Lo stesso avviene a Sesto San Giovanni e Cinisello. Qualche imprenditore viene malmenato, la notizia si sparge e alcune famiglie di grandi capitalisti milanesi decidono di raggiungere la vicina Svizzera, temendo che stia per scoppiare la rivoluzione bolscevica.

Molti, militanti cattolici, esponenti dei partiti non comunisti, industriali ma anche semplici cittadini, temono le azioni della famigerata Volante Rossa, una banda composta dagli elementi più estremisti delle Brigate Garibaldi, che dalla fine della guerra ha insanguinato la provincia di Milano con assassinii mirati, azioni terroristiche o atti di criminalità comune come le rapine. Il Pci li ha coperti per lungo tempo, tutti sanno che frequentano la Casa del popolo di Lambrate. Nel caos potrebbero scatenarsi in altri eccidi.

Circa un anno prima proprio a Milano c'era stato un assaggio di sommossa, quando nel mese di novembre il governo aveva rimosso da prefetto Ettore Troilo, l'ultimo dei prefetti non di carriera nominato fra i capi della Resistenza nelle settimane che erano seguite al 25 aprile. Giancarlo Pajetta aveva guidato un gruppo di partigiani all'occupazione della prefettura. Focolaio poi smorzato dall'intervento di Togliatti che aveva ricevuto pressioni da Stalin.

L'Italia è sull'orlo della guerra civile. Ci sono anche morti e feriti, fra le forze dell'ordine e fra i rivoltosi. Quando fa notte molte città sono isolate e senza luce. Il Nordovest è fuori controllo, così l'Emilia e la Toscana. Oltre al risentimento per l'agguato a Togliatti, in molti militanti è maturata la convinzione che questa può essere l'attesa occasione. La mente dei militanti è attraversata dalla medesima convinzione che alcuni esplicitano: «O ora, o mai più».

Tra i democristiani circola la voce di non dormire in casa, di chiedere ospitalità ad amici. Si dice che i comunisti possano fare una retata nella notte.

All'indomani del 25 aprile, il Pci aveva iniziato a muoversi su un doppio binario, certamente quello della legalità parlamentare, impostato da Togliatti con la svolta di Salerno, ma anche il mantenimento di un apparato segreto e militare pronto ad altre ipotesi fino all'insurrezione armata. Ai primi di ottobre del 1947 si era tenuta a Szklarska Poreba, in Polonia, la prima riunione del Cominform, i sovietici per bocca di Andrej Ždanov avevano avvertito i compagni italiani e francesi che la fase della collaborazione tra le forze antifasciste era finita, bisognava trarne le conseguenze. Luigi Longo, che guidava la delegazione del Pci, punto nell'orgoglio aveva replicato che il Pci era pronto, anche all'insurrezione armata. Il dirigente ammetteva quello che in Italia sapevano in molti. L'apparato militare era già in embrione durante la Resistenza, nell'ultimo inverno, quando le brigate partigiane comuniste risparmiavano armi e forze in vista della rivoluzione.

Dopo la svolta di Togliatti, la delusione di chi avrebbe voluto passare subito all'azione era stata attenuata proprio finalizzando i militanti alla strutturazione dell'apparato militare segreto. Gli americani stimeranno la sua forza in 130 mila uomini armati, più credibilmente si può parlare di 70 mila unità. Che questo piccolo esercito fosse ben armato non vi sono dubbi, quando le autorità alleate avevano ordinato ai partigiani la riconsegna delle armi ai carabinieri si era messa in scena una piccola farsa. Gli uomini delle brigate comuniste disciplinatamente in fila avevano consegnato ferri vecchi, firmando un registro e ottenendo anche una ricevuta. Le armi vere, quelle più efficienti e moderne, sottratte ai tedeschi in rotta e ai fascisti sconfitti erano state accuratamente nascoste. Si parlava addirittura di alcuni carri armati rubati agli americani e finiti in fienili di contadini fidati dell'Emilia.

Cosa ci sia nella testa di tanti nell'imminenza dell'attentato a Togliatti lo fa capire a chiare lettere il senatore Giuseppe Alberganti, segretario della federazione di Milano, che in piazza Duomo, davanti a una folla di oltre centomila persone, urla: «Questo è uno sciopero che non finisce come gli altri, né oggi né domani!». E poi una minaccia, non tanto velata: «Il 18 aprile i voti si sono contati numericamente. Oggi ci pesiamo. Politicamente».[3] Il riferimento è alla vittoria democristiana dell'aprile precedente, che aveva lasciato comunisti e socialisti increduli, convinti di avere la vittoria in tasca.

A Roma, a Montecitorio, alle 16.30, a circa cinque ore dall'attentato, inizia la seduta convocata d'urgenza per le dichiarazioni in aula del governo. La tensione è altissima, il presidente della Camera Giovanni Gronchi esprime una ferma condanna e solidarietà al leader Pci. I deputati ascoltano in piedi e in silenzio. Ma quando la parola passa al presidente del Consiglio, Alcide De Gasperi, si scatena il putiferio. Walter Audisio, l'ex comandante partigiano ora deputato, famoso per aver messo a morte il duce, con l'indice alzato gli dice: «Sei come Mussolini che ha fatto assassinare Matteotti!». Giorgio Amendola, che pure ha fama di uomo di pensiero, urla: «Ne siete voi i responsabili!

Vergognatevi! Assassini! Siete coperti di sangue! Andatevene!». Un altro deputato, Renzo Laconi, grida: «Avete il sangue sulle mani!». Scoppiano tumulti in aula. Gli epiteti peggiori sono per il ministro dell'Interno Mario Scelba. «Dov'è Scelba?» urlano dai banchi della sinistra. Poi prende la parola Giancarlo Pajetta, che presenta un ordine del giorno che addossa tutta la responsabilità al governo chiedendone, di fatto, le dimissioni. «L'Unità» che esce nel pomeriggio in edizione straordinaria titola: *Dimissioni del governo della discordia e della fame, del governo della guerra civile*. La Cgil prende atto dello sciopero che spontaneamente è iniziato in quasi tutto il Paese.

Intanto, sin dai momenti successivi all'attentato, il ministro Scelba, l'uomo più odiato e nel contempo invocato, è asserragliato al Viminale, dove tenta prima di capire com'è la situazione, regione per regione, poi di ripristinare un minimo d'ordine. Urla al telefono con i prefetti del Nord, molti dei quali sono ostaggi della piazza, li sprona alla massima fermezza.

La sera del 14 luglio, un'Italia prevalentemente al buio, perché l'energia elettrica è saltata in molte località, va a dormire con l'incertezza del domani. Sono le ore più drammatiche della breve storia repubblicana. Tutte le forze armate vengono poste in stato di preallarme, lo stato maggiore seleziona i reparti di sicura fede destinati a intervenire.

In ore così aspre e concitate, a Roma c'è anche difficoltà a capire quale sia l'esatta situazione al Nord. Le comunicazioni sono incerte e si teme che possano essere definitivamente interrotte.

Sul Monte Amiata, rilievo dell'Appennino toscano di 1735 metri, strategico per l'incrocio di diverse valli, passano i cavi telefonici che collegano le grandi città del Nord con Roma. A controllarli è una centrale situata poco sotto, ad Abbadia San Salvatore, in provincia di Siena. La zona è politicamente rossa, sotto stretto controllo del Pci che arruola la gran massa di minatori che lavorano in una delle più importanti miniere al mondo di cinabro, il minerale da cui si estrae il mercurio. Sono loro che muovendosi secondo un piano, forse concepito da tempo, danno inizio alla rivolta e tentano la conquista della centrale di controllo. Averla significa controllare le comunicazioni telefoniche.

La tensione sale, per i minatori l'attesa «ora X» è scattata. Questa volta, però, le forze dell'ordine si organizzano per resistere e non cedere la posizione. Gli scontri che ne seguono sono violentissimi, l'agente di polizia Giovanbattista Carloni e il maresciallo dei carabinieri Virginio Ranieri vengono uccisi mentre tentano di raggiungere le forze dell'ordine assediate nella centrale. Scelba manda l'esercito, una compagnia del 78mo reggimento, la rivolta è repressa con l'arresto di 264 minatori e il successivo rinvio a giudizio per 337 persone.

La mattina del 15 luglio l'Italia si risveglia in bilico tra democrazia e conflitto, gran parte delle grandi arterie stradali di collegamento dal Centro Italia verso il Nord sono interrotte, bloccate o dai partigiani o dalle forze dell'ordine che devono far passare i rinforzi. Sono interrotti anche i collegamenti ferroviari. Per molti la guerra civile è questione di ore, per altri è già iniziata.

Tuttavia, nel corso della giornata avvengono alcuni fatti destinati a incidere sul corso degli eventi. A Ciampino atterra il leader della Cgil Giuseppe Di Vittorio, l'unico leader comunista che gode di un prestigio popolare quasi pari a quello di Togliatti. Pur fedele all'ortodossia del partito, è dal dopoguerra fautore di una visione riformista che punta a conseguire conquiste sociali, prima ancora che coltivare il mito della rivoluzione. Si rende immediatamente conto della gravità estrema della situazione, conosce gli operai, l'esistenza di un apparato militare e soprattutto le frustrazioni di chi ritiene di essere stato defraudato della rivoluzione bolscevica.

Da un lato Di Vittorio avalla la linea dello sciopero generale per assecondare le frange più oltranziste del sindacato, dall'altro cerca De Gasperi per incontrarlo.

Alle 17.15, mentre il caos continua, le radio trasmettono una notizia, del tutto inaspettata, che giunge dalla Francia: Gino Bartali è protagonista di una straordinaria rimonta al Tour de France. Quella francese è la più importante corsa ciclistica al mondo, che catalizza l'attenzione di milioni di appassionati. Bartali è una gloria del ciclismo italiano ma già in età avanzata per uno sportivo. L'ultimo Tour lo aveva vinto nel 1938.

Quella mattina la squadra italiana, in considerazione di quanto stava avvenendo, aveva valutato il ritiro. I risultati sportivi lasciavano a desiderare e l'apprensione per le notizie dall'Italia era tanta. Bartali parte con un ritardo abissale di ben ventidue minuti sul primo della classifica, lo recupera in una strepitosa tappa di montagna. Colle dopo colle rosicchia ai suoi avversari secondo su secondo, vince la tappa e diventa maglia gialla. Il giorno dopo vincerà anche un'altra decisiva tappa alpina, Briançon – Aix-les-Bains, per conquistare poi il Tour con l'arrivo a Parigi il 25 luglio.

Nelle piazze italiane presidiate da opposte fazioni pronte allo scontro, comunisti e poliziotti, la tensione si attenua, l'entusiasmo per le imprese di Bartali sposta l'attenzione, per un po' si alleggerisce il braccio di ferro in atto.

Con gli anni si stratificherà la vulgata secondo cui la guerra civile fu evitata dalla vittoria di Gino Bartali al Tour. In realtà, è dietro le quinte che accade qualcosa di decisivo.

L'apparato militare che si muove in quelle ore è affidato a Pietro Secchia, comunista della prima ora, personaggio chiave di quegli anni, vicesegretario del partito ma soprattutto uomo di fiducia di Mosca. Tutti lo temono e lo rispettano. Biellese di origini, giovane socialista e subito comunista all'atto della scissione di Livorno, è un uomo colto che ha fatto regolari studi al liceo classico ma ha anche lavorato in fabbrica come operaio. Il suo volto esprime tutta la durezza di chi viene da una lunga sofferenza e non appartiene alle schiere degli opportunisti dell'ultimo momento. Arrestato nel 1931, ha trascorso ben dodici anni tra carcere e confino, «prigioniero del nemico sino al 18 agosto 1943», come precisa spesso.

Secchia è stato, durante la guerra partigiana, il commissario generale di tutte le Brigate Garibaldi, dunque il supercommissario politico, vero capo della struttura militare. Dopo il 25 aprile è lui che cura meticolosamente il mantenimento dell'organizzazione militare, la sua segretezza, la sua logistica, coltiva un rapporto diretto con i comandanti partigiani, non abbandona nessuno e si preoccupa di far espatriare all'Est quei compagni che si sono macchiati di delitti nella resa dei conti postbellica. Il console americano a Milano, Charles Bay, in una nota afferma l'esistenza di varie commissioni segrete, di una di queste farebbe parte anche il giovane Enrico Berlinguer che a quel tempo il partito aveva mandato nel capoluogo lombardo.

Dal 12 al 14 dicembre 1947 Pietro Secchia era stato a Mosca. Al Cremlino tutti lo riconoscono come il comunista italiano più vicino all'Unione Sovietica. Lo stesso Togliatti, nonostante il grande prestigio personale e internazionale, sa bene che deve guardarsi dalle manovre del suo numero due. Secchia si reca a Mosca per un estremo tentativo di convincere i fratelli sovietici che la strada dell'insurrezione armata è possibile, mentre la via della legalità parlamentare intrapresa da Togliatti allontana la prospettiva comunista.

L'ultimo giorno incontra Stalin alla presenza di Ždanov e Malenkov, ma le parole del leader globale del comunismo sono chiare: «Noi riteniamo che adesso non si debba adottare la linea dell'insurrezione, ma bisogna essere pronti, nel caso il nemico attacchi. Sarebbe bene rafforzare le organizzazioni dei partigiani italiani, accumulare più armi. Sarebbe bene avere un proprio servizio di informazioni, che possa procurare notizie sui piani del nemico. Bisogna farlo, in modo che il nemico non colpisca a sorpresa. Bisogna introdurre qualcuno nei quartier generali e negli organi dirigenti dell'avversario».[4]

Stalin mantiene in vita il regime comunista interno all'Urss attraverso una spietata repressione che fa dell'eliminazione fisica, anche per la minima forma di dissenso, la prassi abituale. Nel contempo, però, sul terreno internazionale è molto cauto, attento a calmare gli impulsi dei «partiti fratelli», consapevole che l'Unione Sovietica non è pronta al confronto globale, economico-militare, con gli Stati Uniti. Il leader sovietico teme che l'insurrezione prematura da parte dei partiti comunisti occidentali possa trascinare l'Urss in un conflitto perdente.

Stalin teme che in Italia si ripeta quello che è accaduto due volte in Grecia, dove si stava consumando una dura guerra civile. Dopo il ritiro dei tedeschi, nell'ottobre 1944, i britannici erano giunti ad Atene, completando la liberazione del Paese e chiedendo alle formazioni partigiane di disarmare o inquadrarsi nell'esercito regolare greco. L'Elas, la più dotata formazione partigiana (esercito popolare di liberazione), strettamente dominata dai comunisti, si era rifiutata di consegnare le armi. Solo l'impegno diretto del contingente britannico, coinvolto in una vera e propria guerra, aveva evitato che i comunisti prendessero il sopravvento sul governo monarchico di Atene.

Con l'avvio del ritiro delle truppe di Londra, agli inizi del 1947, dopo che la Gran Bretagna aveva fatto sapere di non essere in grado di sostenere i costi umani ed economici di una nuova guerra, sia pur locale, il Partito comunista greco aveva ripreso l'iniziativa, proclamando la repubblica e costituendo un governo socialista autonomo che dominava nelle zone montuose. All'inizio del nuovo conflitto sarebbe giunto a controllare fino al 70 per cento dell'intero territorio greco. Ne era scaturita una dura guerra civile, già costata decine di migliaia di vittime, che i comunisti, passata la fiammata iniziale, stavano perdendo una seconda volta, soprattutto dopo che gli Stati Uniti avevano cominciato a sostenere Atene. L'Urss, invece, si era limitata a consegnare ai partigiani comunisti greci un po' di armi, neanche tante, sequestrate ai tedeschi alla fine della guerra.

Stalin riteneva che se Washington si era impegnata per la Grecia, a maggior ragione lo avrebbe fatto per l'Italia, pronta anche a una guerra con l'Urss. Il 12 marzo 1947, parlando davanti al Congresso, il presidente Truman era stato esplicito affermando che gli Stati Uniti erano pronti a «sostenere i popoli liberi che stanno resistendo alla dominazione di minoranze armate o a pressioni esterne».

Se la Grecia era stata la prova generale dell'Italia, si stava dimostrando una prova fallimentare.

Allo spauracchio greco, Secchia obiettava il successo delle operazioni di forza nell'Est Europa dove le forze comuniste stavano riuscendo a liquidare i partiti democratici e a instaurare regimi socialisti. Era accaduto in Polonia con la fuga all'estero dei dirigenti del Partito contadino, in Ungheria dove il partito dei piccoli proprietari (che nel 1945 aveva ottenuto il 59 per cento dei voti) era stato schiacciato, in Romania dove il Partito contadino era stato sciolto e re Michele costretto ad abdicare. Accadrà a breve in Cecoslovacchia con un tragico golpe durante il quale il ministro degli Esteri Jan Masaryk sarà scaraventato giù da una finestra. Gli sarà fatale la risposta data a Stalin che gli ordina di non trattare con gli americani gli aiuti del piano Marshall. Morirà per la sua risposta di sfida: «Sono il ministro degli Esteri indipendente e sovrano».

Secchia ventilava ai compagni di Mosca anche un'altra ipotesi: quella di un'Italia divisa in due, un Nord comunista fino alla Toscana e alle Marche, con capitale Milano; e un Sud filoamericano con capitale Roma. Più o meno quello che stava per accadere in Corea e anni dopo in Vietnam.

Stalin non si lascia convincere, teorizza a parole che il comunismo debba avere un'espansione globale ma guarda alle possibilità reali di portare avanti questa affermazione. L'Unione Sovietica ha pagato il più alto tributo di sangue, ventitré milioni di morti, non può reggere un confronto con gli Stati Uniti. «Non c'è dubbio che i partigiani debbano essere appoggiati, ma se le prospettive di riuscita diminuiscono» chiarisce Stalin «meglio rimandare la lotta a tempi migliori.» Ogni discussione è chiusa dalla più semplice delle osservazioni: «Se sei in grado, colpisci, se no, non entrare in battaglia».[5]

Con l'attentato a Togliatti, però, le cose sembrano essersi messe in moto da sole. Per questo, già nel pomeriggio del giorno 14, Secchia spedisce suo fratello Matteo all'ambasciata sovietica a Roma. Chiede di aprire un immediato canale con Mosca per valutare la situazione, forse spera in un via libera all'insurrezione. L'ambasciatore Kostylev ribadisce la posizione di Mosca: «Non c'è spazio per una strategia insurrezionale, la situazione internazionale non lo consente».

Secchia non si rassegna a queste parole così nette, pensa che tutto sommato è la posizione di un funzionario e lo invita a consultarsi con Mosca.

Il Cremlino non avalla l'insurrezione. Intanto, le condizioni cliniche di Togliatti migliorano, l'operazione è riuscita anche se con una complicazione ai polmoni che porta febbre alta. Già nel pomeriggio il leader del Pci si risveglia, le prime parole ironiche sarebbero state per l'attentatore: «Che fesso, m'ha sparato quattro colpi e non mi ha finito». Mentre appena colpito avrebbe pronunciato la storica frase: «State calmi, non perdete la testa», rivolta a Longo e Secchia, i due massimi esponenti del partito dopo di lui.

La miracolosa ripresa di Togliatti, il suo senso di responsabilità nell'invitare alla calma e la vittoria di Bartali al Tour, secondo la versione più diffusa, sarebbero stati gli elementi capaci di smorzare l'insurrezione.

Più credibilmente, invece, la vera leva risiede nell'atteggiamento di Stalin che mette subito in chiaro le cose. Oltre a ribadire che Mosca non sosterrebbe una rivolta, invia un telegramma di solidarietà che gela il vertice del Pci. «Il comitato centrale del Partito comunista bolscevico dell'Urss» scrive il Cremlino «è indignato per il brigantesco attentato compiuto da un essere che è al di fuori del genere umano contro la vita del capo della classe operaia e di tutti i lavoratori d'Italia, il nostro caro compagno Togliatti. Il comitato centrale del Partito comunista bolscevico è contristato dal fatto che gli amici del compagno Togliatti non siano riusciti a difenderlo dal vile attentato a tradimento.» Quel passaggio «non siano riusciti a difenderlo» equivale a una scomunica. Come dire: non sapete proteggere il vostro capo, figuriamoci se riuscirete a fare la rivoluzione.

La sera del 15 Scelba è partito al contrattacco, sta facendo affluire rinforzi al Nord e ordina ai prefetti di non temporeggiare minacciando sostituzioni. «Lo Stato deve ripristinare la legalità.» L'indisponibilità dell'Urss lascia il gruppo dirigente senza copertura, lo stesso Secchia si rende conto che, a questo punto, lasciare andare avanti l'insurrezione aprirebbe la strada a pericolose incognite, probabilmente al disastro. Solo Pajetta teorizza che una parte del Paese possa essere controllata dal Pci.

In molti luoghi la macchina organizzativa parallela del Pci si è mossa con rapidità e precisione, come se vi fosse un piano preordinato. Da Roma non sono giunti ordini, anzi molte federazioni lamentano l'assenza di direttive, ma a Genova, Milano, Torino, nelle campagne del Piemonte, per non dire dell'Emilia e della Toscana, il forte apparato occulto ha dato una formidabile prova di efficienza. E per almeno due giorni il gruppo dirigente è incerto, stretto fra le suggestioni di chi ribadisce «ora o mai più» e le consapevolezze del quadro internazionale, uno scontro tra passione e razionalità.

L'incontro fra Di Vittorio e De Gasperi è un passaggio chiave, il leader della Cgil arriva al Viminale, dove si è trasferito il governo per motivi di sicurezza, alle dieci del mattino del giorno 15. De Gasperi lo riceve nell'anticamera del suo studio, apre le braccia in segno di solidarietà e di amicizia, ribadisce la condanna, più volte espressa ai vertici del Pci, per l'aggressione al loro segretario. Ma le schermaglie inziali sono durissime, Di Vittorio rinfaccia l'azione di Scelba, definita «brutale», la repressione nelle piazze, le cariche e i morti. Il capo del governo replica che sono stati loro a porsi nell'illegalità girando armati, occupando fabbriche, palazzi pubblici, piazze, snodi stradali e ferroviari. I due interlocutori tengono fede ciascuno al proprio ruolo, tuttavia sanno che il compromesso è necessario. Il bilancio ufficiale reso noto da Scelba è di 7 morti e 120 feriti tra le forze di polizia e 7 morti e 86 feriti tra i cittadini.

Durante la seduta del Consiglio dei ministri, Alcide De Gasperi aveva fatto il duro affermando che lo sciopero generale è un «evidente tentativo di sovvertimento dell'ordine costituzionale, che va contro un governo che ha la fiducia delle Camere ... è evidente che i comunisti hanno un piano pronto e che lo sfrutteranno al momento opportuno...». Poco dopo, però, in una dichiarazione resa al «Corriere Lombardo» afferma «di essere ancora propenso a considerare lo sciopero come spontanea manifestazione di sdegno e di dolore».

Il leader della Cgil ha già fatto sapere ai vertici del partito di non condividere l'avventurismo della sommossa, la sua posizione per il peso che ha risulta decisiva e dopo la sconfessione di Mosca si rafforza. «Lo sciopero andrà avanti fin quando riteniamo opportuno» avverte Di Vittorio, ma poi aggiunge «terminerà appena le condizioni politiche lo renderanno possibile». Nella notte successiva, infatti, l'esecutivo della Cgil deciderà di mettere fine allo sciopero. È l'apertura che De Gasperi aspettava, l'attentato a Togliatti sia pur nella drammaticità del momento chiude la fase insurrezionalista del Pci, dopo quei giorni il vertice di Botteghe Oscure e lo stesso Secchia cominceranno a smantellare il parapartito convertendolo in apparato di vigilanza. Pietro Nenni annota nel suo diario: «Ci trattiene la coscienza della responsabilità verso il Paese. Battere la polizia di Scelba non sarebbe impossibile. Ma poi? È davanti a questo "poi" che le masse hanno arretrato, non davanti ai carri armati».

Nel maggio 1949 un vasto arsenale di mitragliatrici tedesche, fucili, pistole, telefoni da campo sarà ritrovato nella sede municipale del comune di Grosseto. In Liguria due grandi depositi verranno rinvenuti, invece, dietro false pareti, all'interno dell'officina allestimento navi dell'Ansaldo, a Sampierdarena. L'inventario fatto dalla polizia rivelerà un piccolo arsenale: un cannone controcarro, una mitragliera a due canne, 22 mitragliere pesanti, una cassa di bombe da mortaio e una di bombe a orologeria, centinaia fra fucili e mitra. Molte di queste armi sono incartate in fogli di giornale dell'«Unità».

Nel saggio *Lavoro riservato. I cassetti segreti del Pci*, scrive Maurizio Caprara: «Dal 1970 all'agosto 1995, per stare ai tempi recenti, sono stati recuperati in Emilia Romagna 413 chili di munizioni di medio e grosso calibro, un centinaio di mine anticarro, un numero imprecisato di armi leggere».[6] Gli stessi sovietici in un loro rapporto scrivono che i partigiani comunisti sono riusciti a impossessarsi a fine guerra di 109 cannoni, 286 mitragliatori, 6505 fucili.[7] Scelba riferirà in Parlamento di altri ritrovamenti di armi, soprattutto in provincia di Forlì, in depositi costruiti secondo «criteri tecnici per sfuggire all'esame, alle ricerche che attraverso strumenti magnetici vengono effettuate dalle forze di polizia».[8]

Molti anni dopo, Alberto Franceschini, fondatore delle Brigate Rosse insieme a Renato Curcio, rievocherà nel libro *Mara, Renato e io* che le prime armi dei brigatisti furono alcune pistole consegnate loro dai partigiani.

VIII

LA COSTITUZIONE SOVIETICA

Roma, dicembre 1947

Alle ore 17 di lunedì 22 dicembre 1947, l'Assemblea Costituente approva a maggioranza il testo della Costituzione repubblicana italiana. Dopo una breve relazione di Meuccio Ruini, presidente della Commissione per la Costituzione, si passa ai voti, i favorevoli sono 453, i contrari 62 perlopiù appartenenti alla destra. La Costituzione nasce senza un imprimatur popolare, due giorni prima l'Assemblea aveva respinto la proposta liberale, già avanzata mesi prima di sottoporre a referendum popolare il testo della nuova Carta.

Il testo è stato elaborato dalla cosiddetta «Commissione dei 75» che ha messo insieme ed elaborato i pezzi preparati dalle sottocommissioni, prima del voto finale da parte dell'Assemblea Costituente. I giochi sono stati fatti in questa supercommissione, è qui che si è realizzato il compromesso fra la Democrazia cristiana e le sinistre, egemonizzate dal Pci. A De Gasperi interessava soprattutto la costituzionalizzazione dei Patti Lateranensi, punto su cui preme il Vaticano e che ottiene con l'art. 7. Ai comunisti interessa, invece, mettere mano su parti più concrete, su parti che potranno condizionare la vita futura del Paese e la sua evoluzione. I costituenti rossi propongono anche di definire l'Italia «Repubblica popolare» o «Repubblica democratica» secondo una formula adottata nell'Est europeo. Il costituente liberale Aldo Bozzi, nel suo intervento davanti all'assemblea plenaria, domanda: «Dovremmo forgiare una Carta costituzionale quasi strumento per agevolare o indirizzare una rivoluzione che non si è fatta?».[1]

I comunisti sanno che non torneranno presto al governo e si preoccupano, pertanto, di indebolire l'esecutivo all'interno del disegno costituzionale, lavorano per conferire il massimo potere al Parlamento, dal quale nei decenni a venire realizzeranno una sorta di cogestione del potere.

Con De Gasperi impegnato al governo e nelle delicate questioni internazionali, connesse al dopoguerra, la guida dei democristiani alla Costituente è affidata a Giuseppe Dossetti e Giorgio La Pira, i due cattolici più a sinistra che interpretano il cattolicesimo quasi in chiave socialista. Togliatti, politico astuto, intuisce le potenzialità delle convergenze che può realizzare con Dossetti e La Pira, e le sfrutta abilmente. Si realizza quell'impasto culturale fra comunismo e cattolicesimo destinato a pesare a lungo nella storia italiana, e che trova efficacia nello spostare il nucleo della nuova Costituzione dalla tutela dell'individuo alla tutela della società, secondo canoni molto diversi da quelli delle altre costituzioni liberali occidentali.

Al leader comunista riesce un'operazione sorprendente, quella di imporre il modello della Costituzione sovietica del 1936 nella parte concernente i rapporti economico-sociali. La prova è nelle carte. Nel fascicolo denominato «Relazioni e proposte presentate alla prima sottocommissione», fra i tanti testi ci sono quelli presentati dal segretario del Pci. Lo stesso Togliatti li titola «Principi dei rapporti economico-sociali». Il punto chiave dell'azione dei comunisti è la limitazione della proprietà privata ammessa solo per una funzione sociale. Il leader comunista fa un'esplicita ammissione: «Tale è il principio a cui si ispira, per dare il più notevole degli esempi, la Costituzione sovietica del 1936».

La Costituzione dell'Urss è il mito, l'obiettivo a cui tendere perché, rimarca Togliatti, «ha un carattere preciso: essa codifica in norme lapidarie un fatto uscito da una rivoluzione».

Il Migliore presenterà come un grande successo comunista l'art. 41 della Costituzione italiana nella parte in cui afferma che «la legge determina i programmi e i controlli opportuni perché l'attività economica pubblica e privata possa essere indirizzata e coordinata a fini sociali». È un chiaro richiamo ai principi del dirigismo economico introdotti in Unione Sovietica, alla pianificazione, una vittoria che sanciva quella che i giuristi chiamano la «funzionalizzazione» dell'iniziativa economica privata, di conseguenza un limite alla piena libertà dell'impresa.

Togliatti si concentra molto su questa parte della Costituzione, interviene continuamente nel dibattito: «Quando si lasciano le persone svolgere l'attività che loro aggrada, cioè si asserisce e sancisce il principio della piena libertà economica, è evidente che non si garantisce a ogni cittadino, come è detto nel primo comma, il diritto al minimo indispensabile ai mezzi di sussistenza». Aggiunge che soltanto «negando» il principio liberale della libertà economica si possono garantire i diritti di sussistenza. In realtà, già pensa, e lo dirà esplicitamente, alle nazionalizzazioni di tutti i comparti più strategici dell'industria e parla di Consigli d'azienda chiamati a codirigere le imprese. E quando qualcuno gli fa notare l'ispirazione al sistema sovietico, lui replica: «Il sistema economico russo ha superato la prova suprema».[2]

Per un soffio, cinque voti a favore e cinque contro, non passa un comma proposto dal socialista Lelio Basso secondo cui si «riserva allo Stato, a istituzioni, a comunità di lavoratori o di utenti, la proprietà di determinate categorie di servizio pubblico o di monopolio di fatto». Nenni, che pure in futuro darà prova di riformismo, giunge a parlare di «ritardo» rispetto alla Costituzione spagnola del 1931 e di «ritardo» rispetto a quella sovietica.

In questo dibattito Dossetti è più che disponibile verso le richieste di Togliatti che, nell'intervento dell'11 marzo, gliene rende merito: «C'è stata una confluenza di due grandi correnti: da parte nostra un solidarismo umano e sociale; dall'altra parte un solidarismo di ispirazione ideologica».

Montanelli definì la Costituzione un «ibrido ambiguo» di marxismo e cristianesimo, ideologie estranee al Risorgimento e ostili all'unità nazionale, in contrasto più o meno stridente col liberalismo. Vittorio Emanuele Orlando si riferì agli accordi presi fra democristiani e comunisti dicendo a Togliatti: «Abbia inteso concedere il fumo e riservarsi l'arrosto». «La Magna Charta della Repubblica italiana» incalzerà Montanelli «fu concepita sotto l'ossessione di un ritorno della dittatura, ossessione che ne condizionò e spesso viziò gli istituti».[3] Il giornalista, inoltre, censura la strada «tortuosa» e «farraginosa» con cui si è giunti a mettere a punto il testo definitivo. Il riferimento è alla parcellizzazione del lavoro, delegato alla Commissione dei 75 e poi da questo a varie sottocommissioni. Un giudizio che incrocia quello di Piero Calamandrei: «Quando si arriverà a montare questi pezzi usciti da diverse officine potrà accadere che ci si accorga che gli ingranaggi non combaciano e che le giunture del motore non coincidono». Anche Norberto Bobbio riconoscerà che ha ricevuto «apporti non sempre coerenti dalla dottrina sociale dei socialisti e dei cattolici».

Solo da qualche anno, in tempi molto recenti, da quando si è creato il mito della «più bella Costituzione del mondo», dalla pubblicistica e dalla memoria sono scomparsi i giudizi sferzanti a cui la Carta fu sottoposta da uomini che si erano guadagnati più di una patente di sinceri democratici.

Piero Calamandrei affida a un discorso pronunciato nella seduta del 4 marzo tutti i suoi dubbi. «C'è confusione di stili e di tempi» esordisce il giurista «... disposizioni troppo vaghe e generiche per costituire un qualsiasi impegno.» Calamandrei giudica solo retorica l'enunciazione di alcuni diritti sociali, come la solenne affermazione che la Repubblica è fondata sul lavoro, «bellissima cosa» ma destinata a rimanere vuota. Il riferimento è anche agli errori della Costituzione di Weimar e di quella della Repubblica spagnola, dove «l'enunciazione dei cosiddetti diritti sociali non ebbe nessun risultato pratico».[4] Ecco perché, conclude, «Rischia di riuscire piuttosto che un documento giuridico, uno strumento politico: piuttosto che l'attestazione di una raggiunta stabilità legale, la promessa di una stabilità sociale che è appena agli inizi». Del resto, Togliatti lo conferma quando sostiene: «La nostra Costituzione, anche se non sarà essa il documento che ci darà la soluzione di tutti questi problemi, dovrà però essere un documento che tracci il cammino sul quale si muoveranno i partiti e i politici italiani».

Il critico più autorevole e aspro della Costituzione che si sta approvando è Benedetto Croce. Il filosofo prende la parola in Parlamento l'11 marzo 1947, davanti a un platea attenta fra cui un irritato Togliatti. È una seduta emblematica perché nella stessa giornata intervengono prima La Pira, poi il leader comunista e poi Croce.

Croce proclama che la Carta è priva di «coerenza» e di «armonia», prodotto di un'ambiguità compromissoria. Mette sotto torchio l'accordo fra Dc e Pci, per cui la Carta è il frutto di «negoziati», più o meno trasparenti, «tra i rappresentanti dei partiti che hanno messo capo a un reciproco concedere e ottenere, appagando alla meglio o alla peggio le richieste di ciascuno». Per poi censurare: «Simili compromessi, sterili, o fecondi solo di pericoli e concetti vaghi o contraddittori, abbondano».

La Costituzione che si va a varare, secondo Croce, costituisce addirittura un arretramento culturale e giuridico rispetto allo Statuto del 1848, perché quello nasceva dalle rivoluzioni liberali, la nuova Carta dal compromesso tra due visioni totalizzanti. Croce mostra una certa lungimiranza quando attacca il disegno regionalista della Costituzione, quella «tendenza a istituire le regioni, a moltiplicarne il numero e armarle di poteri legislativi e di altri di varia sorte». Vi intravede quella confusione amministrativa e quella moltiplicazione della spesa che oggi appartiene all'attualità più viva.

I costituenti, in termini abbastanza concordi rispetto a questioni che avevano sollevato ben serie divisioni, stabilirono con l'art. 139 che la Costituzione potesse essere modificata. Anzi, sia nel dibattito in Assemblea che in quello nella prima Sottocommissione che si occupò di questa parte, tutti concordarono che sarebbe giunto un tempo in cui la Costituzione avrebbe avuto la necessità di essere rivista. Un solo limite fu fissato: quella della immutabilità della forma repubblicana, scaturita dal referendum popolare del 2 giugno 1946.

Togliatti fu il proponente di questo unico limite: «La forma repubblicana dello Stato non può essere messa in discussione né davanti al popolo né davanti alle Assemblee Legislative». I monarchici lo ritengono una violazione della sovranità popolare ma il leader comunista, nel ribadire che si tratta di una scelta che ha «funzione storica e politica di notevole valore», chiarisce che è l'unico limite. Anni dopo la Corte costituzionale ha esteso il limite di revisione ai «diritti inalienabili della persona umana»[5] e ai «principi supremi dell'ordinamento costituzionale».

Roma, aula di Montecitorio, 1949

La mattina del 19 marzo 1949, il presidente del Consiglio Alcide De Gasperi prende la parola davanti all'aula della Camera, nell'emiciclo di Montecitorio. È un discorso importante quello che lo attende, deve illustrare le ragioni dell'adesione dell'Italia al Patto Atlantico.

Si alza in piedi, comincia a ordinare i suoi appunti, sistema gli occhiali sul naso. Ma non riesce a iniziare a parlare. Già in precedenza, durante il dibattito il presidente della Camera Giovanni Gronchi era stato costretto a sospendere la seduta per dieci minuti, diventati poi venti prima che i lavori potessero riprendere. Dalla sinistra piovono grida: «Abbasso il governo della guerra!», «Abbasso il Patto Atlantico!». Il deputato Carlo Farini, comunista di Ferrara, si agita più di tutti. Il presidente Gronchi lo richiama e lo avverte che è pronto a espellerlo. «Ho ascoltato con pazienza per un'ora e mezzo tutte le sue espressioni offensive contro il governo senza reagire» esordisce pacato De Gasperi, «credo di essermi meritato, per questa sopportazione, almeno cinque minuti di libertà di parola».

Poi passa a una rivelazione sensazionale: l'Unione Sovietica avrebbe agito per sovvertire l'ordine democratico in Italia, De Gasperi parla di «azione del partito bolscevico. Essa si fece più viva dopo la creazione, nel settembre 1947, del Cominform, non solo perché esso iniziò la lotta contro il piano Marshall e gli aiuti americani, ma anche perché costituì allora un sottocomitato speciale per l'azione all'interno dell'Italia e della Francia».[7]

Dai banchi della sinistra, dove siedono i deputati del Pci, si scatena il putiferio. I commessi fanno fatica a sedare il corpo a corpo con alcuni democristiani. «Vogliamo le prove!» urlano alcuni. Poi cominciano a cantare a squarciagola l'*Internazionale*. Poco dopo trascinati dalla destra monarchica i democristiani cominciano a cantare l'inno di Mameli. Qualche settimana dopo, il 25 aprile, a Modena, in occasione delle celebrazioni ufficiali della Liberazione, i partigiani impediranno l'esecuzione dell'inno nazionale e faranno suonare l'*Internazionale*.

L'ingresso nell'alleanza politico-militare della Nato si rivelerà un fatto storico di straordinaria importanza, decisivo per il mantenimento della democrazia e della libertà. Da quel momento l'Italia diventa un presidio politico e militare fondamentale per l'alleanza, insieme alla Germania, della frontiera a Est. I comunisti sanno che ora la via rivoluzionaria al potere, che una parte del partito, non tutto, aveva perseguito nell'immediato dopoguerra, è preclusa definitivamente.

All'ingresso nell'Alleanza atlantica si era giunti dopo due anni tremendi, nei quali in Italia sarebbe potuto accadere di tutto. Lo sapeva bene De Gasperi quando aveva deciso di cacciare i comunisti dal governo, assumendo su di sé tutta la responsabilità di questa scelta, sfidando anche settori della Dc. «O si fa adesso o non si fa più, questa è l'occasione» aveva detto ai fedelissimi.[8]

Il Patto era stato siglato a Washington il 4 aprile 1949 da dodici Stati aderenti (Stati Uniti, Canada, Gran Bretagna, Francia, Belgio, Olanda, Lussemburgo, Danimarca, Norvegia, Portogallo, Islanda, Italia), ai quali si sarebbero aggiunte nel 1952 Grecia e Turchia, e nel 1955 la Repubblica Federale Tedesca. L'adesione italiana aveva incontrato la freddezza britannica ma gli Stati

Uniti, che credevano in De Gasperi, l'avevano imposta. Di fatto, con questo atto, l'Italia abbandonava definitivamente lo status di nazione sconfitta e guadagnava quello di potenza alleata nel campo occidentale. Alla posizione politica si unirono vantaggi di ordine pratico, a cominciare dall'alleggerimento delle dure condizioni imposte dal trattato di pace e la possibilità di diventare partner economico privilegiato degli alleati.

Comunisti e socialisti avevano scatenato una violentissima campagna contro il Patto, definendolo un atto di asservimento «all'imperialismo americano» e un'alleanza militare propedeutica a una nuova guerra contro la sorella sovietica. Non solo loro, per mesi contro il Patto aveva remato anche la sinistra democristiana guidata da Dossetti che invocava una posizione neutrale che avrebbe fatto della Penisola un terreno d'incontro fra comunismo e Occidente. I dossettiani in questa loro posizione risentivano di un forte pregiudizio verso la civiltà americana, liberale e capitalistica. Alla fine votarono a favore per disciplina di partito e per intervento del Vaticano che, abbandonata una posizione inizialmente neutralista, aveva compreso che la libertà religiosa sarebbe stata meglio protetta sotto l'ombrello americano.

In odio agli Stati Uniti, anche la piccola pattuglia parlamentare del Msi vota contro il Patto, posizione che verrà rivista qualche anno dopo.

L'atlantismo d'ora in poi diventa un tratto di alcune correnti della politica italiana, De Gasperi, Sforza e Saragat ne sono i maggiori interpreti. Nel far pendere la bilancia della maggioranza verso la posizione atlantista era stata determinante la scissione di Palazzo Barberini, con la quale i socialisti del Psiup si erano divisi in due tronconi: il Psi di Nenni e il Psli (poi Psdi) di Saragat.

L'Italia appare una nazione con due religioni, quella rossa e quella bianca. In tutte le manifestazioni per la Liberazione i partigiani comunisti ostentano il fazzoletto rosso al collo, il tricolore lo portano i partigiani cattolici, i monarchici, al massimo gli azionisti. L'inno di Mameli, scelto nel '46 per sostituire la marcia reale, è il frutto di un compromesso messo a punto direttamente da De Gasperi e Togliatti. «Vittoria Urss e nostra vittoria» è l'incipit di uno scritto di un giovane Enrico Berlinguer, senza data, conservato all'Istituto Gramsci, un appunto per un discorso che rivela una mentalità diffusa, quella che porta i comunisti a ritenere l'Urss la vera patria.

La Costituzione repubblicana è un documento giuridico perfettamente vigente ma non ha creato un'identità comune, uno spirito italiano capace di unire. Dopo la sua approvazione l'Italia resta aggrappata a due miti contrapposti: quello dell'Urss e quello americano. Una macchina di sentimenti e propaganda alimenta il mito dell'Unione Sovietica, la patria di tutti i comunisti ritenuta il paradiso della giustizia sociale. Ne viene affermata la superiorità del modello economico, basato sui piani quinquennali, avanzato anche nell'efficienza. A suonare la grancassa sono anche gli intellettuali vicini al Pci, i loro viaggi a est raccontano un mondo in cui il collettivismo ha sconfitto l'individualismo borghese e tutto marcia alla perfezione. Carlo Levi intitola il resoconto di un suo viaggio del 1955 in Urss *Il futuro ha un cuore antico. Viaggio nell'Unione Sovietica*, un modo per indicare che l'Urss è la frontiera avanzata. Eppure, anche prima del rapporto Chruščëv, in Occidente c'era piena conoscenza delle purghe staliniane, dei processi e dei gulag.

Il mito americano non dispone del medesimo armamentario culturale di quello sovietico, anche perché la Democrazia cristiana accetta la tutela degli Stati Uniti ma lo fa di nascosto, ribadendo i suoi pregiudizi morali verso la patria del liberismo e del capitalismo. Nonostante ciò, c'è un diffuso sentimento popolare di simpatia verso l'America alimentato dal cinema di Hollywood, dalla musica, dalla riconoscenza verso le truppe americane giunte in Italia. Al Sud i legami sono fortissimi perché non c'è una famiglia che non abbia parenti emigrati negli States.

La contrapposizione fra le due chiese in cui si divide l'Italia vive momenti totalizzanti che oggi farebbero sorridere. Il 30 luglio 1949, il direttore del «Corriere della Sera», Guglielmo Emanuel, chiede al cardinale di Milano Ildefonso Schuster il permesso della curia a consentire ai redattori del quotidiano, esclusivamente per motivi di lavoro, di leggere giornali come «l'Unità», l'«Avanti!» e «Rinascita». Pochi giorni prima un decreto del Santo Uffizio aveva scomunicato i comunisti, avvertendo che «coloro che professano la dottrina del comunismo materialista e anticristiana e anzitutto coloro che la difendono o se ne fanno propagandisti incorrono ipso facto come apostati della fede cattolica nella scomunica in modo speciale riservata alla Santa Sede». Alla fine la scomunica si rivela un atto senza grandi conseguenze.

L'inizio della guerra in Corea, nel giugno 1950, avrebbe esasperato gli animi. I fatti erano incontrovertibili: la Corea del Nord, regime comunista, aveva invaso la Corea del Sud, rendendo necessario l'intervento degli Stati Uniti; per i comunisti italiani, invece, l'aggressione era venuta dalla Corea del Sud e gli Stati Uniti intervenivano dando inizio alla terza guerra mondiale. La direzione del Pci si riunisce immediatamente e dichiara che la terza guerra mondiale è imminente.

Il mito sovietico accompagnerà il Pci nel lungo dopoguerra. Alla morte di Stalin, che la storiografia mondiale consacrerà fra i più cruenti dittatori della storia, avvenuta il 7 marzo 1953, Botteghe Oscure diramerà un comunicato ufficiale nel quale esprime il cordoglio dei comunisti italiani: «Una grave, irreparabile sciagura ci ha colpiti tutti. È morto Giuseppe Stalin, l'uomo al quale milioni di operai, di contadini, di intellettuali italiani guardavano con fiducia e affetto, come al loro capo e alla loro speranza». La nota del comitato centrale del Pci si conclude così: «Gloria eterna a Giuseppe Stalin! Viva il Partito Comunista dell'Unione Sovietica! Viva l'indistruttibile amicizia tra il popolo italiano e i popoli dell'Unione Sovietica».

Nel corso di una riunione della direzione nazionale del Pci, Togliatti giunge a lamentarsi di uno scarso impegno nel sostenere le ragioni dell'Urss: «Secondo me vi è una enorme deficienza politica per quello che riguarda la Russia; noi non facciamo propaganda per la Russia, abbiamo paura: ciò è sbagliato perché la gente diventa fredda e pensa che il nostro silenzio vuol dire che quegli altri hanno ragione. Occorre quindi fare propaganda per la Russia ... Noi dobbiamo dimostrare la forza della Russia, la possibilità di questo Paese, quello che potremmo avere se gli fossimo amici e così via. Credo che su questo fatto vi debba essere una svolta anche nei quotidiani che debbono controbattere in modo più forte le calunnie contro la Russia, devono polarizzare le sue conquiste, ciò che essa fa per i reduci, per la ricostruzione ecc.; credo che questo sia il punto da correggere».

Trieste 1954

Il 30 giugno 1946 il Giro d'Italia entra nella Venezia Giulia. È l'edizione numero ventinove della popolare corsa, la prima dopo la forzata pausa bellica. A due chilometri a est di Pieris, appena entrati nel territorio giuliano, un grosso barile ostruisce il passaggio alla carovana dei ciclisti. È un'azione preparata militarmente, più avanti sulla strada sono stati sparsi grossi chiodi sui quali è impossibile passare. Alcuni volenterosi tifosi italiani provvedono a raccoglierli a uno a uno per consentire alla corsa di proseguire. È però solo l'inizio di una giornata tremenda. Il passaggio nella cosiddetta «zona A», quella parte di ex territorio italiano sotto amministrazione anglo-americana, è l'occasione ghiotta per gli attivisti filoslavi per ribadire che l'Italia non deve azzardarsi a rivendicare quell'area e che ogni simbolo di italianità, sia pure una corsa sportiva, deve essere abbattuto.

La tensione cresce, i tifosi italiani lanciano margherite di campo ai corridori, gli slavi rispondono con le pietre. La violenza sale di tono, i partigiani comunisti slavi, che non hanno mai smobilitato e a cui l'amministrazione alleata consente il possesso delle armi, sparano colpi di rivoltella. Ne scaturisce uno scontro a fuoco con i carabinieri. La maglia rosa Ortelli si rifugia sotto un'auto, i corridori abbandonano le biciclette sotto la gragnuola di sassi, la corsa si interrompe. Le grandi squadre decidono di non continuare, virano per Udine.

Giordano Cottur, duro gregario triestino, buon ciclista che ha vinto anche alcune tappe del Giro, non ci sta. Capeggia una pattuglia di puntigliosi corridori che vogliono giungere all'arrivo di Trieste. Si fanno portare da automezzi militari fino a Grignano, di qui ripartono e arrivano all'ippodromo di Montebello, nella zona nord di Trieste, dove era attesa la fine della tappa. La gente li acclama con entusiasmo, hanno salvato la tappa e la dignità italiana. Bruno Roghi, popolare giornalista sportivo dell'epoca, scrive sulla «Gazzetta dello Sport» alcuni versi che diventano popolari e simbolici: «I giardini di Trieste non hanno più i fiori. Le campane di San Giusto non hanno più suoni. Le bandiere di Trieste non hanno più palpiti. Le labbra di Trieste non hanno più baci. I fiori, i palpiti, i suoni, i baci sono stati donati al Giro d'Italia».

La fragilità politica italiana nel dopoguerra, l'assenza di uno spirito di coesione nazionale emergono chiare nella questione della sovranità delle terre che la Iugoslavia sta strappando a Roma. Trieste non è una delle tante città d'Italia, è molto di più, è il punto in cui la grande cultura italiana incrocia le grandi culture europee, la porta verso la Mitteleuropa, un'aspirazione risorgimentale, la memoria di grandi scrittori come Italo Svevo. Un luogo che proprio perché di confine ha marcato ancor di più, nella sua storia, l'essere parte dell'identità nazionale italiana.

Trieste, su cui il leader comunista iugoslavo Tito aveva cercato di mettere le mani nell'immediato dopoguerra con una cruenta occupazione militare, fa parte del cosiddetto Territorio Libero, diviso in una zona A (con la città di Trieste, posta sotto il controllo anglo-americano) e una zona B (con Capodistria e dintorni, occupata dai militari iugoslavi). L'Italia, invece, ha già perso le italianissime città della Dalmazia e Fiume. Non solo, fra i 300 mila e i 350 mila italiani sono stati indotti a lasciare quei comuni dove i loro antenati vivevano da secoli. Sono i profughi dell'esodo, mal accolti in Italia, dove il Pci li indica come fascisti.

Il 20 marzo 1948 una dichiarazione ufficiale congiunta delle potenze vincitrici alleate (Stati Uniti, Gran Bretagna e Francia) aveva promesso la restituzione all'Italia di tutto il Territorio Libero. Era una questione aperta nella coscienza nazionale.

A fine agosto del 1953, quando da pochi giorni aveva ottenuto la fiducia il monocolore democristiano guidato dal Dc Giuseppe Pella, la Iugoslavia torna a rivendicare la piena sovranità su tutto il Territorio Libero di Trieste, il 6 settembre il maresciallo Tito con un discorso aggressivo chiarisce che non c'è spazio per alcuna trattativa, al massimo Trieste può essere internazionalizzata, per il resto l'Italia è un Paese sconfitto che deve pagare. Muta anche l'atteggiamento degli Alleati, che dopo la rottura fra Tito e Stalin diventano sensibili alle volontà di Belgrado perché intravedono la possibilità di giocare la questione iugoslava in chiave antisovietica.

Giuseppe Pella, ritenuto fino ad allora la guida temporanea di uno dei tanti governi balneari, mostra un'inaspettata fermezza, reagisce con decisione alle minacce slave, ribadisce l'italianità di Trieste e arriva all'impensabile per un Paese come l'Italia: rafforza il dispositivo militare al confine schierando nuove truppe. In poche settimane guadagna una grande popolarità presso l'opinione pubblica italiana, sensibile alla vicenda di Trieste, ma anche l'odio dei comunisti e i sospetti della classe dirigente democristiana in prevalenza ultrapacifista e poco affascinata da questa questione. A novembre, a Trieste, una delle manifestazioni a favore dell'annessione all'Italia si trasforma in un bagno di sangue. Sei morti fra i triestini, dopo che la polizia alleata ha fatto fuoco.[9]

De Gasperi è irritato dalla strategia di Pella e forse dalla popolarità che questo democristiano di seconda fila sta guadagnando. Liquida il suo governo definendolo un «governo amico», non come sarebbe ovvio un esecutivo Dc.

A raccogliere i frutti dell'azione di Pella e a chiudere la questione di Trieste sarà il successivo governo Scelba, ma in termini decisamente penalizzanti per l'Italia. Il 5 ottobre 1954 Gran Bretagna, Stati Uniti, Italia e Iugoslavia siglano il «Memorandum di Londra» col quale si stabilisce il passaggio all'amministrazione provvisoria italiana della Zona A, al netto di alcune rettifiche di confine imposte da Belgrado, mentre la Zona B viene lasciata agli iugoslavi.

In una giornata di pioggia e bora infernale, il successivo 26 ottobre, duecentomila triestini sono in piazza a esultare per il ritorno di Trieste all'Italia. Le forze alleate si ritirano e passano le consegne ai bersaglieri. La festa copre una ferita. Il «Memorandum», come ben chiarito dal documento, indica una soluzione provvisoria perché l'Italia mantiene piena sovranità anche sulla Zona B. Ma quelle terre non saranno mai più recuperate. Anzi, con il successivo trattato di Osimo, nel 1975, l'Italia rinuncerà definitivamente a far valere la sua posizione.

Nei giorni che precedono il ritorno di Trieste all'Italia, il capo del Pci triestino, Vittorio Vidali, personaggio di grande rilevanza, immaginando di fare una cosa opportuna, fa ristampare le tessere del 1955, inserendo un nastrino diagonale tricolore, una mossa politica per non lasciare alla destra il monopolio della riconquistata italianità. Ma il gesto non piace, tra i comunisti triestini scoppia una vera e propria sollevazione, le nuove tessere vengono quasi tutte rifiutate, con la richiesta di riavere le vecchie tessere rosse con il simbolo della falce e martello da una parte e l'alabarda di San Sergio dall'altra, come era stato dal dopoguerra in poi.

La Democrazia cristiana aveva avuto fretta nel chiudere, in qualche modo, la vicenda di Trieste, che la stava indebolendo a destra. Le università e i licei erano teatro quotidiano di manifestazioni giovanili per Trieste italiana con sempre maggiori simpatie e partecipazione. Alle elezioni politiche del 7 giugno 1953, nonostante la legge maggioritaria che aveva innescato aspre polemiche, la Dc aveva ottenuto il 40,1 per cento dei suffragi, perdendo otto punti in percentuale e 2 milioni di voti, i monarchici erano passati da meno del 3 per cento al 7, il Msi aveva triplicato i suoi voti passando al 6 per cento. Comunisti e socialisti, con il sorpasso del Pci sul Psi, erano risaliti al 35,4 per cento, meglio del 31 per cento del 1948, ma lontani dal 39,4 del 1946. I socialdemocratici di Saragat, invece, avevano subito una pesante flessione.

L'accordo su Trieste è anche una pietra tombale sulle imbarazzanti verità che filtrano dalla Venezia Giulia, sui racconti degli esodi giuliano-dalmati che riferiscono, con prove inoppugnabili, degli eccidi messi in opera dai partigiani di Tito.

Per oltre cinquant'anni nessuno scriverà un libro, un articolo, realizzerà un documentario sulle foibe, le tragiche cavità carsiche dove vengono gettati migliaia di inermi cittadini italiani. Una vera e propria pulizia etnica, attuata per odio quasi razziale nei confronti della popolazione italiana, non solo nei confronti di coloro che avevano avuto una qualche relazione con il regime fascista, ma che colpisce tutti, carabinieri, finanzieri, insegnanti, professionisti, antifascisti e finanche comunisti sensibili all'italianità. Un disegno esplicito e ben orchestrato teso a eliminare o terrorizzare chiunque si opponesse al disegno di slavizzazione dell'Istria, della Dalmazia e della Venezia Giulia.

Nel '45 Tito aveva scatenato una vera e propria corsa verso i territori italiani, tralasciando addirittura la liberazione di città slave e con l'obiettivo di raggiungere l'Isonzo. *The Race for Trieste* è il libro dell'ufficiale neozelandese Geoffrey Cox che racconta le manovre degli iugoslavi per giungere prima dell'VIII Armata britannica. Il lavoro sporco viene iniziato dai reparti della IV Armata iugoslava, i soldati dai berretti con la stella rossa, ai quali si aggiungerà l'Ozna, la polizia segreta comunista.

Tutto avviene in una crudeltà inaudita. «Fummo sospinti verso l'orlo di una foiba, la cui gola si apriva paurosamente nera. Uno di noi, mezzo instupidito per le sevizie subite, si gettò urlando nel vuoto, di propria iniziativa. Un partigiano allora, in piedi col mitra puntato su di una roccia laterale, ci impose di seguirne l'esempio.» Questa testimonianza viene riportata per la prima volta, il 26 gennaio 1946, sul periodico «La Prora», giornale della Democrazia cristiana di Trieste.[10] Molti infoibati vengono gettati vivi nelle profonde cavità, con le mani legate dietro la schiena, insieme a coloro che sono stati prima fucilati. I rinvenimenti hanno portato alla luce corpi di persone con età presumibilmente inferiore ai dodici anni e donne incinte. Lo storico Gianni Oliva, attraverso un dettagliato calcolo che tiene conto dei rapporti alleati e dei ritrovamenti foiba per foiba, giunge a quantificare la cifra di 16.500 vittime italiane.

Oltre alla tragedia in sé si consuma l'oblio, la cancellazione di ogni memoria di questi fatti. Ancora nel 2000, nel *Dizionario della lingua italiana*, edito da Paravia e curato dal noto linguista Tullio De Mauro si legge che la foiba è una «fossa comune per occultare vittime di eventi bellici», mentre il Devoto-Oli, dell'editore Le Monnier, scrive di «fossa comune delle vittime di lotte civili e assassinii politici», il Garzanti-De Agostini si limita all'aspetto geologico delle cavità.

Sulla questione giuliana pesano a lungo l'ambiguità e le complicità che, almeno in una prima fase, segnano l'atteggiamento di Togliatti e del Pci. A guerra ancora in corso il rappresentante del Pci presso il Comintern, Vincenzo Bianco, firma un impegno, per conto del partito, ad accettare l'annessione alla Iugoslavia di Trieste e del litorale. All'arrivo delle truppe slave Togliatti invita i lavoratori di Trieste ad accogliere i soldati di Tito col «nostro fraterno saluto». Posizioni che incontrano la freddezza degli stessi comunisti giuliani che a Trieste si spaccano in due parti, una filoitaliana l'altra pronta all'annessione. Per Togliatti l'intera faccenda giuliana – secondo la definizione di Giorgio Bocca – è una «fastidiosa complicazione». Dopo il fallimento di un tentativo di mediazione che prevede la cessione di Gorizia in cambio di Trieste e che scatena accese proteste generali fra cui anche quelle di un fedele alleato come Nenni, i comunisti si defilano.

Negli anni a venire, però, sia per coprire i cedimenti del Pci verso le mire slave, sia per evitare che il mito della Resistenza venga incrinato dalla ferocia delle foibe, la storiografia, egemonizzata dalla sinistra, si attiverà per silenziare quello che accadde nella regione giuliana nel lungo periodo fra il '43 e il '54.

Solo in tempi recentissimi e tra molte reticenze è cominciato un recupero della memoria di questi fatti, culminato nel 2004 con l'istituzione del giorno del ricordo che celebra le vittime dei massacri delle foibe e dell'Esodo giuliano-dalmata. Eppure, un'indagine dell'istituto Ferrari Nasi e Associati, specializzato in ricerche e analisi sociopolitiche, datata gennaio 2012, rivela che solo il 43,7 per cento degli italiani conosce cosa sia una foiba, il 38,6 afferma di non averne mai sentito parlare, il 16 per cento dichiara di averne sentito parlare ma di non sapere di cosa si tratti. Che ci sia, invece, interesse a conoscere questi eventi lo rivela l'ascolto dell'unico prodotto televisivo dedicato agli eccidi delle foibe: la fiction intitolata *Il cuore nel pozzo*, trasmessa dalla Rai nel 2005, in due puntate, ha avuto una media di quasi nove milioni di telespettatori e uno share rispettivamente del 27,50 e 36,66.

Tuttavia, quest'opera di recupero non ha impedito che nell'agosto 2013 il vicesindaco di Roma Luigi Nieri, con una dichiarazione in parte ritrattata, affermasse che tocca ad altre città italiane ricordare le foibe non a Roma, medaglia d'Oro della Resistenza.

IX

L'ITALIA SI FA RICCA: IL BOOM ECONOMICO

Ivrea

Cupertino è la cittadina della contea di Santa Clara in California, di poco più di cinquantamila abitanti, diventata il luogo simbolo della Silicon Valley, il posto dove si è definita l'era digitale. Qui è iniziata nel 1976 l'avventura della Apple, oggi fra le prime imprese al mondo – non solo nel suo settore ma in assoluto – per capitalizzazione e capacità di produrre ricchezza. L'impresa di Steve Jobs, capace di rivoluzionare con i suoi oggetti la vita di milioni di persone.

Al numero 4 di Mariani Avenue, ad appena due isolati dal garage dove Jobs muove i primi passi, nel 1979 nasce l'Olivetti Advanced Technology Center. È una grande intuizione, l'impresa italiana di Ivrea ha le carte in regola per essere protagonista nel mondo dei computer. In pochi anni saranno progettati dall'Olivetti i chip LSI, la prima macchina elettronica al mondo ET101, il primo personal computer europeo, l'Olivetti M20, e successivamente l'M24 che grazie all'alleanza con l'AT&T generò l'AT&T 6300, macchina di successo che ha fatto la storia dell'informatica.

Quando Adriano Olivetti morì improvvisamente, nel febbraio 1960, la sua azienda era già un brand di successo internazionale, una sigla nota in tutto il mondo. L'Olivetti aveva ben 36 mila occupati nei suoi stabilimenti e sfornava prodotti che conquistavano i mercati mondiali.

La macchina da scrivere meccanica Lettera 22 era diventata un oggetto simbolo delle classi intellettuali dell'epoca, come lo diventerà decenni dopo l'I-pad della Apple. L'Illinois Institute of Technology dichiara che costituisce il miglior prodotto di design del secolo e ben sei modelli entrano nella collezione permanente del Triennale Design Museum, mentre un altro esemplare viene esposto al Museum of Modern Art di New York.

Nel 1959 l'Olivetti aveva aperto una nuova frontiera sviluppando l'Elea 9003, uno dei primi mainframe computer, questo mentre le sue macchine contabili erano un successo mondiale, l'Audit, la fatturatrice Mercator e la macchina da calcolo Divisumma 24, un prodotto unico realizzato in milioni di esemplari, capace di assicurare enormi profitti all'azienda perché venduta a un prezzo dieci volte superiore al costo di produzione. Oltre il 20 per cento della produzione è esportata negli Stati Uniti, un'altra quota consistente nell'Estremo Oriente. Nel 1955 era stato inaugurato a Pozzuoli, vicino Napoli, un avveniristico stabilimento con grandi vetrate, immerso nel verde.

L'Olivetti è un modello mondiale di cultura d'impresa, business, ma soprattutto capacità d'innovazione. Unisce due uomini straordinari: il progettista Natale Cappellaro, nato a Ivrea nel 1902, e Adriano Olivetti, di un anno più vecchio, che ispira una vera e propria nuova filosofia d'impresa. Si completano a vicenda. Cappellaro ripete a chi gli chiede ragione delle sue grandi intuizioni: «Mi piaceva, fin da piccolo, costruire oggetti. Nessuno a quei tempi regalava giocattoli. Io me li costruivo. Ricordo di avere persino costruito una macchina fotografica».

Il 9 maggio 2012 in un'intervista al «Corriere della Sera», l'ingegner Carlo De Benedetti, che per un lungo tempo aveva guidato l'Olivetti, confesserà: «Ero con Elserino Piol, che mi disse: "Ci sono due ragazzi in un garage che stanno facendo progetti, passiamo un attimo". Vidi 'sti due, erano Wozniak e Jobs, che trafficavano con delle piastre elettroniche. Steve Jobs mi chiese se ero disposto a mettere un milione di dollari di allora, 1980, per avere il 20 per cento dell'azienda. Io dissi a Piol: "Ma non stiamo a perdere tempo con questi due ragazzi, abbiamo cose più serie da fare". Da mangiarsi le mani. Anzi, le mani non bastano...».

Le macchine per ufficio e l'informatica non sono gli unici successi dell'innovazione tecnologica italiana. Nel 1963 Giulio Natta riceve il premio Nobel per la chimica, il mondo scientifico gli riconosce la realizzazione del polipropilene isotattico e del polietilene, elementi che sono la base di grandi successi commerciali del gruppo Montecatini, che grazie a queste scoperte venderà i famosi prodotti Moplen e Meraklon.

Natta è un ligure geniale, che ha conseguito la maturità a 16 anni e la laurea in ingegneria a 21 al Politecnico di Milano, dove dirigerà per molti anni l'Istituto di chimica industriale. È uno di quei professori all'americana, che fanno scienza pensando alle cose, alla utilità che le persone ne trarranno. Per questo lavora a stretto contatto con il manager Piero Giustiniani che dopo la guerra ha assunto la direzione della Montecatini. Nel 1947 insieme viaggiano negli Stati Uniti per studiare le nuove tecnologie e i rapporti tra ricerca e industria. I rapporti tra Montecatini e Istituto di chimica industriale sono concreti, Natta alza il telefono e chiede le apparecchiature e i finanziamenti necessari per i singoli progetti, senza eccessive formalità burocratiche; la Montecatini interviene ogni volta che c'è da finalizzare una scoperta a obiettivi concreti.

L'industria chimica italiana è già una grande realtà che produce profitti e dà lavoro. Nella prima metà del Novecento erano sorte una serie di aziende farmaceutiche di successo, capaci di sviluppare ricerca. Mentre nel dopoguerra si potenzia il settore petrolchimico, nel 1953 Enrico Mattei fa nascere l'Eni, nel 1959 viene costituito il polo petrolchimico di Gela, ma la chimica è soprattutto la Montecatini che nel 1966 fondendosi con la Edison darà vita al colosso Montedison.

Le intuizioni del gruppo di Natta fruttano proprio alla Montecatini che aveva creduto nella sua ricerca oltre 500 brevetti, le cui royalties assicurano il predominio nei mercati internazionali. Uno spot pubblicitario dell'attore Gino Bramieri nel «Carosello» renderà famoso il prodotto Moplen. Un successo della chimica italiana è anche la fibra Orlon, il ceppo di tante altre fibre sintetiche e artificiali capaci di sostituire la lana.

Nel 1956 alla Fiera di Milano era stata inaugurata la Mostra internazionale dell'estetica e materie plastiche, un successo. Gli italiani hanno cominciato a riempire le loro case di nuovi prodotti che impiegano le materie plastiche: sedie, tavoli, tostapane, lampadari, mensole, tutti a prezzi più economici dei vecchi arredi destinati a durare a lungo.

A Milano, in viale Brenta, ha sede la Giovanni Geloso, azienda fondata negli anni Trenta che produce apparecchi di vario tipo, soprattutto amplificatori, televisori, registratori, radio e componenti destinati a integrarsi in altri ambiti. La sua capacità di innovare la fa espandere rapidamente, dopo la guerra apre stabilimenti a Lodi, Napoli, Salerno, Roma, ma la cosa più sorprendente è che si espande nel mercato americano e vende i suoi prodotti. Quando in Italia nasce la televisione, la Geloso produce già apparecchi ritenuti di qualità. Sempre a Milano e nello stesso settore opera la RadioMarelli, altra impresa che si segnala per i suoi successi. Nel 1955, invece, è la volta di Mirella, la macchina da cucire automatica della Necchi, che entra di prepotenza nelle case italiane e trova mercato anche all'estero, realizzata da Marcello Nizzoli, lo stesso disegnatore della Lettera 22.

Le basi della rinascita

L'Italia è uscita in ginocchio dalla guerra. Le distruzioni belliche hanno ridotto la produzione industriale al 29 per cento di quella anteriore al 1940, e al 63,3 per cento quella agricola. I disoccupati sono 3 milioni su una popolazione di 45 milioni di persone. Le città sono sventrate dalle bombe. Nel romanzo *La pelle*, Curzio Malaparte racconta con scandalosa aderenza alla realtà come la città di Napoli si prostituisca ai liberatori alleati. Il cinema del neorealismo ci racconterà altri pezzi di questa Italia. La povertà degli italiani è nelle cifre della Commissione parlamentare d'inchiesta sulla miseria. Oltre il 21 per cento della popolazione italiana vive in soffitte, bassi o baracche, classificati sotto la dicitura abitazioni inadeguate. Poco più della metà degli italiani possiede buone scarpe, solo il 54 per cento. Il 65 per cento consuma carne solo occasionalmente, lo stesso vale per lo zucchero, e le cure mediche sono un privilegio. La miseria è soprattutto concentrata al Sud, esattamente l'85 per cento delle famiglie definite misere e il 70 per cento di quelle classificate come disagiate.

La storiografia egemonica ha accreditato la stagione del «centrismo» degasperiano come un'epoca di stagnazione, mentre storici cattolici come Pietro Scoppola hanno ribaltato questo luogo comune affermando che i governi di De Gasperi impostarono quelle riforme economiche e sociali capaci di innescare il cosiddetto miracolo economico italiano. La rinascita non è solo effetto della scelta di campo occidentale, verso il libero mercato e il consistente aiuto americano con il piano Marshall. C'è dell'altro, non è un caso che Roberto Napoletano abbia parlato di «stagione del fare del centrismo».[1]

Il primo tassello è la riforma fondiaria che realizza il frazionamento della grande proprietà. De Gasperi se ne fa carico in prima persona, insieme al ministro dell'Agricoltura, Antonio Segni; si muovono stretti fra la destra Dc, coagulata nella cosiddetta corrente dei «vespisti» che si oppone alla riforma, e la sinistra che vorrebbe espropri generalizzati in stile sovietico. Nel maggio 1950 viene approvata la legge Sila, poi uno stralcio che estende la riforma, ben 8 milioni di ettari che corrispondono al 30 per cento della superficie agraria e forestale del Paese. I terreni espropriati, previo indennizzo dei proprietari con titoli pubblici, vengono assegnati a famiglie di coltivatori sotto forma di poderi, quote o lotti. Una riforma attaccata da destra e da sinistra ma che nelle condizioni politiche e sociali dell'epoca fu un fattore di grande cambiamento. Come lo è la Cassa del Mezzogiorno, ente finanziato per metà dallo Stato italiano e per l'altra metà da capitali americani dell'European Recovery Program, destinato a diventare in futuro simbolo di sprechi e malaffare, ma che nei suoi primi anni di vita porta avanti un utile programma di lavori pubblici al Sud, realizzando in dieci anni, fino al 1960, ben 169.202 progetti di strade, acquedotti, edifici pubblici.

Nei cinque anni che vanno dal 1948 al 1953 il reddito nazionale sale da 6454 a 11.334 miliardi. L'industria si mette rapidamente in moto, la produzione passa da 2427 a 4048 miliardi, le attività del nascente terziario da 1640 a 3416 miliardi. Elemento decisivo è la riorganizzazione dell'industria siderurgica voluta da Oscar Sinigaglia. Il suo piano, approvato nel 1948, attraverso la ricostruzione dello stabilimento di Genova Cornigliano e l'integrazione verticale delle lavorazioni di Bagnoli e Piombino, fa dell'Italia una potenza dell'acciaio e soprattutto offre a prezzi competitivi manufatti all'industria meccanica.

Fanno capolino i simboli del benessere: le auto, la cui produzione, sempre nello stesso quinquennio, passa da 44.425 a 143.715 unità. Si quadruplicano i ciclomotori, primo mezzo di locomozione di massa, mentre dal 1951 al 1957 l'Italia era passata dalla produzione di 18.500 frigoriferi a 370 mila, emergono aziende come l'Ignis, la Candy e la Zanussi che battono la concorrenza straniera della Philco, della Triplex e della CGE. Nel 1967 l'Italia sarà il terzo produttore industriale di frigoriferi dopo Stati Uniti e Giappone.

Per decenni l'italiano medio nasceva, viveva e moriva nel medesimo luogo. Si spostava solo se costretto dalle circostanze della vita. La nuova mobilità ora viaggia attraverso la Lambretta e la Vespa, di cui nel 1956 esce il milionesimo esemplare dagli stabilimenti della Piaggio. Anche l'automobile fa presto a diventare un mezzo di massa. Nel 1953 le autovetture sono 612.944, dieci anni dopo, nel 1963, sono diventate 3 milioni 829 mila: in media un'auto ogni quindici cittadini. Si consuma più del doppio del carburante degli anni Cinquanta. Le auto corrono su una rete autostradale che si sviluppa rapidamente. Nel 1957 ci sono appena 479 chilometri di autostrada, costruiti nel 1938; nel 1960 un primo balzo è fatto, con 1169 chilometri. In quello stesso anno l'autostrada del Sole – che oggi con la burocrazia imperante, nonostante le tecnologie più avanzate, non sarebbe possibile realizzare – raggiunge Firenze, e arriverà a Napoli nel 1964.

L'altro status symbol dell'italiano è l'apparecchio televisivo. Nel primo anno della televisione italiana, il 1954, gli abbonati sono 88 mila, passano rapidamente ai 673.080 del 1957, fino ai 2 milioni 123 mila del 1960 e ai 4 milioni 284 mila del 1963.

Questa prima espansione dei consumi prepara il vero boom economico italiano che si snoda tra il 1956 e il 1963, con una punta nel quadriennio 1959-1962, quando i tassi di incremento del reddito raggiungono valori da primato: il 6,4 per cento, il 5,8, il 6,8 e il 6,1. Alla fine del 1963 il Pil italiano era cresciuto del 138 per cento rispetto al 1958. Questi dati sono il riflesso di altre cifre che vengono dall'economia reale e dalla forte crescita degli investimenti industriali, che nel periodo '58-63 crescono del 15,6 per cento mentre le esportazioni aumentano addirittura del 23,46 per cento. Gli utili d'impresa delle principali aziende italiane crescono talmente, fra il 1954 e il 1961, che gli investimenti vengono autofinanziati.

Il presidente americano John Kennedy si complimenta con l'omologo italiano Antonio Segni per i grandi successi dell'economia italiana. Nel 1960 una giuria di economisti interpellata dal prestigioso giornale «Financial Times» assegna alla lira l'Oscar della moneta più salda fra quelle occidentali: Star currency of the year.

Si raccolgono i frutti di quella politica che, puntando alla stabilità monetaria, ha creato le premesse per lo sviluppo. A metterla a punto De Gasperi, Einaudi e il governatore della Banca d'Italia Donato Menichella, che avviano il risanamento della lira e varano la riforma della riserva bancaria obbligatoria. Una svalutazione porta la lira da 575 a 625 lire rispetto al dollaro, una quota realistica che sarebbe durata per vent'anni.

Menichella, foggiano di Biccari, era stato durante il fascismo il braccio destro di Alberto Beneduce con il quale collaborò a disegnare quell'intervento pubblico nell'economia che ruotò soprattutto attorno all'Iri. Einaudi lo volle al vertice della Banca d'Italia perché ne conosceva le idee, soprattutto la volontà di tirare l'Italia fuori dall'arretratezza stimolando e agevolando l'iniziativa. Nel gennaio 1947 aveva accompagnato De Gasperi nel famoso viaggio negli Stati Uniti dove aveva approntato gli aspetti tecnici dell'aiuto economico americano. È sua la strategia di un contenimento dei tassi e del costo del denaro, capace di dare spinta agli investimenti.

Gli uomini «del fare» di questa stagione – Einaudi, De Gasperi, Menichella, Vanoni, ispirati da Luigi Sturzo – si mossero su una linea comune che era quella del libero mercato e della libera iniziativa economica, temperata dal riformismo sociale che comportò anche la continuità e il rafforzamento di alcune strutture solidaristiche varate in epoca fascista.

Nel 1951 su iniziativa del ministro per il Commercio estero Ugo La Malfa scatta la liberalizzazione degli scambi, l'apertura delle frontiere al libero commercio con l'abbassamento dei dazi, che operò al 99 per cento con la sola eccezione delle automobili e del vino.

L'Italia cresce e si sviluppa anche grazie a un'imposizione fiscale contenuta entro limiti ragionevoli. A questo riguardo lo storico dell'economia Valerio Castronovo scrive: «Di fatto l'incidenza delle imposte dirette sul reddito e sul patrimonio, al totale delle entrate tributarie, non superò il 24 per cento fra il 1949 e il 1963, ossia una quota addirittura più bassa di quella del periodo giolittiano».[2] È vero che Ezio Vanoni vara la prima grande riforma del sistema tributario italiano superandone l'arretratezza e sancendo l'obbligo generalizzato della dichiarazione dei redditi. Ma questo avviene stabilendo due fondamentali principi correlati, in primo luogo che l'amministrazione finanziaria era tenuta ad accettare quanto affermato dal cittadino «fino a che non possa dimostrare che gli elementi della dichiarazione non sono esatti»; in secondo luogo, si fissa il principio della perequazione tributaria, cioè la ripartizione delle imposte tra i singoli cittadini in base a quella che risultava essere l'accertata capacità contributiva di ciascuno.[3]

Il contenimento della pressione fiscale entro limiti ragionevoli è, dunque, un fattore del «miracolo», cui va aggiunta una sostanziale stabilità degli indici dei salari, che pur in presenza di miglioramenti rimasero stazionari fra il 1950 e il 1961. Inoltre, la differenza fra salario lordo e salario reale non si era allargata alle dimensioni che assumerà nei decenni futuri, lasciando alle imprese capitali per l'innovazione.

Nell'attuare queste scelte, il confronto con le sinistre e soprattutto con la Cgil è duro, serrato. Il sindacato socialcomunista è ideologizzato, a volte molto più rigido del Pci, come quando vuole lo sciopero generale in occasione della visita del generale Eisenhower in Italia. Iniziativa quantomeno impropria per un sindacato che dovrebbe occuparsi essenzialmente di tutelare i lavoratori. A contenere lo strapotere della Cgil fra i lavoratori è stata la scissione dall'ala cattolica, quando dopo il tentativo insurrezionale seguito all'attentato a Togliatti il gruppo che fa capo alle Acli e a Giulio Pastore esce dalla Cgil e dà vita alla Libera Cgil, da cui nel 1950 nasce la Cisl.

I frutti di questa stagione erano sotto gli occhi di tutti. L'Italia, Paese senza apparenti potenzialità se non quella di una forte emigrazione, riusciva a fare miracoli: «Il sistema economico marciava a pieno regime, il reddito nazionale stava crescendo e la gente era rinfrancata dall'incremento dell'occupazione e dei consumi».[4]

Una delle chiavi del successo è nell'equilibrio fra industria pubblica e privata, la prima si occupa di grandi infrastrutture, di petrolio, di siderurgia, di materiali pesanti; la seconda si applica ai beni di consumo. L'industria di trasformazione ha bisogno di energia, tanta energia. L'Italia non ne ha. Uscita sconfitta dalla guerra, ha perso la Libia, dove c'è quel petrolio che il fascismo non era stato capace di trovare. Inoltre, da nazione perdente non ha più una presenza geopolitica in Asia e Africa. Nel dopoguerra Gran Bretagna, Francia, Portogallo e Belgio hanno ancora vasti possedimenti coloniali. Anche quando iniziano i processi di emancipazione politica, che si concluderanno negli anni Settanta, resta in piedi l'influenza economica, la presenza delle loro compagnie minerarie con monopoli nello sfruttamento dei giacimenti. I progressi tecnologici dell'industria italiana servono a poco senza l'accesso alle materie prime.

L'energia italiana

Il marchigiano Enrico Mattei è quello che con linguaggio anglosassone si definirebbe *self-made man*, che nella traduzione indica un uomo che si è fatto da solo, senza aver ereditato posizioni, il cui successo è dovuto esclusivamente alla sua forza di volontà. Figlio di un maresciallo dei carabinieri, cresciuto a Matelica, non ha fatto studi particolarmente importanti, ma già a 20 anni è il direttore tecnico di una conceria. Si è distinto subito per intraprendenza e capacità di fare, per il duro lavoro e lo spirito di sacrificio. Nel 1929 è a Milano, per cercare lavoro dopo una crisi della sua azienda, fa il rappresentante per marchi stranieri ma dopo poco fonda una piccola azienda chimica. Alla soglia dei trent'anni è già un uomo ricco. Un fascicolo della polizia politica lo definisce un «buon fascista», ma a Milano Mattei sviluppa una solida amicizia con Marcello Boldrini, intellettuale cattolico, docente universitario, come lui proveniente da Matelica. Così diversi per estrazione familiare, per formazione e temperamento, i due si piacciono e si frequentano assiduamente. Boldrini, economista ispirato a un'idea di capitalismo solidale e temperato, è inserito nel giro dei cattolici di sinistra guidato da Giuseppe Dossetti e Giorgio La Pira. È anche il maestro di Amintore Fanfani. Con loro elabora quella linea di pensiero che auspica il controllo di settori dell'economia da parte dello Stato, anche con la gestione diretta di pezzi strategici dell'industria, per correggere gli egoismi del mercato. Una soluzione già sperimentata dal fascismo ma che ora al nazionalismo sostituisce il comunitarismo cattolico.

Boldrini influenza Mattei e lo allontana dalle originarie simpatie per il fascismo. Inizia così un percorso di avvicinamento a quegli ambienti cattolici che si apprestano a fondare la Democrazia cristiana. Mattei partecipa alla Resistenza, anzi per le sue doti nel mondo degli affari chiede e gli viene conferito il ruolo di tesoriere, a cui ottempera con grande abilità e spregiudicatezza. L'incarico è quello di vicecapo di stato maggiore addetto all'intendenza, un ruolo che in tempi dove conta il mito della montagna e del mitra non è certo esaltante. «Sono un ragioniere, a me potete affidare l'amministrazione e la cassa visto che nessuno di voi le ha chieste» dice ai vertici del Cln. Ma ai suoi amici chiarisce: «Chi ha in mano i soldi comanda».[5] Finisce in una retata della polizia fascista e viene arrestato, cosa che a quei tempi significa una probabile fucilazione. Ma riesce a fuggire, supportato dal fratello che valendosi di ampie disponibilità economiche corrompe l'apparato di sorveglianza.

Tornato libero, Mattei si impegna a rafforzare la presenza democristiana nella Resistenza, gira le valli, raccorda e finanzia i gruppi spontanei di partigiani cattolici, coinvolge il clero antifascista. Il suo motto è: «La Resistenza non è solo rossa». Incontra anche un altro partigiano cattolico di cui diventa presto amico, Eugenio Cefis, figlio di un imprenditore. Questo attivismo gli attira le antipatie comuniste. Dopo la guerra ogniqualvolta Mattei rievocherà la militanza partigiana, il Pci tenterà di gettare ombre sulla gestione dei fondi della Resistenza. Non solo, settori dell'Avvocatura dello Stato vicini al Pci lo accuseranno di essere stato in rapporti economici con i gerarchi fascisti negli anni Trenta. Accusa che si rivelerà palesemente infondata.

A tre giorni dalla Liberazione, il 28 aprile, la Commissione centrale per l'economia del Clnai (Comitato di liberazione nazionale Alta Italia), presieduta da Cesare Merzagora, nomina Mattei commissario straordinario liquidatore dell'Agip. L'acronimo sta per Azienda generale italiana petroli, si tratta di una società per azioni di cui lo Stato controlla l'intero capitale. Era stata voluta dal fascismo, nel 1926, per fare ricerche petrolifere in Italia e nel mondo, una buona intuizione che si era risolta presto in un completo fallimento, per le gelosie fra gerarchi e perché nessuno ci aveva creduto fino in fondo. La nomina, fatta da Merzagora, avviene su proposta di Mario Ferrari-Aggradi, che si ricorda che Mattei ha un'azienda di solventi. Le sue competenze sono molto diverse da quelle del settore petrolifero, ma considerato che fra i capi della Resistenza nessuno le ha, lui è quello ritenuto più vicino. La decisione viene ratificata dal colonnello Charles Poletti, l'ufficiale americano responsabile dell'amministrazione militare alleata. Il mandato è quello di liquidare al più presto la società, perché nel quadro della defascistizzazione occorre smantellare anche quelle strutture espressione del suo statalismo autarchico.

Per Mattei questo incarico, con questo mandato, è quasi un'offesa. Si sarebbe aspettato molto di più come dirigente partigiano. Tuttavia, la sua intelligenza intuitiva lo porta rapidamente a conclusioni diverse. L'interesse che gli americani manifestano a un rapido smantellamento dell'Agip, per acquisirne concessioni e materiali, lo insospettisce e fa presto a capire che l'ente ha un grande potenziale nell'assicurare all'Italia le risorse energetiche necessarie alla ripresa economica e all'industria. Disobbedisce all'ordine di smantellare e chiudere, non senza essersi assicurato prima il convinto sostegno dei suoi amici della sinistra Dc, soprattutto Gronchi e Vanoni.

L'Agip di Mattei scopre importanti giacimenti di metano nel Lodigiano e attraverso la Snam costruisce una rete capace di portare energia all'apparato produttivo della Valle Padana. Alla fine, dopo una lotta serrata che lo vede contrapposto ai poteri privati interessati alla chiusura dell'ente petrolifero statale e soprattutto agli americani che avrebbero voluto fare dell'Italia un loro mercato energetico, Mattei salva e rafforza la «sua» Agip. Questo appassionato lavoro trova dopo qualche anno la consacrazione nella nascita dell'Eni, il 10 febbraio 1953. Per l'Italia non è solo un fatto economico, e significherà molto per assurgere al ruolo di potenza produttiva. Mattei sarà aspramente criticato per il grande potere che verrà assumendo nel tempo e per la spregiudicatezza con cui lo adopererà, famosa e sprezzante la definizione che dette delle forze politiche, «Uso i partiti allo stesso modo di come uso i taxi: salgo, pago la corsa, scendo».

Il 1° gennaio 1958, «Il Giorno» titola: *Si apre il 1958, anno decisivo*. Il quotidiano diretto da Gaetano Baldacci appartiene all'Eni di Mattei, che lo utilizza con abilità, alternando bastone e carota. Le sue inchieste, i suoi stili e linguaggi diversi, la rottura di alcuni tabù del giornalismo ne fanno un prodotto di successo che ben riflette il carattere del patron dell'Eni.

In questa Italia in cui l'ascensore sociale comincia a funzionare, dove i figli di operai, artigiani, contadini possono progredire ed entrare nelle professioni e nell'imprenditoria, si trasforma anche l'aspetto del territorio.

Le città cambiano, a Milano, capitale economica d'Italia, sorgono i primi grattacieli, il Pirellone progettato da Giò Ponti e la Torre Velasca, terminata nel 1958. Torino in pochi anni, dal 1950 al 1960, subisce un incremento della popolazione del 42,6 per cento, a causa soprattutto dell'ondata di immigrazione che sale dal Sud. E anche Milano vede crescere la sua popolazione del 24,1 per cento. Nel Paese è in atto un grande spostamento di persone, le regioni del Meridione perdono quasi 2 milioni di abitanti, per lo più giovani fra i 20 e i 40 anni.

Il 24 febbraio 1949 il Parlamento licenzia la legge n. 43, «Provvedimenti per incrementare l'occupazione operaia, agevolando la costruzione di case per i lavoratori». La legge è stata proposta dal ministro del Lavoro Amintore Fanfani e viene definita legge per l'Ina Casa. De Gasperi aveva offerto il ministero del Lavoro a Dossetti, questi rifiuta e la scelta cade sull'emergente professor Fanfani, altro esponente di punta della sinistra democristiana. È un piano enorme, destinato a incidere profondamente sull'assetto urbano delle città italiane, in quattordici anni saranno costruiti 1.920.000 vani corrispondenti a 335 mila alloggi. Tutto avviene con eccezionale rapidità. La legge è di fine febbraio 1949, il 7 luglio già si inaugura il primo cantiere, a ottobre già ne sono operativi 649. Fanfani, professore ordinario di Storia economica, è uno studioso di modelli corporativi. Durante il Ventennio scrive molto sull'argomento e teorizza nel corporativismo fascista una terza via fra il capitalismo più becero e la collettivizzazione marxista. Nel saggio *Il problema corporativo nella sua evoluzione storica*, del 1942, sposa questa impostazione con la matrice cristiana. Liberatosi degli orpelli del fascismo, Fanfani ne continua i progetti di edilizia popolare, anche se le nuove case non hanno la qualità di quelle degli anni Trenta e Quaranta.

Giorgio Bocca sceglie la formula *La fabbrica dei nuovi italiani* per titolare un'inchiesta che racconta il lungo filare di capannoni sorto dal nulla nella provincia lombarda e in quella piemontese. Nel 1963 Eugenio Scalfari scrive che «l'Italia industriale non era più un triangolo, era diventata una cometa» che aveva il «centro stellare sempre localizzato fra Torino e la Lombardia e una lunga coda che investiva ormai l'intera Valle Padana».[6] Di fatto, il tradizionale Nord industriale, formatosi alla fine dell'Ottocento attorno al triangolo Torino-Genova-Milano, si andava ampliando al Veneto, all'Emilia-Romagna, alle Marche.

La Fiat è, ovviamente, protagonista di questo balzo in avanti, nei primi dieci anni che seguono la fine della guerra quadruplica la sua produzione e occupa il 90 per cento del mercato nazionale; il suo fatturato è pari al 13,7 per cento delle entrate dello Stato, con utili enormi che vengono reinvestiti. Protagonista di questa espansione è Vittorio Valletta, che dopo la morte del senatore Giovanni Agnelli ha assunto la direzione dell'azienda. Genovese di origini siciliane, è l'uomo forte del capitalismo italiano, uomo simbolo dell'industria padronale. Crede nel prodotto auto e inaugura una massiccia politica di investimenti, 300 miliardi nel 1953, raddoppia lo stabilimento di Mirafiori. In pochi anni le fabbriche Fiat danno la 600 (1955), la 500 (1957) e, a partire dal 1960, vetture più ampie come la 1100 L. Costruisce trattori e camion. Valletta fa della Fiat una multinazionale che apre fabbriche all'estero, in Sudafrica, Argentina, Turchia, Messico e Iugoslavia. L'industria automobilistica non è solo la Fiat, l'Alfa Romeo nel 1954 mette in produzione la Giulietta e nel 1963 inaugura il nuovo stabilimento di Arese.

La dolce vita

Torvajanica è una delle spiagge del litorale romano, destinata ad animarsi nelle estati del boom economico, ora che anche le famiglie della piccola borghesia e del proletariato urbano possono permettersi qualche giornata al mare. Sabato 11 aprile 1953, il giorno che precede Pasqua, è però ancora deserta, il vento spazza la sabbia e la primavera stenta a manifestarsi. Sono le prime ore del mattino quando una telefonata ai carabinieri segnala la presenza del corpo senza vita di una donna, stesa sul bagnasciuga col capo rivolto verso il mare.

Il giorno dopo il cadavere viene identificato: è quello della giovane ventunenne Wilma Montesi. Le prime indagini rivelano subito che non è una prostituta, né una sbandata, appartiene a una famiglia piccolo borghese del quartiere Salario, ma il padre è titolare di una falegnameria specializzata negli arredi delle sale cinematografiche. Una vita regolare, sorvegliata al massimo dalla famiglia, secondo la morale dell'epoca, un fidanzato col quale esce solo accompagnata, magari tanti sogni mai rivelati. Sulle prime la vicenda è rapidamente archiviata, il questore di Roma Saverio Polito, d'intesa col capo della polizia, Tommaso Pavone, ritiene che si sia trattato di un tragico incidente, un malore che ha colto la ragazza mentre passeggiava in riva al mare, una caduta e l'annegamento, «sincope dovuta a pediluvio» si scrive nel verbale. Le tesi della disgrazia, a cui si uniformano soprattutto i genitori, forse per ragioni di onorabilità, risulta però piena di buchi e incongruenze.

La storia di Wilma, il 12 aprile, è sulla prima pagina del «Messaggero», tutti i giornali cominciano a occuparsene, la bellezza della ragazza attira l'interesse della pubblica opinione, il caso si gonfia, ai funerali partecipa una folla inattesa. I cronisti fanno domande, sono loro che ampliano lo spettro dell'inchiesta, la ragazza è stata vista a Ostia, poi a bordo di un'Alfa Romeo 1900. La polizia è infastidita, fra le righe degli articoli filtra il sospetto che qualcuno voglia insabbiare, la pressione mediatica comincia a essere tale che il procuratore capo Angelo Sigurami riapre l'inchiesta.

Quello che presto assumerà il nome di «caso Montesi» esplode in un'Italia che comincia ad assaporare il benessere, rilassata, dove la memoria tremenda della guerra si va cancellando per cedere il posto a una vita più distesa. Italo Calvino riflette su quella che definisce una belle époque inattesa affermando che «prima vedevamo la vita come qualcosa di teso e guerreggiato... e adesso la vediamo invece come uno spettacolo nelle grandi linee prevedibile e rassicurante».[7]

Questa Italia che corre trova un'espressione culturale nella felice stagione del cinema italiano attraverso autori come Roberto Rossellini, Luchino Visconti, Vittorio De Sica, Pietro Germi, Federico Fellini e Michelangelo Antonioni, che toccano vette di qualità mai più conseguite in futuro. Due romanzi raggiungono un vasto successo: Il *dottor Živago* di Boris Pasternak del 1957 e *Il Gattopardo* di Giuseppe Tomasi di Lampedusa dell'anno successivo.

Via Veneto, Cinecittà, Capri, Cortina sono i luoghi che entrano di prepotenza nei rotocalchi, le vistose foto fanno sognare anche chi non li raggiungerà mai. Le stelle di Hollywood frequentano l'Italia e Roma, il pubblico si appassiona al matrimonio fra l'attore americano Tyrone Power e Linda Christian, celebrato nella chiesa di Santa Francesca Romana. La capitale d'Italia sta diventando la seconda meta del grande cinema, la vita romana entra di prepotenza nei giornali americani per la scandalosa relazione fra la protagonista di *Casablanca*, Ingrid Bergman, e il regista italiano Roberto Rossellini, entrambi sposati. Il senatore Usa Edwin C. Johnson definisce la Bergaman «potente distillatrice del male». Federico Fellini cristallizza questo mondo nell'efficace titolo di un suo film: *La dolce vita*.

Dopo giorni di mezze parole, di frasi dette e non dette, è un quotidiano di Napoli, il «Roma», il più antico del Sud, giornale di destra, di proprietà dell'armatore e sindaco Achille Lauro, a mettere le cose in chiaro. Un titolo dirompente, *Perché la polizia tace sulla morte di Wilma Montesi?*, fa capire che dietro la morte della giovane c'è uno scandalo d i dimensioni enormi. All'attacco da destra segue quello da sinistra: «Paese Sera», giornale vicino al Pci, fa un ulteriore passo e scrive del coinvolgimento del «figlio di una nota personalità politica». La tesi del pediluvio ormai suscita solo ilarità e il caso solleva un interesse straordinario che mobilita i giornali.

Il nome del «figlio di una nota personalità politica» corre sulla bocca degli inquirenti, delle alte sfere degli apparati dello Stato, dei direttori dei grandi giornali e ovviamente di alcuni membri del governo. Si tratta di Piero Piccioni, figlio di Attilio Piccioni, vicepresidente del Consiglio e ministro degli Esteri e soprattutto il «delfino di De Gasperi», l'uomo a cui il leader democristiano avrebbe voluto passare la guida del partito e forse del Paese. Il settimanale satirico di destra «il Merlo giallo» fa un doppio riferimento scrivendo in un articolo di «piccioni viaggiatori» e pubblicando una vignetta in cui un reggicalze, uno degli indumenti intimi mancanti sul corpo della giovane Wilma, viene portato in questura da alcuni piccioni. Dopo poco il settimanale comunista «Vie Nuove» rompe gli indugi e fa il nome del figlio del ministro. Giampiero, detto Piero, è un musicista jazz, esperto in colonne sonore di cui diventerà apprezzato compositore, ha fama di viveur, assiduo frequentatore di locali notturni e del mondo dello spettacolo. I rapporti tra padre e figlio non sono eccellenti, il genitore aspirava a che il figlio intraprendesse la carriera forense, ma il massimo che lui gli concede è di esibirsi col nome d'arte di Piero Morgan, per non imbarazzarlo.

Si fa avanti un'altra verità che racconta di festini a luci rosse con consumo di droghe, tenuti in alcune residenze di facoltosi nell'area di Castel Porziano. In una di queste riservate riunioni Wilma sarebbe morta per overdose. A esplicitare meglio di tutti questa tesi è il periodico «Attualità» che pubblica una dettagliata inchiesta, *La verità sulla morte di Wilma Montesi*, frutto di un lavoro di mesi di Silvano Muto, direttore tuttofare del giornale. La giovane non è stata vittima di una disgrazia, non si è suicidata, la «ragazza che avrebbe potuto essere vostra sorella, vostra figlia, la vostra fidanzata» ha assunto stupefacenti durante un festino, è morta per effetto di un malore collegato a questa assunzione di sostanze ed è stata trasportata sulla spiaggia.

Lo scandalo è scoppiato, con tutta una serie di devastanti implicazioni politiche. Il 1953 è l'anno delle elezioni, quelle della legge maggioritaria, la campagna elettorale è durissima, la Democrazia cristiana è attaccata da sinistra ma anche dalla destra che, superato l'immediato dopoguerra, si è riorganizzata. Giornali di destra e di sinistra si fanno concorrenza negli approfondimenti sul caso. L'obiettivo ghiotto è Attilio Piccioni, il numero due della Dc e del governo, che cumula gli incarichi di vicepresidente del Consiglio e ministro degli Esteri. Un politico in forte ascesa. Nella Dc sta iniziando il dopo De Gasperi, che dal luglio 1953 non è più presidente del Consiglio, e Piccioni è in vantaggio rispetto a chi ha le medesime aspirazioni.

In una prima fase ci furono indubbiamente pressioni per fare archiviare rapidamente il caso che solo le scoperte dei giornali fanno riaprire. L'attacco delle opposizioni su questo punto è forte. Il Pci cavalca il caso per accreditare un'immagine corrotta e arrogante della Democrazia cristiana, accusata anche di essere poco coerente con quei valori di moralità cattolica che propugna.

Attilio Piccioni si dimetterà, alla vigilia dell'arresto del figlio Piero. Il musicista dopo un lungo processo sarà completamente scagionato, ma la carriera del padre è irrimediabilmente compromessa.

Il caso Montesi non è solo terreno di scontro fra la Dc e i suoi avversari di sinistra e di destra, la partita che si gioca è anche interna. L'attenzione mediatica dura anni e copre un arco temporale di transizione del partito cattolico. La polizia che lavora per chiudere il caso è ritenuta vicina a Scelba, alleato di Piccioni; i carabinieri, invece, che riaprono le indagini sono ritenuti sensibili a Fanfani, che vincerà la partita per la leadership post-degasperiana. È noto che da ambienti democristiani sono venute le soffiate decisive affinché i giornali accendessero i fari sul caso della ragazza morta sulla spiaggia di Torvajanica.

Le polemiche, le nuove rivelazioni, i retroscena si trascineranno per anni, senza un punto di verità assoluto. Nelle fasi più acute gli Stati Uniti temono addirittura che questa vicenda possa mettere a rischio l'ancoraggio dell'Italia all'Occidente.[8]

X

COLORO CHE NON LA BEVONO

Facesti bene a passare l'Oceano

«Bisogna rassegnarsi e trovare in noi stessi le ragioni di conforto. Che vuoi? La nostra generazione è stata una generazione bruciata; e la colpa non è né nostra né degli uomini, ma delle cose.» Sono i primi passi di una lunga lettera privata che Mario Missiroli, direttore del «Messaggero», scrive al suo amico Giuseppe Prezzolini che dal 1929 vive negli Stati Uniti, a New York, docente alla Columbia University. I due intellettuali si erano conosciuti all'inizio del secolo, quando Missiroli aveva vent'anni e si avviava a una laurea che conseguirà all'università di Napoli sulla cultura filosofica della Destra storica. Tra i due si era sviluppata subito una prolifica amicizia intellettuale. Caratteri simili, due frenetici nel lavoro, desiderosi di fare, con mille progetti in testa. Missy, come lo chiamò Prezzolini, collabora all'avventura della «Voce», la rivista culturale prezzoliniana che arruola giovani cervelli del calibro di Einaudi, Amendola, Papini e più maturi pensatori come Croce e Salvemini. L'intreccio di rapporti poi diventa ancora più intenso quando il giovane Missiroli, approdato al «Resto del Carlino» dove guida la pagina culturale, chiama a collaborare Prezzolini. Li unisce la battaglia culturale antipositivista e idealista, la speranza di un nuovo Risorgimento capace di fare l'Italia, che nelle loro analisi appare ancora una nazione insufficiente. Missiroli porta in dote a Prezzolini una profonda conoscenza di Alfredo Oriani, la sua visione del Risorgimento; ne riceve in cambio la conoscenza, anche personale, di Benedetto Croce, «una vena potente», e soprattutto di Georges Sorel di cui diventerà una sorta di interprete italiano.

Nel 1951, quando scrive questa lunga lettera all'amico Prezzolini, tanta acqua è passata sotto i ponti. Il 15 settembre 1946 Missiroli ha assunto la direzione del «Messaggero», Prezzolini vive da quasi trent'anni in America. Li separa l'oceano, «non è escluso che un giorno venga a prendere un caffè da te a New York», li unisce l'amore per la libertà e un certo pessimismo. «Noi ci avviamo a una graduale proletarizzazione dei ceti medi e a un ulteriore impoverimento dei ceti poveri. Questo mi preoccupa moltissimo poiché questa è la strada che porta alla catastrofe» scrive Missiroli. E prosegue: «Ho fatto un viaggio di recente nel Nord d'Italia, nel Veneto, e ho notato che le persone di alta posizione sociale, quelle che hanno in mano la cosa pubblica, gli affari, la finanza, tutto, non comprano nemmeno il giornale e quando lo comprano non lo leggono». L'italiano è sempre colui che nasconde dietro la retorica dei buoni sentimenti una forte dose di cinismo e servilismo.

Da giovane Missiroli aveva coltivato l'amicizia con Alfredo Oriani, che frequentava al Caffè San Pietro di Bologna, l'autore della *Rivolta ideale* è per una generazione il teorico del «Risorgimento mancato», o meglio del «Risorgimento tradito».

È trascorso quasi mezzo secolo da quando Giovanni Amendola aveva mirabilmente sintetizzato in un motto le aspirazioni dei giovani che animavano «La Voce»: «L'Italia come oggi è non ci piace» aveva scritto. E ora a Missy e Prezzy appare intatto il tema della fragilità etica dell'Italia, di un Paese che non corrisponde ai sogni di una generazione formatasi sugli ideali del Risorgimento, la delusione soprattutto per il deficit delle classi dirigenti, carenti di quello spirito della nazione che Prezzolini aveva trovato nella giovane democrazia americana e Missiroli in quella antica britannica. Al fondo c'è l'idea di «un'altra» Italia che deve sorgere e ri-sorgere e che comunque deve ancora farsi. «La verità è che fino dai tempi della Liberazione si è confusa la democrazia con la liquidazione dell'elemento "personale" del Fascismo».[1]

L'uno dichiaratamente di destra (Prezzolini scriverà il *Manifesto dei conservatori* e *l'Intervista sulla destra*), l'altro liberale irregolare sono uniti, oltre che da una forte amicizia, dall'anarchismo che accompagna le reciproche posizioni. La prima lettera fra i due è del 1906, l'ultima è del 1971, nonostante i reciproci impegni si scriveranno per oltre sessant'anni sempre stimolandosi e pungolandosi. Missiroli racconta la sua vita al «Messaggero»: «Sto in media dodici ore al giornale e sono le ore della maggiore serenità. Tutto sommato siamo dei certosini sbagliati».

Passate le infatuazioni giovanili guardano a un pragmatismo democratico che li porta a vedere le cose con aristocratico distacco, a cui uniscono, raro per loro, un certo apprezzamento per le doti di Alcide De Gasperi. «La gente si affida semplicemente al Governo e alla Democrazia cristiana, che continua a considerare il baluardo contro il pericolo comunista ... Nulla è assolutamente mutato.» Per queste sue considerazioni Missiroli si guadagna la definizione di maestro di un «acuto senso del reale». Di lì a poco otterrà la direzione del «Corriere della Sera», dal 1952 al 1961, poi farà ritorno al «Messaggero» con la rubrica «Calendario».

In quegli anni Prezzolini, che tornerà a vivere in Italia nel 1962 per poi quasi fuggire in Svizzera, si ritiene esule volontario, autoesiliato, e Missiroli, che pure è il direttore di importanti giornali, gli scrive: «Facesti bene a passare l'oceano».

Anticonformisti alla riscossa

Indro Montanelli ha rievocato più volte questo episodio, quasi un racconto ricorrente nei suoi scritti: «Una domenica del '50 fui convocato da Longanesi nella sua casa editrice a Milano. L'occasione era solenne: l'annuncio a me, a Giovanni Ansaldo, a Elena Canino e a Henry Furst della nascita del "Borghese"». Montanelli descrive bene l'entusiasmo di Longanesi nel delineare il suo progetto editoriale e culturale: «Si lanciò nella descrizione del prototipo del borghese di cui dovevamo assumere la difesa: nascita, educazione, modi, costumi, ideali, valori. "Ma questo borghese" obiettò dubbiosa la Canino "quando è esistito?" "Mai" rispose Leo. "Dobbiamo inventarcelo." Nacque così alla Longanesi la battaglia più anticonformista di quegli anni che, di nuovo, ci mise contro tutti, inclusi i vecchi colleghi di "Omnibus" come Pannunzio e Benedetti con i quali Leo aveva già litigato all'inizio della guerra».[2]

Il nuovo giornale è un quindicinale, nello stesso anno Henry Furst traduce in italiano *Der Bourgeois* di Werner Sombart, saggio filosofico e sociologico che offre l'alternativa borghese al marxismo, delineando alcuni tratti della rivoluzione conservatrice. Longanesi vuole molto di più di un giornale di buona fattura, capace di far parlare, aspira a suscitare un risveglio delle coscienze, a dare una consapevolezza storico-politica al ceto medio italiano e a rompere l'egemonia culturale delle sinistre che si sta facendo sempre più forte e solida. Il progetto lo aveva in mente da tempo, ne aveva parlato in uno scambio di lettere con Ansaldo già nel '47. Nel primo fascicolo non vi è alcun manifesto programmatico ma schiera una squadra di firme eccezionale: Giovanni Ansaldo, Indro Montanelli, Giovanni Spadolini, Ernst Junger, Alberto Savinio, Gaetano Baldacci, Henry Furst e Giuseppe Prezzolini.

Nelle locandine esposte dagli edicolanti per promuovere il giornale, gli intenti programmatici appaiono chiari: «"il Borghese". Imparate a disprezzare la democrazia con disprezzo». Longanesi è il mago della battuta fulminante, fa il giro d'Italia un'altra sua frase: «Meglio la Petacci, che la Repubblica dei pagliacci». La sua chiamata alle armi ha l'intento di sbeffeggiare tutto l'armamentario di una certa retorica che ha creato «il fascismo degli antifascisti, cioè un fascismo ritardato, più bonario ma più inconcludente...».[3] Il direttore Longanesi è reduce da un successo editoriale del suo libro *Parliamo dell'elefante* (1947), dove anticipa i toni dissacranti, al limite della ferocia, che dovranno connotare il nuovo giornale e più in generale le polemiche che si intendono aprire. Le idee longanesiane sono concise, fulminanti, ma penetrano un vasto pubblico: «Non bisogna appoggiarsi troppo ai principi, perché poi si piegano», «Non è la libertà che manca. Mancano gli uomini liberi», «Nulla si difende con cosi tanto calore quanto le idee a cui non si crede», «È meglio assumere un sottosegretario che una responsabilità», «Due stupidi sono due stupidi. Diecimila stupidi sono una forza storica», «Un'idea imprecisa ha sempre un avvenire».

La Monarchia rossa è il dissacrante articolo che apre il secondo numero del «Borghese», firmato «un affezionato lettore» ma probabilmente opera dei vertici del giornale. Si mettono in guardia i lettori dai rischi egemonici del comunismo, soprattutto quelli culturali: «Vedremmo una monarchia italiana protetta dalla Russia e appoggiata dal partito di Togliatti». Di qui la necessità di una nuova consapevolezza. «Fino a cent'anni fa nessuno si sentiva offeso a sentirsi chiamare "borghese"» avverte Longanesi sempre nel secondo numero, «*borghese* era un titolo, una condizione onorevole che nessuno rifiutava; i borghesi non si credevano ancora aggettivi dispregiativi della storia, ma sostantivi, nobili, validi, gloriosi sostantivi. Poi la parola "Proletario" li sommerse. Cinquant'anni di polemica, di insulti, di risse, di sangue costrinsero i borghesi a soffiarsi il naso nella loro bandiera.»[4]

Nei fascicoli successivi apparirà un saggio diviso in quattro puntate, intitolato *Borghesi vecchi e nuovi*, dove Longanesi ricostruisce lo spirito dei borghesi dell'Ottocento.

Dietro l'anticonformismo ostentato, la dissacrazione eretta a contenuto, c'è però un ideale nazionale insieme a un progetto politico. La parola «borghese» è scelta per indicare un'Italia di carne con «i suoi stipendi ridicoli e i suoi abiti rivoltati», che vuole resistere «alle leggi malfatte, alle riforme male imbastite, allo sperpero del danaro pubblico, agli affari conclusi sottobanco dagli uomini politici, alle tasse bestialmente ripartite...».[5] C'è l'evocazione di «una destra che non c'è», liberale e conservatrice, secondo una formula coniata e adoperata a lungo da Prezzolini.

Leo Longanesi, autodefinitosi un «carciofino sott'odio», aveva già posto il tema del borghese moderno con «L'Italiano» (1926-1942), e in parte con «Omnibus» (1937-1939), le altre due sue creature editoriali. Un atteggiamento allora già controcorrente, tenuto conto che il fascismo si autodefiniva antiborghese. Non è un caso che i suoi giornali avessero per primi portato in Italia autori americani come William Faulkner, John Steinbeck e Erskine Caldwell.

La differenza con il conformismo è anche nello stile e nelle modalità narrative del pensiero borghese, perché rifugge da intellettualismi, dalla ricerca ostinata di categorie sociologiche. I borghesi esistono e vengono animati nei raccontini longanesiani, persone comuni, gente che incontriamo ogni giorno. *Il treno fantasma Lecce-Milano* è ambientato in uno scompartimento affollato di seconda classe, quella dove viaggiano le persone della classe media. Fra i presenti si anima una discussione sull'Italia contemporanea. A scatenarla la pessima qualità di un cestino da viaggio, acquistato da un viaggiatore. Un commesso viaggiatore dice: «La patria, ormai, è una ciabatta, la ciabatta dei preti. La patria non c'è più! Se la sono divisa i partiti e i signori della plutocrazia, perché la plutocrazia ha preso un'altra volta il mestolo». Un ferroviere fino ad allora zitto esclama: «Meglio la Petacci, che la Repubblica dei pagliacci».[6]

Giuseppe Prezzolini «esule volontario» guarda l'Italia da lontano col cannocchiale, dalla sua terrazza di New York, dove Montanelli lo scova per invitarlo a scrivere per «il Borghese». Per il leggendario fondatore della «Voce» la Repubblica è nata dalla «paura dei bombardamenti, dalle sconfitte inflitte dalle truppe polacche, brasiliane e persino negre» e la classe dirigente che ne è scaturita è più una «classe digerente».[7]

In una lettera a Prezzolini, Giovanni Ansaldo scrive che loro due, con Longanesi e gli altri, sono i «vecchi leoni», mentre Mario Soldati racconterà che Longanesi usava affermare che il loro vero partito fosse il POP: Partito Opposizione Permanente.

Si inizia a dar voce a una parte non irrilevante di italiani che non accetta supinamente la retorica della Repubblica. Il retroterra politico è, ovviamente, fatto di forze politiche quali l'Uomo qualunque di Guglielmo Giannini, i vari partiti monarchici, i neofascisti del Movimento sociale e i liberali. Ma si guarda anche alla pancia profonda della Dc, a quei cattolici poco rumorosi che convinsero De Gasperi alla svolta anticomunista del maggio '47.

Gli italiani sono trasmigrati dal fascismo alla Repubblica, senza assumere un'identità nazionale condivisa; fatta eccezione per una minoranza, sono estranei alle culture politiche dell'antifascismo, del resto il regime è caduto per effetto di una rovinosa guerra e per la vittoria militare degli Alleati. Lo storico Renzo De Felice scriverà che la maggioranza degli italiani scelse la «zona grigia» rispetto alle minoranze che scelsero la «Resistenza» o la «Rsi». Per lo storico non è un giudizio di valore ma un dato oggettivo. Appena liberato il Nord, il partigiano Leo Valiani chiarisce che l'antifascismo e la Resistenza sono «molto, molto sottili, incapaci di collegarsi organicamente con le più larghe masse che idealmente pretendevano rappresentare e trascinare».[8] Gli fa eco Piero Calamandrei quando annota che le «persone benpensanti», ossia la maggioranza, «cambiano discorso quando sentono parlar di antifascismo», come non piacciono i discorsi sui collaborazionisti fascisti. Si abbandona la Resistenza, avverte il giurista fiorentino, va di moda la «desistenza».[9]

Lo storico marxista Ernesto Ragionieri, intellettuale organico al Pci, riconosce che la Resistenza «rimase un grande e attivo movimento di minoranze, il più vasto che la storia d'Italia abbia mai conosciuto, ma pur sempre minoranza».[10] È la verità che emerge fra le menti più lucide della Resistenza: Luigi Meneghello, partigiano nei gruppi del Partito d'azione, negli *Appunti per un saggio sul dopoguerra* mette a fuoco la differenza fra aspirazioni e realtà che il dopoguerra ha fatto emergere: «Io e i miei compagni volevamo una cosa da nulla, rifare l'Italia. In verità la nuova Italia stava già emergendo per conto suo dalla confusione della guerra».[11]

Chi più di tutti mette in imbarazzo la retorica resistenziale è inaspettatamente Carlo Levi, con il romanzo politico *L'orologio*. Un quadro amaro di un ritorno alla normalità di una Roma «sempiterna città ministeriale, regno del parassitismo e della corruzione»,[12] che si accompagna all'incapacità di utopie astratte, di gestire il passaggio dal fascismo alla democrazia. L'insufficienza di tutti quegli ideali molto suggestivi, enunciati dalle liturgie antifasciste, nel gestire la realtà complessa del presente. Se non si fosse trattato di Carlo Levi, per l'ufficialità culturale comunista c'erano sufficienti elementi per una inquisizione rossa. Carlo Muscetta sull'«Unità» è il primo a bastonare il romanzo, parlando di «leggenda della Resistenza che muore nel qualunquismo», e Giacomo Debenedetti s'impone con un vero e proprio veto per evitare che gli fosse assegnato il premio Viareggio mentre la voce del partito Mario Alicata, su «Rinascita», lo boccia irrimediabilmente come «posizione qualunquisteggiante e anarcoide».

Thomas Mann nelle *Considerazioni di un impolitico* aveva osservato che «ironia e conservatorismo sono due stati d'animo strettamente affini. Si potrebbe dire che l'ironia è lo spirito del conservatorismo». In questo lungo dopoguerra una linea di pensiero anticonformista, un po' anarchica, riprende coraggio e comincia muovendosi sul filo sottile dell'ironia. Annota Giovanni Ansaldo nel suo diario: «Nulla di più comico è vedere che gli antifascisti di oggi hanno sempre uno che ha più titoli antifascisti di loro (o crede di averli) e li maltratta come cenci».[13]

Altre volte la critica assume i toni della nostalgia. Il 16 luglio 1947 ad Albenga, in provincia di Savona, la motobarca *Annamaria* che trasporta 84 bambini, orfani di guerra, di età fra i quattro e gli otto anni, ospiti di una colonia estiva, affonda a cento metri dalla riva per l'urto con un palo che sostiene lo scarico delle fogne cittadine. È una tragedia: nell'affondamento muoiono 44 bambini, tre donne e una ragazza adolescente. Ansaldo è caustico: «La sciagura di Albenga dimostra la inguaribile leggerezza, noncuranza, strafottenza di noi italiani, con qualunque regime, governo, ecc. Le colonie marine fasciste erano una buffonata in divisa, quelle della neo repubblica sono una buffonata più volta al tragico».

Panfilo Gentile, collaboratore del «Corriere della Sera» e del «Mondo», conia il termine «partitopatia» che precede «partitocrazia» e sceglie il titolo *Opinioni sgradevoli* per distillare le sue critiche alla Repubblica. Prima di altri denuncia il deficit liberale della democrazia italiana e attacca duramente quell'intesa culturale che prende forma dall'accordo fra cattolici e comunisti. Dopo la «coraggiosa» svolta di De Gasperi che ha rotto col Pci e dopo i tentativi di continuare quella linea, fatti da Scelba e Pella, la Dc si è lasciata andare a una politica di «arretramento». La Dc, per Panfilo Gentile, abbandona la costruzione del cattolicesimo liberale, auspicato da Sturzo, per convergere sull'egemonia culturale imposta dal Pci. «La marcia verso il collettivismo, lo statalismo, il dirigismo, è la marcia verso la schiavitù» scrive con forza. Mentre, senza liberalismo, «la democrazia sarà solo la maschera di un cadavere».[14]

C'è un nuovo elemento che entra nella polemica degli anticonformisti, è la televisione. «Vi è l'esempio scandaloso della televisione, la quale è sfacciatamente diventata un organo della sinistra democristiana e più particolarmente dell'on. Fanfani, con un servilismo del tutto umoristico, perché crede di nascondersi dietro una finzione di imparzialità degna di Pulcinella».[15]

La Tv, con la sua mediocrità massificante, esalta il conformismo, propone ogni sera il racconto di un'Italia di famiglie sorridenti, nozze, fidanzati, bimbi felici, torte, feste comandate, parrocchie. Longanesi è netto: «Non ho mai assistito a una trasmissione televisiva e mai vi assisterò». Sul «Borghese» nel '55 nasce la rubrica «Oscenità televisive», in realtà i sospetti verso il nuovo mezzo accomunano tutta la classe intellettuale, anche quella di sinistra, ma da destra la televisione sembra fatta da «gente che non è buona a fare nulla».

Definirsi e rivalutare il termine «conservatore» è una sfida anticonformista, Prezzolini ricostruisce l'etimologia del vocabolo: una parola indoeuropea che ricorda quando nelle antiche comunità si affidava il gregge o il villaggio a una vedetta, *haurvo* o *viš-haurvo*, che si faceva carico della funzione fondamentale di preservare la comunità dai pericoli. Di qui la constatazione che i termini *conservare, guardare, custodire, salvare, sorvegliare* spesso sono equivalenti. Le differenze del conservatore dal progressista non sono solo culturali, sono marcate nell'economia, fra «risparmio individuale raccomandato» e «assistenza statale obbligata», fra «piccola proprietà» e «grosse aziende». In alcuni casi le differenze sono talmente nette da avere quasi un tratto antropologico: al conservatore piace il libro, piuttosto che la televisione, piace la musica classica in luogo del jazz, la scuola selettiva al posto di quella di massa. Ma il conservatore è anche il grande modernizzatore, lo chiarisce bene Prezzolini: «Il Vero Conservatore si guarderà bene dal confondersi con i *reazionari*, i *retrogradi*, i *tradizionalisti*, i *nostalgici*; perché il Vero Conservatore intende "continuare mantenendo", e non tornare indietro a fare esperienze fallite».[16] I progressisti spesso amano dipingersi come gli uomini del domani, il Vero Conservatore è certamente «*l'uomo del dopodomani* che sarà riconosciuto quando i suoi avversari democratici avranno fatto fallimento».

A tratti il conservatorismo assume toni estetizzanti, Longanesi lancia una campagna per l'uso del «Lei» alternativo sia al «Tu» dei comunisti che al «Voi» dei fascisti. Il Lei «presuppone una coscienza di sé e un rispetto verso gli altri che la nostra democrazia non tollera».[17] Ecco perché si esulta quando in Parlamento De Gasperi apostrofa il deputato comunista Giancarlo Pajetta: «Giovanotto, la prego di darmi del Lei».

Il principe di questa cordata è probabilmente Giovannino Guareschi, «l'eretico della risata»,[18] uno dei protagonisti della campagna elettorale del 1948 e della sconfitta del Fronte popolare, il massimo polemista anticomunista che aveva messo alla berlina quel conformismo grigio, quell'ostinato prendersi sul serio, del Pci. È l'inventore della saga di *Don Camillo*, gigantesco successo editoriale, cui segue quello cinematografico. Per certi versi ha umanizzato i comunisti ma ne ha anche demolito il mito del nuovo rendendoli umani agli altri. «Obbedienza cieca, pronta e assoluta» è quella che il partitone rosso richiede ai suoi militanti, motto in cui risuona il mussoliniano «credere, obbedire e combattere». I comunisti li disegna trinariciuti, con una terza narice che ha un duplice scopo: far defluire la materia cerebrale e far entrare le direttive del partito.

Guareschi si autodefinisce un reazionario, anticomunista, non fascista ma neppure antifascista. Del fascismo ha sempre deriso certi aspetti teatrali e tromboneschi. Posizione comune a chi come il giovane Augusto Del Noce teorizza il passaggio dall'antifascismo al postfascismo liberale. Nel 1953 si schiera con i monarchici alle elezioni e rimprovera a De Gasperi l'ostinata volontà di non aprire alla destra. Guareschi è anche un coraggioso perché comincia a scrivere, poi lo seguirà Giorgio Pisanò, delle terribili stragi dell'Emilia, il «Messico d'Italia», dove gli oppositori al Pci, non solo i fascisti, vengono accoppati per poco. Si rivolge in prima persona al ministro dell'Interno Scelba affinché si faccia un censimento di questi fatti. Subisce vari processi per diffamazione e finisce anche in carcere proprio per una querela di De Gasperi. Derubricato a scrittore leggero, Guareschi è invece colui il quale più di tutti penetra la coscienza popolare del Paese, restituisce consapevolezza politica a chi crede nella libertà, è capace di generare un passaparola profondo.

La critica alle insufficienze della nuova Italia repubblicana, soprattutto al suo deficit liberale, trova negli anni Cinquanta anche altre palestre, come quella del «Mondo», la rivista attorno a cui si coagulano alcuni ex redattori di «Omnibus» come Mario Pannunzio, Arrigo Benedetti, Vittorio Gorresio, Ennio Flaiano, Corrado Alvaro, Mino Maccari ai quali si aggiungono un gruppo di giovani: Vittorio De Caprariis, Eugenio Scalfari, Marco Pannella, Enzo Forcella. Si tratta per certi versi di altri figli di Longanesi.

Gli intenti della rivista sono ben delineati da uno scritto di Eugenio Scalfari: «In queste condizioni e nel clima di guerra fredda che contrapponeva frontalmente sulla scena mondiale e su quella italiana il mondo liberal-democratico guidato dall'America e quello comunista raccolto attorno all'Urss e alla Terza Internazionale, nacque "Il Mondo" con il proposito di opporsi contemporaneamente all'ideologia comunista e alla sua proiezione politica in Italia egemonizzata dal Pci, da un lato, e al potere clericale della Chiesa di Pio XII dall'altro».[19]

L'antifascismo, in altre parole, non riassume una posizione democratica che richiede anche una critica serrata al totalitarismo comunista. La Resistenza ha liberato l'Italia dal nazifascismo ma si vive in un Paese dove la libertà deve ancora conquistare un pieno significato, se continua a essere ammantata di conformismo. Pannunzio parla di «crisi dell'intelligenza», dell'incapacità di ostacolare la deriva di una «società mostruosamente massificata, "folla" ottusa e angosciosa, disponibile a qualsiasi perversa manipolazione».[20] Di lui scriverà Montanelli: «Era la mia coscienza». Del resto nel 1943 Pannunzio aveva scritto *Le passioni di Tocqueville*, saggio in cui afferma le ragioni morali dell'individuo di fronte alle scelte che la storia ci impone.

Una posizione per certi versi elitaria, destinata a restare minoritaria, ma che seppe condizionare il dibattito dei suoi anni.

L'Italia attraversa il dopoguerra senza aver riconquistato una sua identità storica e nazionale. La Resistenza è un mito che non ha risolto le aspettative del Paese. Norberto Bobbio, nel *Profilo ideologico del Novecento italiano*, scrive: «Il fascismo aveva condotto il Paese alla catastrofe, come gli antifascisti avevano previsto. Ma la Resistenza, contrariamente alle loro speranze, non fu una palingenesi ... La Resistenza non fu una rivoluzione e tantomeno la tanto attesa rivoluzione italiana...».[21]

Il mito della Resistenza incorporerà con gli anni quello della immutabilità della Costituzione. Eppure, anche in una minoranza di antifascisti maturerà la convinzione di un mutamento costituzionale. Nel 1964 l'ex ministro Randolfo Pacciardi (antifascista prima della guerra, combattente repubblicano in Spagna) fonda il Movimento per una nuova Repubblica che propone l'adozione di un modello presidenzialista. L'anno successivo il costituzionalista Giuseppe Maranini, insieme a Luigi Astuti,

Serio Galeotti, Silvano Tosi e Salvatore Valitutti, fonda Alleanza costituzionale, che si pone analoghi obiettivi. Tra i firmatari vi furono giuristi del calibro di Vezio Crisafulli e Pietro Rescigno, politici come Giuseppe Pella e Paolo Rossi. Minoranze di insoddisfatti e veggenti.

XI

L'ANNO TERRIBILE

1956, la prima crepa

Quando scende dal predellino del treno il Migliore è visibilmente stanco, forse il lungo viaggio in treno da Vienna, o forse c'è qualcosa di più grave. Il volto è tirato e ha poca voglia di parlare. È la sera del 6 marzo 1956, alla stazione Termini, ad accoglierlo ci sono Amendola, Pajetta, Scoccimarro, Longo e il segretario personale Luigi Amadei. Con Togliatti scendono dal treno Nilde Iotti e la figlia adottiva Marisa Malagoli che sono andate a incontrarlo alla frontiera italiana.

Palmiro Togliatti viene da Mosca, dove il 26 febbraio si è chiuso il XX congresso del Pcus, il primo dopo la morte di Stalin avvenuta nel 1953. Come leader dei comunisti italiani, e ancor più considerando i suoi trascorsi alla guida del Cominform, vi ha partecipato occupando uno dei posti in prima fila, segno di grande considerazione nella liturgia comunista sovietica.

In occasioni analoghe, quando tornava dalla «patria del comunismo» aveva organizzato una conferenza stampa, cercato i giornalisti, oppure aveva scritto in prima persona per magnificare la grandezza del partito madre. Ora, invece, il Migliore ha solo fretta di andare a Botteghe Oscure e riporre un plico nella cassaforte.

A Mosca è accaduto qualcosa di imponderabile e pericoloso. Nella maestosa cornice sovietica, il segretario generale del Pcus, Nikita Chruščëv, ha pronunciato due discorsi: il primo è stato la relazione ufficiale di apertura del Congresso alla presenza di tutti i delegati, delle rappresentanze dei «partiti fratelli» e della stampa proveniente da tutto il mondo; il secondo è un «rapporto segreto» che viene letto a porte chiuse, nella notte tra il 24 e 25 febbraio, escludendo qualsiasi presenza esterna, vincolando al segreto i presenti. Prima che il rapporto venga letto da Chruščëv, ne viene consegnata una copia a Togliatti, fra i pochi esterni alla nomenklatura sovietica a essere messi a conoscenza di quello che sta per accadere.

Il documento segreto è impressionante. È un'elencazione puntuale e meticolosa dei crimini dello stalinismo: le purghe, un metodo politico basato sul terrore, l'intimidazione e l'eliminazione fisica dell'avversario, il razzismo interno, la disastrosa pianificazione economica. I dettagli si soffermano sui gulag, sui tribunali volanti senza appello, sulle fucilazioni di massa di intere categorie di persone senza che venissero indicate responsabilità individuali, l'uccisione di gente inerme che non si occupava di politica. Chruščëv legge in un silenzio assoluto, assordante, tutti i delegati sono coscienti dei crimini di Stalin ma nessuno ne conosceva l'esatta estensione.

Togliatti, invece, percepisce subito la pericolosità del documento. Il processo allo stalinismo e a Stalin significa, di fatto, anche un possibile processo politico al Migliore. Perché negli anni che vanno dal 1937 al 1944, quando era in esilio a Mosca, non era stato solo l'osservatore passivo delle azioni dello stalinismo ma un potente protagonista di quella fase. Togliatti aveva ricoperto l'incarico di vicesegretario del Comintern, ottemperando in maniera zelante alle volontà di Stalin.[1] Oltre ad aver gestito la liquidazione fisica degli anarchici in Spagna, Togliatti firmò, successivamente, la condanna del gruppo dirigente polacco.

Il problema non è solo personale, è quello dell'identità del Pci, tutta costruita per anni sul mito dell'Unione Sovietica. Il Pci per molti esiste perché ha in sé l'obiettivo finalistico di realizzare non il comunismo ma il comunismo sovietico. Se è impensabile concepire la Dc senza la dottrina cattolica e la Chiesa, allo stesso modo non è possibile il Pci senza l'adorazione di Stalin e il santuario del Cremlino.

Il 13 marzo, appena una settimana dopo il suo rientro, si riunisce il Comitato centrale del Pci, le voci molto lentamente cominciano a filtrare, alcuni dirigenti di Botteghe Oscure hanno rapporti diretti con Mosca e apprendono scampoli di verità. Togliatti, però, delude chi si aspetta un chiarimento, solo qualche frase criptica sulla realizzazione di «molteplici vie al socialismo» o il richiamo al «principio leninista della direzione collettiva». E quando Umberto Terracini e Fausto Gullo gli chiedono parole più chiare lui replica definendo una «manovra sguaiata» l'attacco agli «errori e difetti dell'azione del compagno Stalin».[2] Il silenzio si ripete al Consiglio nazionale del 3 aprile, organismo dirigenziale più vasto. Pajetta e Amendola chiedono al Migliore di dire qualcosa su quello che è accaduto a Mosca, lui prima accetta poi tace. Il leader comunista spera che la questione decanti, il Pci per decenni si è nutrito del culto di Stalin, «l'amato padre» di tutti i militanti, «l'uomo che ha fatto di più per l'umanità», denunciarlo come l'autore di indicibili crimini, come colui che ha deciso milioni di morti – pur sapendo che è vero –, è politicamente devastante.

Le voci sul rapporto segreto, però, corrono, diventano sempre più consistenti fino a quando il 4 giugno il «New York Times» pubblica il testo integrale del rapporto di Chruščëv. Il clamore internazionale è enorme. Botteghe Oscure è subissata di telefonate dalla periferia, dalle province i quadri chiedono se il documento sia autentico o meno. In Italia «l'Unità» e l'«Avanti!» sono gli unici due giornali a non far parola dello straordinario scoop.

Togliatti definisce «scimmie urlatrici»[3] i giornalisti occidentali, ma dopo tante reticenze Botteghe Oscure conferma ai dirigenti più importanti l'autenticità del documento pubblicato dal quotidiano americano.

Il trauma è iniziato, il popolo comunista è incredulo. Per uscire dall'imbarazzo Togliatti si lascia intervistare dalla rivista «Nuovi argomenti», ribadisce la superiorità del sistema politico sovietico ma ammette la «violazione della legalità socialista» e degenerazioni quali la «burocratizzazione» e il «centralismo». Errori da parte di Stalin ci sono stati, ma questi non devono inficiare la prospettiva storica complessiva del movimento comunista e soprattutto non devono essere arma nelle mani dei denigratori.

La vicenda del «rapporto segreto» è solo un primo assaggio delle difficoltà che stanno per mettere a dura prova il Pci. Dal 1943 fino al 1956 il partito di Togliatti ha avuto nella società italiana una marcia progressiva, fatta di consensi elettorali e una crescita degli iscritti, di radicamento nei territori e un diffuso consenso fra gli intellettuali. Un'immagine immacolata collegata a quella paradisiaca dell'Unione Sovietica. Ora, questo è il primo vero momento di crisi.

A fine giugno a Poznać, in Polonia, 15 mila operai scendono in sciopero contro le misure economiche della pianificazione socialista. La protesta diventa una rivolta popolare anticomunista che, evidentemente, covava da tempo in un Paese cattolico dove il comunismo era imposto e minoritario. La repressione è durissima, lascia sul terreno 38 morti e 270 feriti tra poliziotti, operai e militari. Giuseppe Di Vittorio con grande coraggio esprime la solidarietà della Cgil agli operai polacchi, ma la reazione ufficiale del partito è in linea con le precedenti, «l'Unità» scrive di «provocatori» all'opera, di rivoltosi guidati da «elementi della malavita». Il 4 luglio la «Pravda» pubblica un articolo di Togliatti, apparso il giorno prima sull'«Unità»: *La presenza del nemico*, dove si ribadisce con forza la tesi della provocazione delle forze controrivoluzionarie supportate dagli Stati Uniti.

La crisi deve ancora manifestarsi nella sua fase più acuta. Il 23 ottobre nell'antica città ungherese di Pest studenti universitari e liceali si raccolgono sotto il monumento di Petőfi, il poeta simbolo della rivoluzione nazionale ungherese del 1848. In poche ore coinvolgono l'intera cittadinanza, inneggiano alla resistenza dei polacchi, coinvolgono poliziotti e soldati, sventolano i tricolori ungheresi con un buco al posto dello stemma con la falce e il martello.

È la rivolta d'Ungheria. Un crescendo, nel giro di pochi giorni la protesta dilaga in tutto il Paese, lo spontaneismo incontra un vasto consenso interclassista, la rabbia è diretta soprattutto contro il segretario comunista ungherese Mátyás Rákosi, in molte città vengono insediati consigli nazionali che ne assumono la guida, vi partecipano operai, studenti, intellettuali. Risorgono i liberi giornali e i partiti democratici: i nazional-contadini e i socialdemocratici. La rivolta non è pacifica perché si consumano gravi episodi di violenza, in particolare esecuzioni sommarie dei membri della polizia politica e del Partito comunista.

Quella ungherese è evidentemente una rivolta di popolo, in Occidente l'opinione pubblica la segue con grande attenzione, a Budapest sono attivi decine di corrispondenti che raccontano con lunghi articoli le fasi della rivolta. Scrivono della gente riversatasi nelle piazze, dell'entusiasmo, intervistano i capi. In Italia questa volta è difficile affermare la tesi della provocazione criminale. François Fejtö scriverà *La tragédie hongroise* (*La tragedia ungherese*), Indro Montanelli è a Budapest, cronista della rivolta per il «Corriere della Sera». Come era avvenuto per Trieste, il Msi riesce ad aggregare una vasta partecipazione alle manifestazioni che promuove, in sostegno ai rivoltosi d'Ungheria, nelle scuole e nelle università. A Montecitorio si scatena la bagarre quando il missino Filippo Anfuso grida: «Viva la rivolta ungherese!».

Il 25 ottobre nasce il governo di Imre Nagy, un comunista anomalo, da sempre propenso al dialogo e alle aperture, al quale partecipa l'intellettuale marxista György Lukács. Il nuovo esecutivo aderisce alle richieste popolari: un sistema basato su libere elezioni, la neutralità con l'uscita dal Patto di Varsavia, l'apertura all'Occidente, una moderata iniziativa economica privata.

Un primo tentativo di intervento militare sovietico, operato con le truppe di stanza in territorio magiaro, fallisce perché gran parte dell'esercito ungherese si schiera con i rivoltosi. Ma quando il 4 novembre i sovietici invadono l'Ungheria dall'esterno con 200 mila uomini e 4000 carri armati per il piccolo Paese c'è poco da fare nonostante la ferrea resistenza di studenti e operai. Complice il disinteresse dell'Occidente, impantanato nelle vicende di Suez, l'Urss chiude la rivolta nel sangue. Imre Nagy e altri membri del suo governo verranno impiccati dopo un processo farsa. Il cardinale primate cattolico d'Ungheria Jósef Mindszenty trova riparo nell'ambasciata degli Stati Uniti nella quale dovrà restare per oltre quindici anni.

La grande lacerazione

Per il Pci quello che accade nelle piazze ungheresi è il banco di prova più difficile. Il partito che più di tutti si è identificato con la liberazione dell'Europa e con la guerra partigiana si trova a fare i conti con immagini in cui i carri armati sovietici somigliano a quelli nazisti, dove gente del popolo combatte in inferiorità con sprezzo del pericolo. Ma Botteghe Oscure non incrina di un millimetro la sua aderenza a Mosca. Osserva Nello Ajello: «Il quotidiano del Pci pubblica un editoriale redatto nello stile iterativo e martellante delle proposizioni ideologiche».[4] Per nove volte è ripetuto il termine «controrivoluzione» e con linguaggio aspro si parla di «putsch», «sedizione», «restaurazione violenta». Il corrispondente dell'«Unità» scrive che i gruppi dei rivoltosi sono composti da «giovani rampolli della vecchia aristocrazia» uniti a elementi della malavita e «spostati».[5] A monte, per il Pci, c'è un complotto neofascista dei nostalgici dell'ammiraglio Horty e delle Croci Ferrate.

La sera del 4 novembre, quasi in contemporanea con l'attacco militare sovietico, Giorgio Amendola parla a Torino auspicando che l'Unione Sovietica non faccia «trionfare la controrivoluzione».

Di Vittorio, come aveva fatto per la rivolta in Polonia, si esprime ancora una volta in termini difformi dalla linea ufficiale, avverte che le cose nel mondo socialista non torneranno mai come prima. Il comunicato che la Cgil manda ai giornali il 26 ottobre, sia pur permeato dal lessico burocratico comunista, è chiaro: «La segreteria della Cgil di fronte alla drammatica situazione determinatasi in Ungheria ... ravvisa in questi luttuosi avvenimenti la condanna storica e definitiva dei metodi antidemocratici di governo e di direzione politica che determinano il distacco tra dirigenti e masse popolari». All'interno dell'«Unità» attorno a Rossana Rossanda si è coagulato un gruppetto che vuole aprire una discussione senza pregiudizi sui fatti ungheresi. Vengono stroncati dall'arrivo di Secchia che urla «Viva i carri armati sovietici».

Le inquietudini degli intellettuali vicini al Pci fermentano da tempo. Il circolo universitario di Roma, mesi prima, aveva formalizzato critiche sul «modo del tutto inadeguato» con cui la base dei compagni era stata informata dei contenuti del XX Congresso del Pcus. Attorno alla vicenda ungherese matura qualcosa di più netto, nella sede della casa editrice Einaudi nasce quello che viene definito il «Manifesto dei 101», una petizione indirizzata al Comitato centrale del Pci. Le prime firme sono quelle di Muscetta, Sapegno e Trombatore, si uniscono giovani storici come Renzo De Felice, Luciano Cafagna, Piero Melograni, Sergio Bertelli, Giorgio Candeloro, il filosofo Lucio Colletti, giovani universitari come Enzo Siciliano, Alberto Asor Rosa, Mario Tronti. Rifiuta di firmare Concetto Marchesi, che pure in un primo momento sembrava orientato al dissenso rispetto alla linea ufficiale, e per troncare ogni dubbio sulla sua posizione scrive di «cagnara reazionaria, clericale e fascista che si è scatenata per i fatti di Ungheria» e per questo riceve i complimenti di Togliatti.

Nel tardo pomeriggio del 29 ottobre il documento giunge a destinazione. Inizia la caccia agli eretici, Ingrao, Reichlin, Pajetta e Bufalini cominciano a telefonare, anche in piena notte, ai firmatari, prima invitandoli a ragionare poi alzando i toni laddove incontrano fermezza. La lettera, intanto, è finita all'Ansa che ne ha battuto ampi stralci e questo aggrava ancor più il confronto. Il giorno dopo «l'Unità» pubblica una lettera di quattordici firmatari che in parte correggono il tiro, criticano la diffusione della lettera e affermano che qualcuno ha carpito la loro «buona fede».

Per alcuni firmatari ha inizio un vero e proprio processo stalinista interno. Alla fine di questo tormentato periodo, tra il '55 e il '57, il Pci avrà perso quattrocentomila iscritti e tra essi importanti intellettuali, come gli scrittori Italo Calvino ed Elio Vittorini, lo storico Delio Cantimori, il giurista Vezio Crisafulli. A partire dal 1943 – come già osservato in altri capitoli – il Pci ha esercitato una grande forza attrattiva nei confronti degli intellettuali, quasi che il partito fosse uno spazio di libertà rispetto «all'oscurantismo clericale». Il 1956 inverte questo paradigma, la «difesa che il Pci faceva della "libertà della cultura" era puramente strumentale e propagandistica», e subito si diradava se avvertiva una qualche eresia rispetto alla propria visione politico-culturale.[6] La lacerazione non è solo italiana, in Francia dove c'è un forte partito comunista, che pure godeva dell'adesione o delle simpatie di grandi intellettuali, i toni sono quasi più accesi. Jean-Paul Sartre in un'intervista al settimanale «L'Express» afferma che il comunismo internazionale non ha la coscienza pulita. Il Pcf replica parlando del «veleno di Sartre» e lo accusa di «infamia». Pablo Picasso firma una richiesta di congresso straordinario, mentre Albert Camus lancia un appello affinché si facciano pressioni per ottenere il ritiro delle truppe sovietiche.

La sorte di Imre Nagy viene decisa nel 1957 alla Prima conferenza dei partiti comunisti, che si tiene a Mosca. Togliatti come gli altri vota per la condanna a morte dell'ex capo del governo ungherese, voluta soprattutto da Pechino, sulla quale solo il polacco Gomułka non è d'accordo. Il leader comunista italiano chiede solo che l'esecuzione venga spostata a dopo le elezioni politiche italiane al fine di evitare strumentalizzazioni, lo spostamento è accolto e Nagy viene impiccato il 16 giugno 1958. Pietro Ingrao gli confida il proprio turbamento, riferendogli di non dormire la notte al pensiero delle esecuzioni, Togliatti replica secco: «Io invece ho bevuto un bicchiere di vino in più».

Togliatti da allora ostenterà sempre un senso di fastidio quando dovrà rispondere a domande sui «fatti di Budapest» e «l'impiccagione del signor Nagy», espressioni molto burocratiche da lui coniate. Scriverà Enzo Bettiza: «L'Ungheria, immolata, sarà il simbolo sacrificale di un rinnovato patto di sangue che legherà per altri decenni i cardinali di Botteghe Oscure ai pontefici del Cremlino».[7]

Giorgio Napolitano, all'epoca responsabile della commissione del Comitato centrale sui problemi del Mezzogiorno, polemizza duramente con Antonio Giolitti, il nipote dello statista liberale, uno degli esponenti che sostengono il dissenso alla linea ufficiale e che per questa sua posizione uscirà dal partito. Napolitano afferma senza mezze parole che «l'intervento sovietico ha non solo contribuito a impedire che l'Ungheria cadesse nel caos e nella controrivoluzione ma alla pace nel mondo».[8] Bisognerà attendere molti anni per avere da Giorgio Napolitano un chiarimento e un ripensamento su questa vicenda, sul perché avesse ritenuto i carri armati sovietici un contributo alla «pace nel mondo». Nella sua autobiografia *Dal Pci al socialismo europeo*, riconoscerà di essere stato mosso da «zelo conformistico» e tenterà di spiegare le posizioni dell'epoca in nome di una visione che porta a «concepire il ruolo e l'azione del Partito comunista in Italia come inseparabili dalle sorti del "campo socialista" guidato dall'Urss».[9] Per il resto Napolitano appare quantomeno evasivo: «Debbo dire che dalla mia postazione di periferia – ero ancora segretario della federazione di Caserta – seguii in modo piuttosto distaccato la discussione tra gli intellettuali dissenzienti; a mala pena mi affacciai – trovandomi a Roma per impegni parlamentari».[10]

A parte le defezioni di prestigiosi intellettuali e il calo degli iscritti, il Pci non subisce decisivi danni di consenso dai fatti del '56, alle elezioni politiche del 1958 mantiene le posizioni (22,7 per cento). La conseguenza più rilevante si manifesta sul terreno dell'alleanza con il Psi. Nenni attacca sia le ambiguità sul «rapporto segreto» che quelle sulla Polonia e l'Ungheria, e il 25 agosto il leader socialista incontra in Valle d'Aosta Giuseppe Saragat, il compagno che aveva guidato la scissione del 1947: dopo anni di dure polemiche è un primo approccio. Sui fatti del 1956 inizia la separazione fra socialisti e comunisti, il frontismo sta per finire, il Psi comincia la manovra che lo porterà nell'area di governo con il centrosinistra.

Tra mille reticenze – fatte salve lodevoli eccezioni – i comunisti italiani faranno molto tardi, e neppure del tutto, i conti con la vicenda ungherese che «fin quasi all'autoscioglimento del loro partito, rubricheranno, con pudicizia un po' pelosa, sotto una voce quanto mai anodina: "I fatti di Ungheria"».[11]

XII

ARRIVA IL CENTROSINISTRA

Palermo 1957

È una giornata di sole, nonostante sia il mese d'ottobre, quando all'aeroporto di Ciampino scende dal volo proveniente da New York un folto gruppo di uomini, tutti ben vestiti, rigorosamente con abiti scuri e occhiali da sole. Si infilano in un lungo corteo di grosse auto, direzione Palermo. L'aereo è un privilegio per pochi, la maggioranza dei passeggeri fra l'Italia e l'America utilizza ancora il piroscafo. Ma questi uomini hanno fretta e i portafogli gonfi di dollari. Il primo a scendere dalla scaletta è Joe Bonanno, un siculo-americano originario di Castellammare del Golfo ma arrivato a Brooklyn all'età di tre anni. Lo chiamano anche Joe Bananas ma lui si infuria. È il capo della commissione di Cosa Nostra americana, o meglio è una sorta di coordinatore del consiglio delle famigerate cinque famiglie di New York, la struttura creata da Lucky Luciano che si è apparentemente ritirato a vita privata cedendogli lo scettro.

Bonanno in un suo libro di memorie rievoca di essere stato accolto a Ciampino dall'allora ministro delle Poste e Telecomunicazioni, Bernardo Mattarella, anche lui originario di Castellammare del Golfo. Questa affermazione è stata sempre smentita dall'interessato e dai suoi familiari con prove consistenti, anche se viene riprodotta nel libro di Alfio Caruso *Da Cosa nasce cosa*, una lunga storia della mafia.

A Roma è sbarcata la più importante delegazione di capi della mafia italo-americana che prenderà parte, tra il 10 e il 14 ottobre, al più importante vertice della storia mafiosa, l'incontro tra le grandi famiglie siciliane e i cugini d'America per definire compiti, investimenti e organizzazione del nuovo grande business criminale, il traffico della droga.

Gli incontri in cui si articola il summit si tengono all'Hotel delle Palme, fastoso albergo espressione della grande stagione del liberty siciliano, all'interno della suite Wagner dove il grande compositore tedesco scrisse il terzo atto del *Parsifal*. Ci sono i rappresentanti di tutte le famiglie americane, quelle di New York, Chicago, Buffalo, Boston, Detroit; dall'altra parte del tavolo i boss delle cosche della Sicilia. Un insieme condito dal sentimentalismo del ritorno alle origini, ma che cementa un chiaro modello di affare criminale nel traffico della droga che durerà per decenni: i siciliani la lavoreranno e la confezioneranno per i cugini d'America.

L'incontro tra Bonanno e il ministro Mattarella è probabilmente una invenzione postuma del boss. Ma la Sicilia è piena di zone grigie. Il saggio di Alfio Caruso rimanda a un rapporto dei carabinieri: «Per la campagna elettorale del 1946 l'onorevole Bernardo Mattarella è arrivato nella mattinata a Salemi con cinque, sei macchine di persone di cui la maggioranza dall'aspetto mafioso. Disceso in piazza della Libertà si è subito incontrato con alcuni che lo aspettavano ... Si è formato un gruppo in cui erano Mattarella, Santo Robino, capomafia di Salemi, Ignazio Salvo, notissimo pregiudicato, Vincenzo Mangogna, pericolosissimo mafioso, Luigi Salvo, ritornato dall'America, Foreddu Robino, che poi sarà ucciso in America per motivi di droga; Alberto Agueci, mafioso, che sarà anch'egli assassinato in America – arrostito – sempre per droga; Mariano Licari grosso mafioso di Marsala».[1]

Le polemiche su Bernardo Mattarella sono entrate in tante pagine di giornali e libri. Il bandito Gaspare Pisciotta, braccio destro di Salvatore Giuliano, accusò il ministro democristiano di essere fra i mandanti della strage di Portella della Ginestra, ma questa affermazione è stata ritenuta non attendibile dai tribunali. Una sentenza del tribunale di Roma del 1967, confermata nei successivi gradi di giudizio, afferma: «Mattarella ha espresso sempre in modo inequivoco la sua condanna del fenomeno mafioso e non è mai entrato in contatto con l'ambiente mafioso».

Ma anche dopo questa sentenza, Francesco Di Carlo, boss di Altofonte, che i magistrati definiranno il «nuovo Buscetta», dichiarerà: «Bernardo Mattarella, ministro della Repubblica e uomo d'onore. Girolamo Bellavista, principe del foro e uomo d'onore. Giovanni Musotto, docente di Diritto penale e uomo d'onore. Calogero Volpe, sottosegretario alle Finanze e uomo d'onore, Casimiro Vizzini, senatore della Repubblica e uomo d'onore».[2] Un'accusa grave sulla classe dirigente degli anni Cinquanta-Sessanta, a questo punto non più suffragabile sul terreno giudiziario e consegnata all'analisi degli storici. Claudio Martelli, esponente socialista, e nel 1992 ministro della Giustizia, affermerà che «Bernardo Mattarella, secondo gli atti della Commissione antimafia e secondo Pio La Torre, fu il leader politico che traghettò la mafia siciliana dal fascismo, dalla monarchia e dal separatismo, verso la Dc».[3]

L'alba della prima Repubblica in Sicilia è segnata dal ritorno in grande stile della mafia e dal suo ruolo chiave nel costruire una delle casseforti elettorali della Democrazia cristiana.

Pio La Torre, l'esponente del Pci che sarà assassinato dalla mafia proprio per il suo impegno per la legalità, affronterà il tema dei rapporti fra la Dc e la mafia nella relazione di minoranza della Commissione parlamentare antimafia. A firmarla è anche il magistrato Cesare Terranova, allora deputato comunista, che il 25 settembre 1979 sarà assassinato dalle cosche. «La mafia sorge e ricerca subito i suoi collegamenti con i pubblici poteri della nuova società nazionale» scrive Pio La Torre, aggiungendo che la «mafia è quindi un fenomeno di classi dirigenti».[4]

La Torre parla esplicitamente di confluenza delle cosche mafiose nella Dc. Si sofferma a lungo sulla figura di un altro big della Dc, Giovanni Gioia, descritto come l'artefice dell'opera di «assorbimento delle cosche mafiose». I parlamentari della Dc siciliana anche quando non sono formalmente affiliati alla mafia sono contigui. Partecipano a nozze, comunioni, battesimi delle famiglie degli uomini di rispetto, si lasciano cullare dalla loro amicizia.

Quando si sposa con grande sfarzo, nell'ottobre 1950, Genco Russo, il capo dei capi che aveva ereditato lo scettro da Calogero Vizzini, fra i testimoni di nozze c'è l'onorevole Dc Rosario Lanza. Un altro deputato scudocrociato si adopera per far ottenere il passaporto al boss Angelo La Barbera.

Gli anni Cinquanta e Sessanta sono scanditi da queste relazioni pericolose, poi sarebbero giunti i Vito Ciancimino e i Salvo Lima a rendere i rapporti ancora più vicini. Sui nuovi rapporti fra Dc e mafia interviene il deputato missino Beppe Niccolai, autore di un'altra relazione di minoranza in seno alla Commissione parlamentare antimafia, che lega insieme una serie di citazioni: «Sergio Turone, da un volume-inchiesta sulla mafia, desume questa descrizione di Palermo agli inizi degli anni Sessanta: "Sindaco è Salvo Lima, un giovane fanfaniano protetto da Giovanni Gioia; e assessore ai lavori pubblici è Vito Ciancimino, pupillo di Bernardo Mattarella. È con Lima e Ciancimino che si accolgono numerose "osservazioni" al piano regolatore (e se ne avvantaggiano notissimi mafiosi) e che l'80 per cento delle licenze edilizie vengono rilasciate a prestanome. È il periodo di massima ascesa di Angelo e Salvatore La Barbera che trovano tutte le porte aperte al Comune; ed è quello dell'affermazione del costruttore miliardario "don" Ciccio Vassallo. A proposito di Giovanni Gioia, Nando Dalla Chiesa ha scritto: "Lo scrittore Michele Pantaleone, nel suo libro *Antimafia, occasione mancata,* aveva dato a Gioia del mafioso ... Gioia querelò sia Pantaleone sia l'editore Einaudi. Le prove vennero fuori ... Pantaleone ed Einaudi furono assolti. Per la prima volta un tribunale della Repubblica aveva riconosciuto che un ministro della Repubblica era un mafioso».[5]

Per almeno due decenni la classe dirigente democristiana negherà – come si rileva da decine di documenti e atti parlamentari – l'esistenza del fenomeno mafioso. La mafia è un'invenzione delle opposizioni tesa a screditare la sicilianità e la sua adesione alla Dc.

Prologo della svolta

Alcide De Gasperi era morto nel 1954, il suo congedo politico era stato il discorso al V Congresso della Democrazia cristiana, al teatro San Carlo di Napoli, quando sofferente e visibilmente commosso aveva chiesto alla platea di poter leggere da seduto la sua relazione. I delegati si erano alzati in piedi accogliendolo in silenzio poi si erano sciolti in un lungo applauso. Prefigurando esiti pericolosi per l'Italia aveva criticato aspramente l'emergere del concetto di «società di massa», di chiara derivazione illuministico-giacobina, di fronte al quale De Gasperi era tornato ad affermare la nozione di «Popolo» all'interno del quale va riconosciuta una pluralità di posizioni. E aveva ammonito la Dc a non cercare solo il consenso dei salariati ma anche quello dei ceti medi, fatto di piccoli imprenditori autonomi e professionisti.

Fanfani ha già in mente la svolta a sinistra e l'apertura ai socialisti, ma ci vorrà una lunga gestazione prima che riesca a realizzarla.

Il centrismo dopo la morte di De Gasperi ha ancora un'altra stagione, si susseguono i governi di Scelba, di Segni, mentre il romagnolo di Predappio, Adone Zoli, guida il primo governo, un monocolore Dc, con l'appoggio determinante del Msi, Oscar Luigi Scalfaro ne è ministro della Giustizia. Il leader liberale Malagodi la chiama «l'operazione Predappio».

Le elezioni del 1958 danno alla Dc un successo, dal 40,1 al 42,4 per cento, mentre i comunisti subiscono una battuta d'arresto nella crescita che avevano fatto segnare dal dopoguerra in poi. Dopo la consultazione Fanfani appare fortissimo, riesce a sommare le cariche di presidente del Consiglio, ministro degli Esteri e segretario del partito, anche se al potere sostanziale corrisponde un sempre maggior pregiudizio da parte della stampa e dei ceti colti. Lui è convinto di avere una missione storica: quella di condurre i socialisti al governo, per costituire con loro un asse preferenziale, capace di realizzare una serie di riforme nell'ambito di un piano di programmazione economica. In questo modo – ripete Fanfani – si isola il Pci proprio sul suo terreno storico, quello sociale. In altre parole, pensa a una variante socialdemocristiana dell'economia pianificata che il Pci vanta essere una sorta di paradiso terrestre.

Prima di progettare il centrosinistra, Fanfani aveva fatto elaborare lo «schema Vanoni», concepito all'interno della Svimez (Associazione per lo sviluppo dell'industria nel Mezzogiorno) con Pasquale Saraceno. I punti cardine erano una espansione armonica che puntava all'industrializzazione del Sud, la riduzione della disoccupazione e il pareggio di bilancio. L'apertura a sinistra sembra possibile anche a seguito dell'elezione di Giovanni Gronchi alla presidenza della Repubblica avvenuta con i voti del Pci e del Psi e contro l'indicazione della direzione Dc che aveva nel presidente del Senato Cesare Merzagora il candidato ufficiale.

Gronchi è un personaggio a più facce, appartiene alla sinistra democristiana, ritenuto antiamericano, terzomondista e vicino ai sindacati. È però anche innamorato del potere, spregiudicato, un po' demagogo, pronto a interpretare il ruolo di presidente della Repubblica in maniera interventista, non più arbitro come i suoi predecessori ma decisionista. Gli si attribuisce, inoltre, una vita privata molto frizzante, è bersagliato da voci e dossier che lo definiscono donnaiolo impenitente e lui con un certo gallismo avalla queste voci, «sono democratico e cristiano, ma dalla cintola in su...» dice agli amici.

La destra democristiana guidata da Mario Scelba è ancora forte e soprattutto gode del sostegno delle Acli e delle gerarchie ecclesiastiche, nettamente contrarie all'apertura al Psi. L'azione combinata di quest'area, insieme a un consistente gruppo di dissidenti della corrente fanfaniana, Iniziativa democratica, determina la caduta del governo nel gennaio 1959, e poco dopo le dimissioni dello stesso Fanfani da segretario del partito.

I malumori nei suoi confronti lievitano gradualmente, come

nella tradizione Dc, poco adusa agli strappi improvvisi. Giungono a un punto di svolta quando, in un clima che ha il sapore di una grande congiura, nel convento delle suore di Santa Dorotea alcuni potenti capi come Mariano Rumor, Carlo Russo, Emilio Colombo e Paolo Emilio Taviani, tutti già appartenenti al gruppo fanfaniano di Iniziativa democratica, promuovono una nuova corrente che prenderà il nome di Dorotea.

È un passo epocale. La nuova corrente, che assume una posizione centrale nella Dc, è destinata a durare oltre trent'anni e a segnare tutta un'epoca. Il nuovo gruppo ritiene che non sia giunto il momento di «aprire a sinistra», i suoi leader ricordano che De Gasperi ha costruito il benessere italiano allontanando i comunisti dal governo, e si pongono come interlocutori centrali e locali delle gerarchie ecclesiastiche ma anche dei nuovi gruppi economici generati dal miracolo. Da allora la Dc sarà sempre un partito di notabili.

La possibilità che un partito come il Psi, fino a qualche anno prima con aperte simpatie nei confronti dell'Urss, potesse accedere al governo di un Paese strategico per la difesa dell'Occidente incontra la netta opposizione degli Stati Uniti e del Vaticano. L'Italia è ancora percorsa da lacerazioni profonde, nel giugno del '59 la visita a Roma del generale Charles De Gaulle provoca scompiglio alla Camera dei deputati, Togliatti attacca a testa bassa il presidente francese per essere stato l'artefice del passaggio dalla Repubblica parlamentare a quella presidenziale. La seduta finisce con una parte dell'emiciclo che grida «Viva l'Algeria» e l'altra che risponde «Viva l'Ungheria libera».

Ferdinando Tambroni, avvocato di Ascoli Piceno, diversamente da altri esponenti Dc, da giovane era stato iscritto al Pnf (il Partito nazionale fascista), è un democristiano di secondo piano, un fedelissimo del presidente Gronchi che nella primavera del 1960 lo incarica di formare il governo. Del resto il passato lega i due, Gronchi aveva fatto parte del primo governo Mussolini. L'obiettivo è quello di un esecutivo a tempo che faccia svolgere le Olimpiadi di Roma e prepari il bilancio dello Stato. Tambroni forma il suo governo, un monocolore democristiano, e si presenta in Parlamento per la fiducia. Ottiene una maggioranza di stretta misura, sia alla Camera che al Senato, con i voti determinanti del Msi e dei monarchici. È il primo governo della storia repubblicana che si regge grazie alla destra.

Il segretario del Msi è Arturo Michelini, un rispettabile assicuratore, figlio di un avvocato liberale, che era stato un fascista di medio rango e non aveva partecipato all'esperienza di Salò rimanendo a Roma fino all'arrivo degli anglo-americani. Incarna l'anima borghese del partito, quella che guarda a una evoluzione verso i canoni di una destra moderata capace di partecipare e contare nel processo democratico. L'essere stato determinante per la nascita del governo Tambroni sembra essere – almeno nei primi mesi – il coronamento della strategia «dell'inserimento» che perseguiva da anni.

Nel 1952 era fallita, per la netta opposizione di De Gasperi, l'operazione ispirata da Pio XII e organizzata da don Luigi Sturzo tesa a promuovere un blocco elettorale anticomunista alle elezioni comunali di Roma, a cui avrebbero dovuto partecipare anche i missini. Un grande *rassemblement* di centrodestra per evitare che l'amministrazione capitolina potesse finire nelle mani delle sinistre.

Il Movimento sociale era nato il 26 dicembre 1946 per iniziativa di una pattuglia di reduci della Repubblica sociale, punto di partenza la riunificazione della galassia di gruppi neofascisti formatisi nell'immediato dopoguerra. Come primo atto c'era stato un «Appello agli italiani», inteso come superamento delle ferite della guerra civile in nome di una possibile conciliazione nazionale. «A fondamento delle nuove fortune della patria» vi si enunciava «deve porsi la restaurazione di una comunione ideale tra i Morti e i vivi, solo che i vivi e i Morti abbiano praticato – ognuno nella strada che intese intimamente di scegliere – la stessa volontà fraterna di servire nobilmente la causa della patria.» È un appello a costruire un'identità condivisa prescindendo dalle legittime diversità politiche, accantonando gli odi, nello sforzo di trovare una base comune fra chi ha combattuto da una parte e chi lo ha fatto sulla barricata opposta.

Nel 1946, mentre in alcune zone d'Italia è ancora aperta la caccia fisica al fascista, questi discorsi sono troppo avanti. Il Msi appare solo un gruppo di nostalgici fuori dalla storia e dalla politica.

Tra le grandi democrazie occidentali, l'Italia del dopoguerra ha fra le sue anomalie quella dell'assenza di una destra democratica, sul modello di quelle presenti in Francia, Gran Bretagna e Stati Uniti. In Italia la destra è frammentata fra consistenti settori della Dc, i liberali, i due partiti monarchici e, ovviamente, il Msi.

La leadership sarebbe dovuta andare a Pino Romualdi, nato a Predappio come Mussolini, vicesegretario nazionale del Partito fascista repubblicano, quindi il più alto in grado fra i reduci. Tuttavia, all'epoca non aveva ancora risolto le sue pendenze con la giustizia e si ritenne di dover scegliere un personaggio che avesse una piena agibilità. La scelta cadde su Giacinto Trevisonno, ma dopo circa sei mesi alla segreteria arriva Giorgio Almirante, un giovane e dinamico giornalista, colto e dotato di un'oratoria formidabile.

I prefetti, nei loro rapporti, non prevedevano che il Msi sarebbe andato lontano, ma che fosse destinato a naufragare come altri gruppuscoli postfascisti. Si dava decisamente più credito alla destra monarchica. Nel 1947, però, alle elezioni comunali di Roma il partito guidato da Almirante ottiene tre seggi in consiglio comunale che si rivelano determinanti per l'elezione del sindaco Salvatore Rebecchini. Man mano che i reduci di Salò vengono scarcerati dai campi di detenzione e rientrano nella vita civile le file del partito si ingrossano. Inoltre il Msi, soprattutto al Sud, attira quadri e voti dell'Uomo qualunque, fenomeno che va sgonfiandosi. Alle elezioni politiche del 1948 il Movimento entra in Parlamento con una pattuglia di sei deputati, fra cui Almirante e Michelini, e ottiene l'adesione di un senatore, Enea Franza, eletto in una lista civica.

Nel dopoguerra l'agibilità dei missini trova un limite nella cosiddetta «legge Scelba», che in attuazione della XII disposizione transitoria e finale della Costituzione sancisce l'esistenza del reato di tentata ricostituzione del disciolto Partito fascista. Per anni penderà come una spada di Damocle sui dirigenti missini senza che nessuna delle azioni giudiziarie intraprese approdi allo scioglimento del partito e a fatti concreti. La storiografia si è a lungo interrogata sul perché proprio Scelba, democristiano di destra, anticomunista viscerale, abbia promosso questa legge. In realtà, essa è coerente con le esigenze della Dc, che da un lato voleva la presenza di una destra nell'arco politico che le garantisse la posizione di centro politico; dall'altro la voleva incapace di espandersi oltre un mero ruolo di testimonianza, impedendole di costituire un polo competitivo nel campo moderato.

Euforico per il successo politico ottenuto, Arturo Michelini commette un errore. Nel giugno 1960, a pochi mesi dall'avvio del governo Tambroni, il Msi annuncia di aver scelto la città di Genova come sede del suo VI Congresso nazionale. Il precedente congresso si è svolto a Milano senza particolari problemi. Il Pci grida alla provocazione, anche perché fra gli invitati al congresso c'è Carlo Emanuele Basile, già deputato fascista e ultimo prefetto del capoluogo ligure durante la Repubblica di Salò. Genova con l'insurrezione scattata dopo l'attentato a Togliatti si è dimostrata essere la città dove l'apparato militare del Pci è meglio organizzato.

Il pomeriggio del 30 giugno la città diventa un campo di battaglia, teatro di scontri furiosi tra la polizia e i manifestanti che si oppongono al congresso missino. Gli incidenti scoppiano dopo un corteo, quando i dimostranti danno l'assalto alle jeep della celere rovesciandole e appiccandovi le fiamme. La centralissima piazza De Ferrari è presidiata dai rivoltosi che alzano diverse barricate. Il cronista del «Corriere della Sera» racconta in questi termini i fatti: «Nelle mani dei manifestanti comparvero, stranamente, bombe lacrimogene. La sassaiola contro la polizia era incessante. Un agente fu buttato nella vasca della fontana di piazza De Ferrari, altri vennero colpiti dalle pietre e andarono sanguinanti a medicarsi».

C'è, forse, un piano preordinato. Alle elezioni politiche del '58 a Genova la Dc si è affermata in maniera schiacciante come primo partito e il Msi ha ottenuto un ottimo risultato per una località del Nord. Il Pci che ritiene la città un suo caposaldo storico cerca l'occasione del riscatto.

Gli scontri si ripetono il giorno successivo e si allargano ad altre città operaie del Settentrione, il 5 luglio un manifestante resta ucciso negli scontri con la polizia a Licata in Sicilia, a Reggio Emilia ne muoiono altri due. Altri scontri con feriti si registrano a Parma, Modena, Torino. Scioperi vengono proclamati in molte città. Non calma la situazione la decisione del prefetto di Genova di rinviare il congresso del Msi. Tambroni afferma che «è in corso un'azione preordinata e coordinata anche sul piano internazionale, diretta a fini ben prestabiliti», il ministro dell'Interno Giuseppe Spataro accusa apertamente il vertice del Pci.

L'intera vicenda ha immediate conseguenze politiche, tutto il gruppo dirigente democristiano è profondamente scosso, Aldo Moro se ne fa interprete e ribadisce le radici antifasciste della Dc. Di fatto, Tambroni non ha più il sostegno del suo partito, il 22 luglio è costretto a dimettersi. La possibilità di un'apertura a destra è irrimediabilmente compromessa, resterà chiusa per decenni; si rafforza, invece, la prospettiva dell'apertura a sinistra.

Ecco il centrosinistra

Il naufragio di Tambroni spalanca le porte al ritorno di Fanfani, che il 26 luglio 1960 vara un monocolore democristiano, nel quale vengono arruolati tutti i big della Dc dell'epoca: Segni agli Esteri, Scelba all'Interno, Andreotti alla Difesa, Gonella alla Giustizia, Pella al Bilancio. L'esecutivo è sostenuto dal Psdi, dal Pri e dai liberali, ma il fatto nuovo è l'appoggio esterno, anche se non determinante, dei socialisti. È il prologo del centrosinistra che ora ha campo libero.

A molti l'apertura a sinistra appare una necessità inevitabile. Rispetto al dopoguerra non è cambiata solo l'Italia – che è cresciuta economicamente passando da Paese agricolo a realtà industriale – è mutato anche il contesto globale. L'arrivo del giovane John Kennedy alla Casa Bianca, nel gennaio 1961, muta la visione degli Stati Uniti, che almeno nella fase di avvio della nuova presidenza e fino alla crisi di Cuba abbandonano le linee più intransigenti della guerra fredda. Arthur Schlesinger, ascoltato consigliere di Kennedy, che è stato agente dell'OSS in Italia, lo influenza nell'assumere un atteggiamento non pregiudiziale verso il centrosinistra. L'Italia è sempre un Paese di frontiera con il mondo comunista, con l'aggiunta di avere una posizione strategica nel Mediterraneo, ma l'ex agente, diventato accademico e analista, ritiene che un governo riformista, aperto ai socialisti, possa mettere nell'angolo il Pci togliendogli impatto sociale e isolandolo politicamente.

L'esperienza dell'ambasciatrice Clare Boothe Luce, intransigente anticomunista, legata alla presidenza repubblicana, si era chiusa nel 1956. La Casa Bianca spedisce a Roma l'inviato Averell Harriman che si convince dell'opportunità di spaccare il fronte delle sinistre, separando il Psi dal Pci. Quando Fanfani, in visita ufficiale negli Stati Uniti, incontrerà Kennedy, questi non manifesterà alcuna contrarietà alla partecipazione organica dei socialisti al governo. L'esponente Dc ha rimosso l'ostacolo principale, anche se il presidente americano diventerà più cauto per effetto della crisi dei missili a Cuba, tornando su un più ferreo anticomunismo.

L'altro grande elemento di novità è la fine del lungo papato di Pio XII e l'ascesa al soglio pontificio, nel 1958, di Giovanni XXIII. Angelo Roncalli, il «papa buono», nato da una povera famiglia contadina della provincia di Bergamo, ha fama di uomo semplice e umile, saldo nelle radici popolari. Ma è anche un deciso conservatore. Mantiene, per esempio, il divieto per i religiosi – sancito da Pio XII – di acquistare televisori e guardare programmi televisivi.

Nelle gerarchie ecclesiastiche la possibilità di portare i socialisti al governo incontra resistenze molto forti, alla segreteria di

Stato c'è il cardinale Domenico Tardini, nettamente contrario, che giunge a schierare «L'Osservatore Romano». Il giornale della Santa Sede è poco incline a vivaci polemiche ma questa volta sconfessa apertamente l'idea di una collaborazione tra Psi e Dc imputandone la responsabilità a Fanfani.

Il 2 marzo 1961 il cardinale Giuseppe Siri scriverà una lettera aperta ad Aldo Moro, pubblicata su «Il quotidiano» nella quale, con riferimento alle nuove posizioni nei confronti del Psi, lo inviterà a «riflettere molto bene sulle sue responsabilità». Per il presidente della Conferenza episcopale italiana, carica che Siri associa a quella di arcivescovo di Genova, i socialisti sono ancora troppo legati ai comunisti.

Tuttavia, nell'estate del 1961 Giovanni XXIII inizia a valutare diversamente la situazione politica italiana, non si schiera certo a favore dell'«apertura a sinistra» ma afferma che la Chiesa deve astenersi da un ruolo invasivo nelle vicende dello Stato italiano. È il risultato di un lungo lavoro portato avanti soprattutto da Aldo Moro.

Il centrosinistra incontra ancora l'opposizione della Confindustria e dei grandi quotidiani: il «Corriere della Sera», «il Resto del Carlino», «La Nazione», oltre ovviamente al «Tempo». Una posizione dalla quale si differenzia in maniera sorprendente la Fiat: Vittorio Valletta dichiara che la svolta a sinistra è il «frutto dello sviluppo dei tempi». Le ragioni di questa adesione si capiranno dopo, quando il centrosinistra sosterrà sfacciatamente gli interessi del gruppo automobilistico torinese.

Si procede a tappe forzate verso l'alleanza, al XXXIV Congresso socialista, a Milano, Nenni si dichiara a favore dell'Alleanza atlantica, mentre all'VIII Congresso Dc, nel gennaio 1962 a Napoli, Moro chiede il via libera per quella che chiama «cauta sperimentazione». Lo fa con un famoso discorso, «un capolavoro di ambiguità lungo 99 pagine, durato oltre cinque ore», con il quale riesce «contemporaneamente a rassicurare gli oppositori del centrosinistra e a incoraggiarne i sostenitori».[6] La linea Moro passa con l'80 per cento dei consensi congressuali, Fanfani si dimette e forma subito un nuovo governo con l'astensione dei socialisti che, però, questa volta partecipano attivamente alla maggioranza. Qualche mese prima, nel convegno di San Pellegrino, i vertici Dc avevano definito il quadro del programma entro il quale avrebbe dovuto muoversi l'asse con i socialisti, incentrato soprattutto sulle idee di Pasquale Saraceno, fautore di una correzione del mercato in senso dirigista.

Il marchio di fabbrica del centrosinistra è la «programmazione economica», una formula che sintetizza un forte intervento dello Stato teso soprattutto a limitare se non addirittura annullare il mercato. La pianificazione è il tipico strumento della politica comunista sovietica, estesa anche agli altri regimi comunisti, posta in essere attraverso piani periodici (i famigerati piani quinquennali) nell'ambito dei quali lo Stato si riservava la proprietà delle imprese industriali, agricole e dei servizi. I disastri di questo sistema, che anni dopo determinerà la caduta del comunismo, non sono ancora chiari, la pianificazione negli anni Cinquanta e Sessanta è ancora uno dei miti del marxismo, frontiera di giustizia sociale e riscatto per i deboli. Il centrosinistra non vuole certo la pianificazione marxista ma ne subisce alcune suggestioni.

Il nuovo governo Fanfani, il quarto per il politico toscano, entra in carica il 21 febbraio 1962. Rifiutano di entrarvi Scelba e Pella che diventano i leader dell'opposizione interna a Moro. Con la destra Dc contraria all'accordo si schiera anche Oscar Luigi Scalfaro.

I socialisti spingono e ottengono la nazionalizzazione dell'industria elettrica, una vera e propria bandiera, banco di prova per la tenuta dell'alleanza. È una vecchia questione che dall'epoca di Giolitti, passando per il fascismo e il dopoguerra, tiene banco nel dibattito politico ed economico. La relativa legge viene approvata il 27 novembre 1962: l'indennizzo per l'esproprio, la cifra record di 1500 miliardi di lire, non è versato ai piccoli e grandi azionisti con il rilascio di obbligazioni ma alle stesse società espropriate che con questi capitali avrebbero dovuto intraprendere altre attività. Gli esiti dell'operazione sono disastrosi e tali sono stati giudicati nel tempo da quasi tutta la letteratura economica. Lo stesso governatore della Banca d'Italia, Guido Carli, tra gli ispiratori della manovra, ammetterà l'errore. Nell'*Intervista sul capitalismo italiano* rilasciata a Eugenio Scalfari afferma che la nazionalizzazione «spaventò la gente ... si comincia con questa nazionalizzazione ... ma poi chissà quante altre ne verranno ... meglio andarsene prima che questo accada».[7]

Le gravi conseguenze negative sono di due tipi: gli azionisti, soprattutto i piccoli, impauriti svendono le loro azioni perdendo valore sui loro risparmi; le società ex elettriche o fanno pessimi investimenti o portano all'estero i capitali. Se queste sono le conseguenze finanziarie, non si può però tacere che la nascita del nuovo ente elettrico, l'Enel, pone le basi per una diffusione dell'energia elettrica su tutto il territorio nazionale, anche nelle zone disagiate in cui i privati non trovavano conveniente arrivare.[8]

La nazionalizzazione dell'industria elettrica non è il solo errore del primo centrosinistra, in generale la fatidica programmazione si connota per l'esplosione della spesa pubblica, utilizzata non tanto per accrescere i servizi ai cittadini quanto per foraggiare un vasto sistema di controllo politico e clientelare a vantaggio della Dc e in parte del Psi, che poi esploderà negli anni a venire. Le virtù del buongoverno dei primi governi repubblicani sembrano essere svanite.

La verifica elettorale del 1963 è disastrosa per la Dc, che perde più di quattro punti, dal 42,4 del 1958 al 38,3 per cento. Perdono anche i socialisti, dal 14,2 al 13,8 per cento. Avanza invece il Pci, dal 22,7 al 25,3 per cento. I grandi vincitori sono i liberali di Malagodi, che passano dal 3,5 al 7 per cento, il loro massimo storico. Nelle grandi città della Lombardia, del Piemonte e della Liguria il Pli supera il 15 per cento.

XIII

MAO, LO ZIO HO, L'AUTUNNO CALDO

Phnom Penh 1975

Aprile 1975, l'ultimo elicottero americano abbandona Saigon. La foto del marine che ripiega la bandiera a stelle e strisce sul tetto dell'ambasciata Usa fa il giro del mondo, diventa il simbolo della sconfitta dell'America. La superpotenza è stata umiliata dalla vittoria comunista. Aprile 1975, in piazza Maggiore a Bologna, capitale del potere rosso in Italia, il Pci organizza una grande manifestazione per celebrare la «magnifica vittoria» dei compagni in Indocina.

In quei giorni non solo è caduta Saigon, ma con qualche giorno di anticipo a Phnom Penh, capitale della Cambogia, entrano vittoriosi misteriosi guerriglieri, piccoli e in pigiama nero: si chiamano «khmer rossi», li guida il «compagno Pol Pot», così definito dai documenti del Pci, che invece il giornalista Ettore Mo definirà «uno degli uomini più scellerati della storia dell'umanità».

In quelle settimane, in Cambogia, e in forma meno oscena in Vietnam e in Laos, sta per iniziare un periodo di oscurantismo e di terrore. Una follia dell'utopia marxista-leninista che, secondo le statistiche ufficiali dell'Onu, farà oltre due milioni di morti. Il Pci non si limita a celebrare la vittoria dei compagni ma rivendica a pieno titolo un legame con i guerriglieri in pigiama nero. L'11 aprile 1975, quando stava per iniziare il terrore dei khmer, il Comitato centrale del Pci aveva già votato una risoluzione a favore di quella che definisce «l'eroica Resistenza del popolo cambogiano e vietnamita». Dell'organismo dirigente che esprime la piena solidarietà agli inquietanti leader del comunismo indocinese facevano parte, oltre a Enrico Berlinguer, Massimo D'Alema, Giorgio Napolitano, Antonio Bassolino, Armando Cossutta. Il documento testualmente invita a «... sviluppare un grande movimento di solidarietà e di appoggio ai combattenti. Ogni democratico, ogni comunista, sia, come sempre e più di sempre, al loro fianco».

Nel marzo precedente il «compagno Thiounn Mumm», componente dell'Ufficio politico del Fronte cambogiano, ha guidato a Roma la delegazione dei khmer rossi al XIV Congresso del Pci. È stato la star delle giornate congressuali, accolto con calore da tutti i delegati, che ha soppiantato nei cuori il grigio capodelegazione sovietico Andrej Pavlovič Kirilenko, che pure è un potente membro del Politburo, delfino di Brežnev. «A nome della nazione e del popolo cambogiano» dichiara freddo e meccanico dal palco, «la nostra delegazione rivolge il saluto più caloroso e fraterno ai delegati di questo XIV Congresso del Partito comunista, al glorioso Pci, al popolo e alla classe operaia italiani ... Viva la fratellanza tra il Fronte unito popolare di Cambogia ed il Partito comunista italiano».[1] L'intervento del capo comunista cambogiano verrà riprodotto con grande spazio e foto dal quotidiano «l'Unità».

Pol Pot e i khmer rossi sono i vincitori di una battaglia del bene contro il male, coloro che hanno sconfitto l'odiata America. Il quotidiano del Pci segue con enfasi tutte le fasi del conflitto, il 15 aprile titola in prima pagina: *Cambogia. Forze partigiane sono penetrate a Phnom Penh.* Il 18 aprile sempre in prima: *Entusiasmo popolare in Phnom Penh liberata*, con sotto un commento *Libertà riconquistata* e *Caloroso messaggio del Pci al Funk*, sigla che indica il fronte dei khmer.

I fatti, invece, sono l'antitesi della «libertà riconquistata», dopo poche ore dall'ingresso a Phnom Penh inizia uno dei più immani genocidi del Novecento, due milioni di vittime, su una popolazione di meno di sei milioni di abitanti.

Il primo ordine dei vincitori è la totale evacuazione della capitale, una città di due milioni di abitanti come Phnom Penh viene svuotata in appena ventiquattro ore. Uomini, donne, bambini, infermi, mutilati devono lasciare le loro case senza condurre con sé neanche gli effetti personali. La metropoli è il simbolo della «perversione capitalista», i malati vengono lasciati morire negli ospedali o finiti con un colpo di fucile alla nuca.

L'ossessione di Pol Pot è la purezza rivoluzionaria. Attua come punto fondamentale del suo programma la distruzione della famiglia, indicata come struttura della società borghese. Chi vuole sposarsi deve fare domanda al partito che provvederà all'assegnazione di una moglie e di un marito; è vietata l'intimità familiare. L'adulterio è punito con la morte, i bambini appena dopo lo svezzamento vengono strappati ai genitori e affidati al partito per farne guerriglieri comunisti. Il ritardo al lavoro nelle campagne è punito con la fustigazione a colpi di bambù, al terzo ritardo si è condannati a morte. Tutto è mosso dal sospetto, gli stessi khmer organizzano finte opposizioni per poi arrestare e trucidare chi si lascia coinvolgere, basta una parola fuori posto per andare a morte: i fratelli denunciano i fratelli, i figli i genitori, non sono ammessi sentimenti giudicati frutto della contaminazione borghese.

I pochi scampati fuggiti verso il confine thailandese fanno racconti tremendi. Prigionieri assassinati sull'orlo delle fosse comuni che loro stessi avevano scavato, decapitati, eliminati a colpi di bastone.

Nel mirino finiscono prima gli *évolués*, le persone che hanno una qualche forma di cultura non marxista, basta portare gli occhiali o parlare una lingua straniera per essere passati per le armi.

La memoria dei fatti è nei luoghi. A Trong Bath sulla sommità di una collina c'è una fornace dove i corpi dei nemici di classe uccisi vengono bruciati. Le ossa carbonizzate diventano concime per i campi. Alla periferia di Phnom Penh, il vecchio liceo Tuol Sleng diventa il famigerato campo S-21, dove la specializzazione è l'eliminazione con il coltello. Alle pareti della scuola, in anni recenti diventata un museo del genocidio, sono affisse le foto di bambini uccisi dai khmer rossi.

Nei quattro anni del terrore la Cambogia si chiude al mondo, nessuna sede diplomatica resta aperta, nessuna possibilità di entrare nel Paese, nessun giornalista. Solo con l'invasione vietnamita del '79 cominceranno a filtrare le prime verità sul genocidio comunista.

Lo scrittore Tiziano Terzani, corrispondente dall'Indocina, che aveva creduto alle virtù dei rivoluzionari in pigiama, ammette i suoi errori e comincia a raccontare la verità. Alcuni inviati della Rai raccolgono le prime testimonianze degli orrori, raccontati nei campi profughi che si vanno formando in Thailandia. *Faziosità della Rai* titola «l'Unità», all'attacco dei telegiornali definiti «esibizione di parzialità e di menzogna». Uno sguardo completo di questi fatti lo si dovrà a uno straordinario film, *Urla del silenzio*, diretto da Roland Joffé e vincitore di tre premi Oscar, il miglior racconto della macelleria cambogiana.

Le «guardie rosse» di Milano

L'apologia del comunismo asiatico è uno dei frutti del Sessantotto. Mao, la Rivoluzione culturale, le guardie rosse, Ho Chi Minh, i Vietcong, Pol Pot e i khmer rossi sono i nuovi miti che hanno scalzato l'Unione Sovietica, ora sono loro la «città del sole» a cui tendere. Nella Milano degli anni Settanta diventerà frequente incontrare cortei in cui migliaia di giovani imitano le parate delle guardie rosse a Pechino, alzando col braccio il libretto dei pensieri di Mao, indossando il cappello verde con la stella rossa. Già nel marzo 1967, alla facoltà di Sociologia di Trento, uno degli avamposti della contestazione che sta per esplodere, è indetta la «Settimana del Vietnam», segue una grande manifestazione a Firenze, nel corso della quale a Giorgio La Pira viene impedito di parlare segnando la fine di una certa solidarietà internazionalista fra cattolici e comunisti.

L'esperienza della Rivoluzione culturale in Cina nel 1966-67 è il nuovo comunismo che supera quello ammuffito del centralismo gerarchico sovietico. Nessuno ancora si pone il problema dei morti che Mao sta facendo, la purezza della rivoluzione cinese è un mito. L'altra forte attrattiva terzomondista viene dall'America Latina, dove nel 1967 in Bolivia i militari hanno ucciso Che Guevara. La morte del capo guerrigliero avviene in condizioni misteriose, Dariel Alarcón Ramírez, detto «Benigno», uno dei suoi più stretti collaboratori, rivelerà che la sua morte fu decretata da Fidel Castro su ordine di Mosca.[2] Tutto questo è poco noto. Il Che assurge presto a figura eroica dell'immaginario giovanile, un crescendo che ne farà il primo santo della Chiesa comunista. Già nell'anno della sua morte vengono stampate migliaia di copie di libri a lui attribuibili, dai titoli più che eloquenti: *Creare due, tre, molti Viet-Nam*, *La guerra di guerriglia e gli altri scritti politici e militari*, editi da Feltrinelli, e *Da un altro Vietnam* edito da Samonà e Savelli.

L'imperativo è combattere una guerra globale all'imperialismo e il Vietnam costituisce la frontiera avanzata dello scontro. Il proletariato del Terzo Mondo, afferma il filosofo francese Frantz Fanon, ha «tirato fuori la roncola» e la Cina è il simbolo della lotta a favore degli oppressi.

In Italia il Sessantotto arriva in maniera soft, diversamente dalla Francia, dagli Stati Uniti e dalla Germania, ma durerà un tempo lungo, almeno dieci anni, per sfociare nel terrorismo. Quando fa capolino, il fenomeno ha i caratteri di una generica ribellione giovanile contro il sistema educativo dell'epoca. I primi accenni sono nel caso del processo ai tre studenti della rivista «La zanzara» al liceo Parini di Milano. L'ideologizzazione a sinistra verrà dopo. Nelle prime battute prevale il dato culturale e di costume, l'Italia contadina appare stretta dalle nuove moltitudini, i giovani rivendicano un protagonismo nella società italiana.

Qualcosa si muove già nell'anno scolastico '66-67, le università più in fermento sono quella di Trento, la Cattolica di Milano e Pisa. I vecchi organismi rappresentativi che fanno capo all'Unuri (l'Unione nazionale universitaria rappresentativa italiana), la struttura di rappresentanza degli studenti universitari creata nel 1948, stanno morendo. Negli atenei si è anche indebolita la forza dei giovani di destra, che negli anni precedenti si era costruita attorno al Fuan grazie ai movimenti per Trieste e per l'Ungheria.

A essere mutato è soprattutto l'habitat umano delle università e dei licei italiani, la struttura sociale, si direbbe con un linguaggio in voga allora. I luoghi di studio e l'alta istruzione non sono più un ambito elitario e ristretto. Università e scuola sono un approdo di massa, in particolare per i figli del ceto medio creato dal benessere. Gli immigrati dal Sud che hanno dilatato le grandi città del Nord mandano i loro figli a scuola affinché possano prendere l'ascensore sociale. Altre migliaia di studenti arrivano direttamente dal Mezzogiorno, che ha meno di dieci atenei e dove intere regioni sono prive di una sede universitaria. Sono i cosiddetti «fuorisede», che sono i più attivi nella vita universitaria e spesso diventano il nerbo del movimentismo e della contestazione.

L'introduzione della scuola media dell obbligo, provvedimento di grande civiltà varato nel 1962, improcrastinabile per il futuro del Paese, crea la scuola di massa e la successiva liberalizzazione dell'accesso all'università completa il disegno. Gli atenei italiani, anche quelli più grandi, come La Sapienza di Roma, concepiti per poche migliaia di studenti, si trovano a fare i conti con una popolazione di iscritti che ha le dimensioni di città medie.

L'università di Trento è stata fondata nel 1962 ispirata dalla sinistra democristiana, è statale ed è l'unica università italiana ad avere una facoltà di sociologia che negli intenti dell'intellettualità cattolica doveva produrre una élite di analisti dei fenomeni sociali con le lenti teoriche di un cristianesimo attivo. Diventerà, invece, il laboratorio dove si intrecceranno intransigenza cattolica e marxismo rivoluzionario.

Tra i giovani cattolici che studiano sociologia c'è Renato Curcio, futuro fondatore e capo delle Brigate Rosse, che segue con particolare attenzione le lezioni di un giovane professore di economia, Romano Prodi. Con lui altri «cattolici» come Mauro Rostagno e Marco Boato. Nel suo saggio sul terrorismo italiano Giorgio Bocca scriverà che il padre del terrorismo rosso è il cattocomunismo, non solo perché alcuni suoi esponenti avevano origini cattoliche, ma perché è «cattolico e comunista il bisogno di risposte totali e definitive, il rifiuto del dubbio, la sostituzione del dovere ragionato con la fede, il bisogno di chiesa, di autorità, di dogma...».[3]

Nell'autunno del '67 Trento è la fucina della contestazione che verrà, a novembre inizia l'«università negativa»: occupazioni lampo, lezioni alternative tenute dagli studenti in luogo di quelle dei docenti, seminari politici ideologici autogestiti. A Trento segue, il 18 novembre, la Cattolica di Milano che è un'università privata, il clamore per la sua occupazione, mai avvenuta prima, è enorme. Ad accendere gli animi è formalmente l'aumento delle tasse e la mancata autorizzazione del rettorato a una raccolta di firme per il Vietnam, ma presto le assemblee passano a una contestazione più ampia di natura ideologica. Il leader degli studenti della Cattolica è Mario Capanna, che da quei giorni costruirà una fortunata carriera di agitatore, anche se sarà espulso e sarà costretto a passare alla Statale. L'università viene sgomberata di forza dalla polizia, chiamata dal rettore. Dopo meno di dieci giorni a Torino viene occupato Palazzo Campana sede delle facoltà umanistiche dell'ateneo torinese.

L'occupazione dell'università di Roma, nel febbraio del 1968, segna un salto di qualità nel livello di contestazione del movimento. Si apre lo scontro di piazza. Dopo una prima occupazione le facoltà vengono tutte sgomberate dalla polizia su richiesta del rettore Pietro Agostino d'Avack. Il 1° marzo, un venerdì particolarmente di bel tempo, alcune migliaia di studenti si radunano in piazza di Spagna dove matura l'idea di riconquistare la facoltà di Architettura che si trova accanto al parco di Villa Borghese, in una zona molto distante dalla città universitaria della Sapienza. La polizia si oppone, ne scaturiscono ore di tafferugli, auto e autobus vengono dati alle fiamme, al termine degli scontri quarantasei agenti e un centinaio di studenti restano feriti. Con una sintesi un po' retorica si parla subito di «battaglia di Valle Giulia», che fra canzoni e slogan diventa un altro dei miti del Sessantotto. Il cantautore Paolo Pietrangeli compone la canzone omonima e per almeno un decennio, soprattutto quelli che non c'erano, ne parleranno come di una sorta di assalto al Palazzo d'Inverno italiano. In verità, a sostenere lo scontro più duro con i poliziotti sono gli studenti del Fuan e quelli di Avanguardia nazionale, due organizzazioni di destra, in una fase in cui il movimento è unitario.

Pier Paolo Pasolini è una delle poche voci che in quegli anni non cedono alle seduzioni di questa mitologia. Su Valle Giulia scrive una poesia intitolata *Il Pci ai giovani* in cui si schiera dalla parte dei poliziotti celerini. Gli argomenti del poeta sono netti: «Adesso i giornalisti di tutto il mondo (compresi quelli delle televisioni) vi leccano (come credo ancora si dica nel linguaggio delle università) il culo. Io no, amici. Siete paurosi, incerti, disperati (benissimo) ma sapete anche come essere prepotenti, ricattatori e sicuri: prerogative piccoloborghesi, amici. Quando ieri a Valle Giulia avete fatto a botte coi poliziotti io simpatizzavo coi poliziotti! Perché i poliziotti sono figli di poveri. Vengono da periferie, contadine o urbane che siano».

Nel mese di maggio esplode per le strade di Parigi la protesta violenta degli studenti francesi. La scintilla scocca all'università di Nanterre e soprattutto alla Sorbona, causata dallo sgombero forzato di alcune occupazioni, la lotta che ne segue è violentissima, il Quartiere Latino è messo a ferro e fuoco, i manifestanti erigono barricate. Lo sciopero generale del 13 maggio è di dimensioni mai viste, la Francia si ferma. È, però, una fiammata che dura un mese. Il presidente De Gaulle sfrutta abilmente il risentimento dei francesi spaventati dalla piazza e guida la riscossa gollista, scioglie anticipatamente l'Assemblea nazionale, il 30 giugno la maggioranza presidenziale ottiene il 57,63 per cento rispetto al 53,43 dell'anno precedente. Il Maggio francese diventa un fortunato soggetto letterario e cinematografico.

Il Sessantotto italiano, più che in altri paesi, si connota come una sistematica demolizione del principio di autorità e di merito. Nell'università si contesta la selezione operata attraverso gli esami di profitto, per i quali gli studenti pretendono il «18 politico» se non addirittura il «27», la possibilità di esami di gruppo, l'abolizione della lezione cattedratica che va sostituita con imprecisati dibattiti autogestiti.

Sono richieste che coprono la ricerca di un'anarchia dilagante. Carlo Salinari, comunista, accreditato storico della letteratura e preside della facoltà di Lettere di Roma, dichiara che basterebbe una prova scritta di italiano per eliminare il 50 per cento degli studenti universitari italiani.

Il movimento definisce una sua identità anche negli aspetti esteriori, l'ostentazione del «tu» a chiunque ci si rivolga, l'abbigliamento informale, i jeans, i fazzoletti rossi al collo, i capelli lunghi, la barba, maglioni e camicie a quadroni al posto delle giacche e cravatte, le donne senza tacchi a spillo.

Il Pci si ritrova spiazzato dalla contestazione che non aveva affatto previsto; in una prima fase tenta di agganciarla, Luigi Longo decide di incontrare un gruppo di studenti guidati da Oreste Scalzone, futuro leader di Potere Operaio. Ma Giorgio Amendola li stronca su «Rinascita» (7 giugno 1968) definendoli un «rigurgito di infantilismo estremista» che si unisce a «vecchie posizioni anarchiche». E chiosa: «Già Lenin aveva ammonito a non giocare con l'insurrezione». È l'inizio di un rapporto difficile che sfocerà negli anni in una forte contrapposizione fra il Pci e i movimenti che nasceranno dal Sessantotto. «Che cosa si deve chiudere?» ci si domanda retoricamente in un volantino, «il "covo" di via dei Volsci (storica sede dell'estrema sinistra a Roma), dove si organizzano i proletari per lottare contro lo sfruttamento per i propri bisogni di classe, o il "covo" di via delle Botteghe Oscure, dove si decide oggi la svendita e l'attacco alle lotte operaie contro la ristrutturazione, alle lotte per l'autoriduzione, per la casa, contro le donne, i giovani, gli studenti?»

L'assenza e il rifiuto di una qualsiasi struttura gerarchica fa delle «assemblee», almeno all'apparenza, il luogo retorico delle decisioni. Si svolgono quotidianamente, l'illusione è quella di aver creato un metodo di diffusa partecipazione per il quale si decide tutti insieme, ma in realtà sono dominate da minoranze organizzate, spesso violente. Le assemblee hanno anche un loro lessico, un linguaggio infarcito con esiti di «involontaria comicità». A Trento, nei primi mesi del '68, viene votato un documento nel quale si legge: «Mezzi di produzione (docenti-assistenti) e merci (studenti) si combinano solo raramente, per piccole parti». Eppure, sono parole che vengono prese sul serio, al punto che Rossana Rossanda afferma che «essi riflettevano il passaggio da Wright Mills al Marx della terza sezione del *Capitale* e dei *Grundrisse*».[4]

La demolizione sistematica delle regole, fatta in nome di un malinteso principio di eguaglianza, fuoriesce dall'ambito universitario e studentesco per diffondersi altrove, nei luoghi di lavoro, nelle fabbriche, nella pubblica amministrazione. Si afferma il principio che tutte le carriere devono progredire automaticamente, prescindendo dal merito e dall'impegno delle persone.

Le basi teoriche appaiono alquanto confuse; in Italia, contrariamente che in Germania, non c'è una vera e propria elaborazione concettuale ma un rimasticamento di quello che veniva dal resto d'Europa. Al posto del sistematico pensiero marxista spunta una sorta di spontaneismo delle idee dove non mancano le contraddizioni, soprattutto il rifiuto della società tecnologica e la condanna della cultura quale si era espressa fino ad allora. «La fantasia al potere» è uno degli slogan più affermati. Accanto ai classici del marxismo si affermano le opere che provengono dalla cosiddetta Scuola di Francoforte. In Italia si leggono le nuove verità della *Dialettica dell'illuminismo* di Horkheimer e Adorno, *L'uomo a una dimensione* di Marcuse, *Storia e coscienza di classe* di Lukàcs. Un vero e proprio manifesto diventa *Lettera a una professoressa* di don Lorenzo Milani, prete del dissenso, che scrive un attacco frontale a quella che viene connotata come la cultura borghese. Camus e Sartre sono, invece, i miti importati dalla Francia.

In pochi mesi, soprattutto al Nord, si generano un numero impressionante di gruppi rivoluzionari. Una galassia nella quale è difficile cogliere le differenze. C'è Servire il Popolo, che si distingue per alcuni suoi tratti che sfociano spesso in una parodia del comunismo cinese: il matrimonio comunista, la ferrea disciplina interna, l'asilo maoista, una vita in comunione di alcuni militanti. Dogmatismo e utopia che attirano personaggi destinati al successo, da Michele Santoro a Renato Mannheimer, dai fratelli Pennacchi a Marco Bellocchio, da Barbara Pollastrini a Linda Lanzillotta.[5]

Man mano ne arrivano altre, Potere Operaio, forte a Roma; Avanguardia Operaia, radicata a Milano, il cui servizio d'ordine ucciderà il giovane studente di destra Sergio Ramelli; Lotta Continua, la più libertaria e innovativa; il Movimento Studentesco, padrone della Statale di Milano. Il gruppo intellettualmente più attivo è quello che si coagula attorno alla rivista «il manifesto», formato da un gruppo di militanti del Pci (Natoli, Pintor, Rossanda, Magri, Parlato, Caprara) che sono «a sinistra» su posizioni filocinesi. La loro autonomia, esercitata attraverso una serrata critica al conformismo del partito, è mal digerita dal Pci, che il 26 novembre 1969 li radia con la regia di Enrico Berlinguer.

È sempre Pier Paolo Pasolini il più acuto nel cogliere le contraddizioni del movimento. «Tutti siamo dalla parte dei buoni, cioè siamo oggi con gli studenti che vogliono le riforme» osserva con ironia lo scrittore friulano, «però non possiamo dimenticare che siamo nati e cresciuti con l'idea di Rivoluzione, e la Rivoluzione è un'altra cosa, cioè è classista: gli operai e i contadini da una parte e la borghesia dall'altra.»[6]

Nella notte fra il 20 e il 21 agosto, le armate dell'Unione Sovietica invadono di nuovo un Paese dell'Europa dell'Est, ripetono il copione dell'Ungheria. Questa volta la vittima è la Cecoslovacchia, una nazione intimamente legata alla cultura dell'Europa, la patria di Kafka, il cuore della Mitteleuropa. Lo schema imperialismo uguale Stati Uniti è messo in evidente crisi dai fatti, dalle 27 divisioni e dai 6300 carri armati che i sovietici scagliano contro un piccolo inerme Paese. L'ortodossia comunista non tollera la cosiddetta Primavera di Praga, le timide aperture di Alexander Dubček.

L'autunno è caldo

L'11 marzo 1969, all'Università Statale di Milano sono in corso gli esami di diritto privato, il giovane professore Piero Trimarchi, che diventerà uno dei più noti giuristi italiani, trattiene lo statino a una studentessa che risulta impreparata. È la legge che lo prevede ma da qualche tempo gli studenti hanno imposto la prassi della restituzione per consentire al bocciato di ripetere l'esame anche nella sessione successiva. Il professore viene sequestrato per quattro ore all'interno dell'ateneo e sottoposto a una sorta di processo per questo suo atteggiamento integerrimo. Un trattamento analogo era toccato pochi giorni prima al professore Antonio Amorth, ordinario di diritto amministrativo. Dieci giorni dopo, il 21 marzo, Trimarchi viene insultato e preso a sputi nei pressi dell'università.

L'inchiesta della magistratura porta a tredici arresti, a essere colpiti sono i capetti del movimento. Il «Corriere della Sera» del 10 giugno 1969 fa una fotografia sociale degli arrestati: «Bussando alle porte di alcuni dei ricercati, gli agenti si sono trovati davanti austeri maggiordomi che chiedevano se era proprio il caso di disturbare, a quell'ora, "il signorino"».[7]

Il 1969 si era aperto con gigantesche manifestazioni contro la visita del presidente Nixon in Italia. Tra il settembre e il dicembre esplode l'autunno caldo. Si devono rinnovare contemporaneamente trentadue contratti collettivi di lavoro, che coinvolgono oltre cinque milioni di operai. Accanto a istanze salariali la lotta, questa volta, assume un profilo marcatamente politico. La rivista «Quaderni Piacentini» a luglio ha parlato esplicitamente di rivoluzione. La crisi e la sua rappresentazione in piazza non hanno precedenti. «L'autunno del '69 in Italia è senza alcun dubbio lo sbocco del ciclo più duro d'insubordinazione operaia che l'Occidente abbia mai conosciuto dalla fine della guerra».[8]

Nel '68 si sono perse 96 milioni di ore di lavoro, a fine '69 ne risulteranno perdute 520 milioni. La Pirelli di Milano è l'avanguardia della protesta, il contratto era scaduto il 31 dicembre 1967, i sindacati dopo una timida agitazione si erano accordati per aumenti salariali molto modesti abbandonando gli altri punti della piattaforma rivendicativa. La base non ci sta, nel giugno 1969 un gruppo di operai e impiegati, sostenuti da Avanguardia Operaia, varano il primo Cub (Comitato unitario di base), formazione spontanea che riprende in maniera molto dura le agitazioni. In due mesi i Cub diventano un modello che si estende a macchia d'olio in altre fabbriche, qualcuno dei suoi aderenti già favoleggia che si tratta di nuovi soviet, embrione dei consigli operai rivoluzionari.

Non manca la violenza, i picchettaggi ai cancelli sono duri, viene impedito l'ingresso al lavoro di chi non vuole scioperare, i capireparto ritenuti troppo fedeli all'azienda prima ricevono un avvertimento poi possono ricevere una fiondata con un pesante bullone tirato da qualche punto nascosto.

Pochi mesi dopo, all'inizio del 1970, uscirà il giornale «Sinistra proletaria»; fra i suoi redattori c'è Renato Curcio, ed è l'organo del Collettivo politico metropolitano, che ha messo insieme alcuni Cub di diverse fabbriche e ha per simbolo una falce e martello incrociati con il fucile. In agosto alla Sit-Siemens saranno diffusi i primi ciclostilati che annunciano la lotta armata.

I salotti borghesi guardano con compiaciuta benevolenza all'estremismo di sinistra. Ci sarà una sola apprezzabile eccezione. Il 16 aprile 1971 sarà diffuso il rapporto del prefetto Libero Mazza. È l'unico che ha chiare le dinamiche in atto, quello che sta accadendo e che purtroppo accadrà. Nell'ultimo capoverso scrive con riferimento al Collettivo politico metropolitano: «Al dichiarato scopo di promuovere l'autonomia operaia rispetto alle organizzazioni politico-sindacali, il gruppo ha recentemente annunciato la formazione di nuclei denominati Brigate Rosse da inserire nelle fabbriche». Nei cortei si comincia a gridare: «Mazza, ti impiccheremo in piazza». Al coro dei giornalisti schierati fa eccezione Carlo Casalegno, che sulla «Stampa» scrive un articolo dal titolo *W il prefetto*. Sarà poi assassinato dai terroristi di sinistra.

I Cub impongono una nuova politica salariale dove gli aumenti non sono più legati alla produttività, non importa più l'andamento dell'impresa o la situazione economica generale perché i salari sono definiti una «variabile indipendente». Confindustria, soprattutto trascinata dall'industria pubblica, cede, e dal 1966 al 1972 i salari crescono del 20 per cento. La produttività, invece, cala di dieci punti l'anno. I sindacati assumono come parametro di riferimento i salari dei metalmeccanici tedeschi, ma Ugo La Malfa fa notare che i «metallurgici tedeschi non avevano alle spalle zone depresse né disoccupazione».[9]

La spinta della contestazione e dell'autunno caldo, oltre a demolire ogni principio di autorità, creerà le premesse affinché il consociativismo fra Dc e Pci ponga in essere provvedimenti devastanti per il miracolo italiano e la struttura sociale. È in questo clima che matura la nascita delle regioni, la dilatazione del pubblico impiego con assunzioni sregolate, il livellamento della selezione nella scuola, le mani dei partiti nella sanità.

A partire dal 1970 la finanza pubblica virtuosa dei decenni precedenti cede il passo a una dilatazione della spesa con conseguente deficit. La spesa per gli stipendi della pubblica amministrazione a causa delle interminabili nuove assunzioni passa nel giro di un decennio dal 10,3 per cento al 12,2, pari a circa 30 miliardi di euro secondo i valori attuali. Le imprese che perdono in produttività vengono compensate con i sussidi dello Stato, che passano da dall'1,5 per cento al 2,4, equivalenti a 15 miliardi di euro di oggi. Nel complesso le uscite correnti passano dal 30,9 per cento del Pil al 42,0.

L'effetto vero è in una sola cifra: nel 1970 il deficit, che era del 3,5 per cento del Pil, sale improvvisamente all'11,7, un balzo valutabile in 130 miliardi di euro.

L'autunno caldo si chiude con due eventi che segnano l'Italia e che sono il punto di non ritorno verso il periodo più buio del lungo dopoguerra. Accadono a Milano.

Il 19 novembre 1969 il giovanissimo agente di Ps Antonio Annarumma, ventiduenne originario della provincia di Avellino, figlio di umili braccianti, viene ucciso da un lancio di tubolari di acciaio durante un corteo indetto da varie sigle dell'estrema sinistra. Ai suoi funerali i giovani di destra grideranno: «Italia, Italia». In un'intervista al quotidiano «La Nazione», Mario Scelba, che pure aveva fatto le leggi contro la ricostituzione del Partito fascista, dichiara: «Non esiste un pericolo fascista, né esiste una minaccia da destra alle istituzioni. È tutta un'invenzione propagandistica del Pci. La vera minaccia, il vero pericolo sono i comunisti».

Dopo pochi giorni, il 12 dicembre, avviene l'impensabile, una bomba sventra l'interno della Banca Nazionale dell'Agricoltura, in piazza Fontana, uccidendo diciassette persone e ferendone ottantotto. Milano e l'intero Paese sono sgomente e increduIe. È iniziata la «notte della Repubblica».[10]

Parte seconda

DAL 1960 A OGGI. L'ITALIA CHE HO VISTO

di Vittorio Feltri

I

DOSSETTI E FANFANI: CATTOCOMUNISTI E CATTOLICI LIBERALI

Il ruolo di Dossetti va interpretato su un piano quasi strettamente religioso. Diversamente da lui, De Gasperi lavorava per recidere il cordone ombelicale che teneva legato il Paese al Vaticano, motivo per il quale Pio XII nel 1952 si rifiutò di riceverlo. Malgrado la sua fede, De Gasperi non voleva che lo Stato italiano fosse dipendente dalla Chiesa. La principale preoccupazione di Dossetti, invece, era quella di trasfondere nella politica i propri sentimenti religiosi, sentimenti che erano evidentemente così forti da indurlo poi a diventare sacerdote all'età di 45 anni, all'indomani di una serrata militanza politica. La sua figura è diversa anche da quella di don Sturzo, che entra nella scena politica già coi panni di prete, e che paradossalmente si avvale di una visione più laica rispetto a Dossetti.

La dottrina sociale di Giuseppe Dossetti fece molti proseliti all'interno della Dc degli anni postbellici.

La sua era l'ala del partito più impregnata di cristianesimo e cattolicesimo, un filone che ha generato negli anni a venire la corrente di sinistra. In un certo senso, non escludo che quello sia stato il laboratorio nel quale è nata l'ispirazione che condurrà al Compromesso storico. Non dico che esistano legami diretti e precisi, né dal punto di vista tattico né strategico, però sta di fatto che a un certo punto si è imposta una certa mentalità dossettiana, e la Dc ne è rimasta fortemente influenzata. Quindi, le correnti di sinistra del partito, che su alcuni temi trovavano affinità e punti di contatto col comunismo, cominciarono a fissare un'ipotesi di alleanza. Ipotesi dei cui effetti abbiamo lungamente pagato le conseguenze.

È vero che la Dc aveva tante anime, dunque ci stava anche questa, c'è stato però un momento in cui l'ala sinistra è diventata, non dico prevalente, ma molto autorevole. Quella fase ha finito col creare simpatia tra dossettiani, o forme varie di dossettianesimo, e larghe fette del Pci, anch'esse attraversate da un cristianesimo originario e quindi imbevute di egualitarismo e utopie sparse. Ciò ha fornito concime al Compromesso storico, di cui anni dopo avremmo sentito concretamente parlare.

A differenza degli Andreotti e dei Fanfani, Dossetti ha sempre anteposto il fervore spirituale alla sua dimensione di politico. Nel corso degli anni avremmo poi visto figure come i don Milani, che possiamo considerare tutte costole di quel mondo dossettiano. Lo stesso termine «cattocomunismo» non è stato inventato sul nulla. Esisteva ed esiste ancora, hanno voglia di urlare che è finito. In tanti sono stati allevati in quell'asilo nido ed è chiaro che tutt'ora ne risentano. Il motivo per cui Renzi piace è che non si porta dietro i rottami di Botteghe Oscure. Se ne è liberato. Perciò da vecchio democristiano brillante, che però non puzza di sacrestia, trova consensi e simpatie anche a destra.

Fanfani aveva alle spalle una storia e una tempra diverse da Dossetti, era sì un pensatore, un autorevolissimo docente universitario, ma era nell'intimo un uomo d'azione. Gli vanno riconosciuti molti meriti. Veniva fuori dal fascismo vero e proprio, ma non sono molti quelli della sua generazione che se ne tennero veramente lontani. Non c'è da stupirsene, anche se su notizie di questo tipo si è spesso speculato. Nell'immediato dopoguerra, assunse un'iniziativa mai abbastanza celebrata, mi riferisco alle famose «case Fanfani». Si trattava di abitazioni piuttosto sbrigative, sia nell'estetica sia nei tempi di edificazione, ma che hanno risolto il problema del tetto sulla testa di famiglie che una dimora non l'avevano più. Case popolari, dunque, che rappresentavano un vero principio sociale. Conoscevo bene Fanfani, mi onoro di aver avuto con lui un ottimo rapporto personale.

Lui stesso un giorno mi aveva spiegato la «ratio» di quella scelta, che trovavo particolarmente intelligente. Fanfani sosteneva che era necessario e utile costruire abitazioni modeste, soprattutto bisognava farlo in tempi molto rapidi. Teniamo anche presente che all'epoca ci si serviva ancora di buona parte dell'apparato burocratico del fascismo, perciò ogni procedura abbreviata era consentita, o almeno facilitata. Per i fascisti era facile: decidevano e facevano, tanto nessun altro poteva dir niente. Oggi sarebbe molto diverso, edificare palazzi con denaro pubblico richiederebbe tempi enormi soltanto per le delibere, i permessi e tutta la lunghissima trafila prevista. Per tacere di mazzette e sottrazioni varie.

Gli anni immediatamente successivi alla guerra erano fatti di urgenze, per questo Fanfani pensò che fornire in fretta una dimora piccola e dignitosa alle famiglie di un operaio o di un impiegato significava assicurare a una quota enorme di italiani una serena sopravvivenza. Perché l'angoscia primaria di ogni individuo è proprio il tetto. Senza contare che con la «casa Fanfani» finalmente si conquistavano condizioni igieniche ben diverse rispetto allo schifo dei tuguri tirati su nei vecchi agglomerati, col cesso improvvisato in cortile o comunque nella zona esterna.

Operai e impiegati percepivano stipendi molto bassi, tali da garantire appena la sopravvivenza, ma almeno così, nel loro piccolo appartamento, potevano condurre con la propria moglie e i figli un'esistenza decorosa. Pensiamo a oggi, prendere 2000 euro al mese è già un privilegio destinato a pochi, ma se poi devi tirar fuori gli 800 o i 1000 euro che occorrono per l'affitto di un appartamento, anche con quei teorici 2000 euro sei rovinato. Mentre per le «case Fanfani» il prezzo dell'affitto era praticamente simbolico, l'esborso statale pesava sulla fiscalità generale e su piccoli prelievi operati sui salari. Il canone mensile restava basso al punto che un solo stipendio in casa bastava a far campare l'intera famiglia.

È evidente che questa operazione contenesse uno scopo sociale, di stampo cristiano, direi. Fanfani era intimamente cattolico, e proprio sul terreno dei provvedimenti sociali aveva spiazzato gli stessi comunisti. Si può affermare che la prima autentica diga anticomunista l'ha messa in piedi lui, non con i discorsi alla De Gasperi, ma realizzando opere che concretamente sorpassavano e contrastavano il comunismo, che intanto sparava slogan del tipo «casa per tutti, pane, lavoro».

Fanfani, senza far chiacchiere, con questa iniziativa pose le basi per convincere gli italiani che al vero progresso pensava in realtà la Democrazia cristiana, che restava attentissima alle vere urgenze sociali. Non altri, che continuavano a far teoria, ma che nella sostanza non potevano realizzare un bel niente, anche perché al governo non c'erano. D'altro canto, i comunisti nemmeno avevano nel loro programma un'idea come quella delle case popolari.

La verità è che Fanfani ha saputo essere un politico innovativo, molto legato alla Chiesa, ma in modo radicalmente diverso rispetto ad Andreotti. Forse per la differenza di statura culturale. Fanfani era un docente universitario, aveva conseguito già prima dei trent'anni la cattedra di Storia delle Dottrine economiche. I titoli accademici gli conferivano un'autorevolezza che lui stesso avvertiva, a questa aggiungeva una personalità forte che lo spingeva verso ogni novità che trovava interessante. Non dimentichiamo che il primo abbozzo di centrosinistra in Italia, agli inizi degli anni Sessanta, lo ha diretto lui. Prima avvalendosi dell'astensione dei socialisti nel governo del 1960, poi arrivando all'appoggio esterno nel governo che formò nel 1962. Moro ha successivamente solo perfezionato tutto questo, servendosi soprattutto dell'entusiasmo e della grande ventata di novità portata da quelle prime esperienze dei governi Fanfani, ventata che per la verità si sgonfiò piuttosto in fretta.

Grazie al suo notevole nerbo, è stato a lungo un grande presidente del Senato. Era energico e imparziale come pochissimi. Diciamo che non potevano esserci dubbi, l'istituzione a lui affidata funzionava, perché era un uomo naturalmente efficiente.

Aveva i suoi principi intoccabili, ma anche delle capacità rare e di enorme concretezza, diverso da Moro, che era invece più teorico, più astratto e chiacchierone. Col linguaggio di oggi diremmo che il toscanaccio Fanfani era certamente un «uomo del fare».

Del resto è stato uno dei monumenti della storia della Democrazia cristiana. Anche quando all'interno del partito non ha più formalmente rivestito ruoli di rilievo, restava però un vecchio signore il cui parere pesava tantissimo, tenuto sempre in enorme considerazione. La sua corrente conservava un'influenza notevolissima, lo stesso Scalfaro, che poi fu presidente della Repubblica, era stato un fanfaniano fedele. Lo erano in genere tutti quelli con convinzioni religiose molto forti, con una ferrea tradizione familiare cattolica. Diciamo che si trattava di una corrente partita da sinistra, ma con una impalcatura etica così severa da approdare poi quasi a destra.

Senza dubbio, Amintore Fanfani appartiene a quella categoria di democristiani importanti, quegli uomini che del partito hanno fatto la storia e che poi si sono rivelati insostituibili. Quando si sono eclissati, per invecchiamento naturale o per motivi politici, la Dc si è smarrita. Tant'è che è morta tra le mani di Mino Martinazzoli, l'avvocato bresciano che mi divertivo a chiamare «lumino» e «cipresso». Un uomo intelligente, per carità, anche un buon parlatore, ma i Fanfani erano di un'altra categoria. Prendiamo Andreotti, uno sempre attento al potere, uno che Fanfani non poteva sopportarlo, proprio perché entrambi per anni sono stati considerati i veri cavalli di razza della Dc. Un gradino sotto c'erano quelli bravi a tirare a campare, come Forlani.

Fanfani non era forse nemmeno un vero democristiano, aveva troppo nerbo e troppa concretezza perché lo si possa considerare un puro Dc. Sono state le sue radici cattoliche così solide a renderlo inevitabilmente un democristiano, anche perché a un certo punto la Dc era davvero diventata il «partito mamma», si adottava un sistema che per decenni si è rivelato infallibile. Le famose nove correnti servivano ad accontentare tutti, erano il segno di un ecumenismo che in fondo somigliava molto a quello fascista. Il paradosso è che la Dc era sostanzialmente disprezzata, era vista come una scelta da oratorio che evocava fatalmente il campanile e la chiesetta. Si trattava di una collocazione astuta, però nessuno ha mai considerato chic la militanza democristiana, lasciava immaginare una bella processione alla Madonna pellegrina.

Un giorno fui invitato da Fanfani nella sua casa di Portofino. All'indomani di un viaggio ufficiale di Pertini, allora presidente della Repubblica, avevo scritto un pezzo sul «Corriere della Sera». Lo spunto era che, in quanto presidente del Senato, Fanfani assumeva in quel periodo di assenza le funzioni e le responsabilità di capo dello Stato. Aveva gradito molto quell'articolo, peraltro nemmeno così esteso. Entrai in questa casa molto bella e piuttosto piccola. Mi disse di togliere la giacca, lui intanto si sistemò ai fornelli per preparare il pranzo. Parlò a lungo, mi raccontò mille episodi e aneddoti, sulla politica, sulla sua vita, mai però in modo pettegolo, scegliendo sempre argomenti interessanti per ampiezza e per il profilo storico. Aggiungo che il pranzo fu sublime, interamente preparato da lui, che intanto aveva indossato il suo grembiule da cucina. Era in effetti un uomo molto piccolo, ma si capiva che ciò non lo turbava affatto, non mi pareva che avesse il complesso della statura, o se ce l'aveva lo nascondeva perfettamente. La sensazione è che fosse un personaggio talmente convinto di sé e dei suoi mezzi, da non nutrire alcun complesso di inferiorità. Sarà stata anche la sua toscanità, e il vocabolario ricco che hanno quelli delle sue parti, ma va detto che poteva vantare un eloquio meraviglioso. Mi colpì che nei suoi discorsi non affiorasse mai la fede religiosa, non aveva nessuno dei comportamenti del baciapile classico.

Dossetti è stato rilevante, ma naturalmente la storia non ha mai camminato con due sole gambe, continua a usarne tante. Tra lui e Fanfani c'era sicuramente una enorme stima. Fanfani ammirava in modo sincero il rigore morale di Dossetti, al quale riconosceva anche grande intelligenza e passione, e ne apprezzava la spiritualità. Va detto però che sul piano pratico Fanfani era di un'altra categoria, perché era un uomo e un politico con una vasta visione progettuale. Era in grado di vedere immediatamente e concretamente, in chiave politica, i margini di realizzazione di ogni idea. Dossetti considerava invece l'organizzazione sociale come una grande parrocchia, ma lui era soprattutto un teorico, non un uomo spinto dall'esigenza del realizzare. Non si può dire che la risorsa, teorica e pratica, della parrocchia non sia stata usata. Chiese e chiesette sono state per anni il nervo vivo del partito, la rete capillare con la quale si organizzava il consenso. Non aveva niente di casuale la rappresentazione guareschiana di Peppone e Don Camillo. È il teatro nel quale va in scena quel conflitto bonario tra soviet e sacrestia, che già lascia intendere la stima e l'affetto che i due nemici nutrono in realtà l'uno per l'altro.

È curioso che poi il Compromesso storico resti il grande incompiuto di quest'epoca. Alla fine, malgrado i numerosi tentativi, non ha mai saputo effettivamente realizzarsi. C'è stato solo a macchia di leopardo, e se si esclude la fase di emergenza in cui andava eliminato il pericolo delle Brigate Rosse, si è insinuato qua e là ed è penetrato nel tessuto sociale, spesso in modo subdolo. Ne abbiamo ancora qualche esempio. Dobbiamo andare al tentativo di governo di Romano Prodi e, poco più tardi, al matrimonio che si è celebrato tra la Margherita e gli ex comunisti, unione che ha dato vita al Partito democratico, la bella schifezza che tutt'ora vediamo. Anche nel Pd persistono le due vecchie anime, perfettamente conciliabili su alcuni temi e del tutto incompatibili su altri. C'è poco da fare, il Dna resta diverso, quindi la convivenza non è mai un affare semplice. Parliamo di alleanze che possono reggere se fissate su pochi punti, ma non possono considerarsi durature, perché la coppia è strana, disomogenea, nessuno dei due ce la farà mai ad assimilare davvero la cultura dell'altro.

II

DAL CENTRISMO AL CENTROSINISTRA: SOCIALISTI AL GOVERNO

Fu il governo formato da Amintore Fanfani nel 1962 ad aprire la strada a quella che sarebbe stata l'epoca del centrosinistra. In realtà, Fanfani mise insieme un monocolore democristiano, col quale collaborarono repubblicani e socialdemocratici. Per la prima volta nella storia dell'Italia repubblicana, i socialisti non erano all'opposizione, ma garantirono la loro astensione.

L'anno successivo, all'indomani di un breve interregno con Giovanni Leone, tocca ad Aldo Moro e con lui debutta ufficialmente il cosiddetto centrosinistra organico. I socialisti vanno addirittura al governo con la Dc e il loro leader, Pietro Nenni, è vicepresidente di quel Consiglio dei ministri. Lui stesso in quei giorni è autore di una battuta dal significato profondo: «Siamo entrati per la prima volta nella stanza dei bottoni, e ci siamo accorti che i bottoni non ci sono». Al loro fianco ci sono anche stavolta socialdemocratici e repubblicani. Attenzione, il pentapartito nasce molto più tardi, quando anche i liberali sceglieranno di entrare nella coalizione, circostanza che si presenta solo a partire dal 1981 con Giovanni Spadolini, peraltro primo presidente del Consiglio non democristiano del dopoguerra.

Com'era prevedibile, il primo ingresso dei socialisti nel governo è motivo di grandi lacerazioni. L'ala sinistra del partito trova inaccettabile la scelta di votare la fiducia a un governo a guida democristiana e decide di staccarsi dal Psi, dando vita nel gennaio 1964 al Psiup, Partito socialista di unità proletaria.

La sinistra al governo è l'esito di una pressione che ormai si avverte da anni. Diciamo che c'è un bisogno generico di ammodernamento del Paese, soprattutto sul piano dei diritti civili. Tutto ciò avviene mentre la distanza tra comunisti e socialisti, già piuttosto netta negli anni Quaranta e Cinquanta, diventa ancora più evidente all'inizio dei Sessanta. Proprio nel 1960 la Dc vive l'esperienza traumatica del governo Tambroni, che fallisce il tentativo di allearsi coi socialisti e stringe un patto di governo con monarchici e missini. Gli sviluppi portano a sommosse di piazza e al famoso discorso di Pertini del 28 giugno a Genova, in piazza della Vittoria.

Il clima di tensione creato dai fatti di quei giorni convince definitivamente la Dc che va realizzata una svolta. Una svolta sollecitata anche dalla forte componente progressista attiva al suo interno, di ovvia matrice cattolica ma che per molti versi supera a sinistra la sinistra, malgrado all'epoca ci sia ancora ben solida la cortina di ferro e il Pci ragioni in termini di dittatura del proletariato, conservando un legame fortissimo e continuo col Pcus.

La Dc ha l'aria di chi vuol garantirsi un futuro più solido e tranquillo. L'idea è che avere i socialisti al fianco conduca a un governo dall'aspetto più moderno, più in linea coi tempi. Perciò, l'appoggio esterno assicurato al governo Fanfani fu una sorta di grande collaudo e di rodaggio. Moro trovò dunque la strada spianata, lui che era un teorico degli equilibri politici più avanzati.

L'atmosfera nuova che i socialisti intendevano imprimere si vide subito. Una buona parte di quest'atmosfera si tradusse in idee sbagliate. A partire dalla riforma della scuola media, approvata nel dicembre 1962 dopo un lungo negoziato coi democristiani. Il provvedimento aboliva il vecchio avviamento professionale e istituiva la scuola media unificata, che consentiva l'accesso a tutte le scuole superiori. La precedente scuola media era invece elitaria, per accedervi era necessario superare un esame di ammissione dopo la quinta elementare. Dico «elitaria», perché col sistema precedente già a partire dalla prima classe era previsto uno studio intenso del latino, vuol dire che in terza media già si traduceva il *De bello gallico* di Cesare, un compito oggi destinato agli studenti del ginnasio. Il grosso di coloro che sceglievano di frequentare l'avviamento formava poi la classe di impiegati degli enti pubblici. Grazie a Dio, non c'erano le regioni, ma esistevano comuni e province. Era necessario il diploma di avviamento per partecipare al concorso di assunzione. Naturalmente, la sinistra era ostile a quell'ordinamento scolastico che risaliva a Gentile, ma proprio a partire dalla riforma del 1962, il livello della scuola media si abbassò in modo vistoso. In questa nuova scuola media ci arrivavano tutti, anche i più incapaci e i più sfigati, e questo naturalmente era in forte conflitto con uno studio serio del latino. Il declassamento fu netto e oggettivo, ovviamente l'impreparazione con cui gli studenti venivano fuori dalla scuola media si ripercosse subito sugli studi superiori.

È da questo momento che cominciò la famosa crisi della scuola italiana. Ma le novità della riforma non si esaurivano qui. La legge prevedeva anche che, qualsiasi fosse la maturità conseguita, si acquisisse il diritto a iscriversi a ognuna delle facoltà universitarie. Per la prima volta un diplomato in ragioneria poteva accedere a filosofia o a giurisprudenza. Non si può certo dire che tutto ciò abbia contribuito a elevare il livello medio di preparazione degli studenti italiani. Si trattava di esiti evidentemente negativi, ma la sinistra adesso aveva alzato la testa, raccoglieva i frutti della lunga semina degli anni Cinquanta, e perciò viveva come un grande successo questa rivoluzione dell'ordinamento scolastico. Nei loro ambienti si sosteneva che bisognava farla finita col classismo, che la scuola doveva essere popolare, che tutti avevano diritto allo studio e ad accedere alle più alte sfere della cultura e che era giunta l'ora di innalzare il tasso medio di istruzione degli italiani. Tutta una serie di balle, che però abbiamo sentito ripetere fino alla noia.

Da allora in avanti la scuola è stata solo un casino, un fermento continuo. Col passare del tempo, nel tentativo di mettere delle pezze nei tanti punti in cui il nuovo sistema mostrava la corda, la nostra scuola è diventata un inguardabile Arlecchino. Una di queste pezze fu l'eliminazione del voto alle scuole elementari, avvenuta con una legge del 1977. Furono sostituiti dai giudizi, che sono una modalità valutativa assai peggiore. Un voto è asettico, è un numero, resta una stima puramente tecnica del profitto dell'alunno riferita a una determinata materia. Il giudizio invece è spesso banale e stereotipato e, dunque, nella sostanza insignificante, oppure rischia di diventare uno strumento di classificazione ancora più specifica e ordinante, quindi classista, di quanto non sia il voto. È facile dimostrare che spesso si ottenevano risultati opposti a quelli che si intendevano raggiungere.

La verità è che Gentile era stato capace di costruire a sostegno della scuola italiana un'impalcatura duratura e funzionante, con alcune rigidità, ma anche con opportune flessibilità che consentivano passaggi da un sistema all'altro. Oggi siamo al ridicolo di una riforma scolastica ogni due anni. La Moratti, la Gelmini, chiunque arrivi impone la propria.

Ci furono altri provvedimenti importanti voluti dal centrosinistra, rivelatisi poi fragili o abborracciati. Mi riferisco soprattutto alla ipervalutazione dei sindacati, che con la sinistra alleata di governo acquisirono un peso enorme negli equilibri del nostro Paese. Tanto è vero che proprio i socialisti, soprattutto con Giacomo Brodolini, elaborarono il celebre Statuto dei lavoratori, che poi diventò legge nel 1970. Lo Statuto ebbe una lunga gestazione e sconvolse le relazioni tra parti sociali in Italia. Prima che fosse in vigore, non è che i datori di lavoro licenziassero per il piacere di licenziare, assunzioni e licenziamenti erano regolati, più o meno bene, dall'andamento del mercato. Si assumeva quando c'era bisogno di manodopera, si licenziava quando il lavoro scarseggiava. In pratica è ciò che avviene anche oggi, ma col vincolo di mille meccanismi farraginosi.

Contestualmente, anche la magistratura era stata fortemente contaminata dalla sinistra, sull'onda di un vecchio disegno che risaliva a Gramsci. E del resto pure Togliatti aveva capito che quello era un punto fondamentale, un cardine del potere. Cominciò così la stagione dei cosiddetti pretori d'assalto, altro fattore che contribuì vigorosamente a trasformare il clima in Italia. Si verificarono alcuni episodi che furono l'annuncio, il presupposto dei grandi casini del Sessantotto. La tensione maturò così, una goccia, poi un'altra goccia e a un tratto ci ritrovammo col catino pieno. Ciò spiega in qualche modo anche eventi come la nascita delle Brigate Rosse, che furono l'inasprimento del fenomeno. Il lievito di questo clima era un esasperato antifascismo, abbastanza giustificato dal fatto che il fascismo era stato vivo non molti anni prima. Gli stessi genitori dei ragazzi degli anni Cinquanta e Sessanta erano stati personalmente segnati dal fascismo. Diciamo che molti erano a caccia del capro espiatorio per sentirsi salvi, per lavarsi la coscienza e darsi un tono nuovo. L'antifascismo divenne una vera e propria religione, per alcuni addirittura una professione, ed è intuibile che il centrosinistra favorisse questa tendenza collettiva. I fenomeni di massa vanno in genere in questa maniera: all'inizio ci sono fermenti, magari marginali, dei quali molti nemmeno si accorgono, ma poi proseguono coinvolgendo sempre di più, fino a diventare cultura diffusa. In quel periodo un ruolo decisivo lo ebbero le assemblee nelle scuole, lì si celebrava la contestazione alla religione e all'autoritarismo dei docenti. Accadde presto che molti professori, che erano di sinistra, forse per darsi un tono, forse per convinzione, si schierarono dalla parte degli studenti. I licei di tutta Italia erano invasi da striscioni e scritte sui muri. Paradossalmente, fu l'università Cattolica di Milano ad aprire la stagione della grande ribellione, dopodiché il casino si trasferì alla Statale, dove l'ambiente era più pronto, il terreno già concimato. L'opinione pubblica faceva un po' spallucce di fronte a occupazioni e cortei, sembravano iniziative di giovani che s'inventano qualcosa per studiare meno. Era un processo che si nutriva di indifferenza e di un'abbondante compiacenza, proveniente anche dai genitori, di un vago e generico modernismo che tentava di rompere lo schema piccolo borghese della Dc, quasi interamente mutuato dal modello fascista. Il desiderio di cambiamento si respirava dappertutto, ma presto fu inquinato da degenerazioni ed eccessi vari, tanto che se ne sono viste di tutti i colori. I cortei non erano più semplici manifestazioni, ma vere occasioni di aggressione. Aggiungo che dall'estero provenivano segnali in qualche modo analoghi, tali da alimentare la convinzione che si stesse vivendo una sorta di «primavera», come la chiameremmo oggi, ma dal sapore occidentale. In più, agiva dall'alto la suggestione dell'Unione Sovietica. Si sapeva perfettamente che era un porcaio, così come ogni altro Paese al di là della cortina di ferro, ma esisteva un giustificazionismo. Si raccontava che ci fosse assoluta giustizia sociale, che tutti avessero un lavoro e che non esistevano né ricchi né poveri. Se ne parlava come di un sistema sicuramente da migliorare, ma anche come di una macchina inevitabilmente destinata a diventare perfetta. Ed era la propaganda di sinistra, in particolare quella comunista, attraverso i mille gruppuscoli che nascevano e si moltiplicavano, a fare queste continue fughe in avanti e preparare questa pazzesca insalata russa. Invece, gli Stati Uniti che tutti imitavano nel costume e nei consumi erano visti come la parte marcia, gli imperialisti e i corruttori, i protagonisti della decadenza morale.

Parlo di un periodo della nostra storia in cui non c'era nemmeno il divorzio. La campagna sacrosanta condotta dai radicali assunse immediatamente connotati politici. Erano a favore del divorzio gli ambienti progressisti, ma per le parrocchie cattoliche essere divorzista voleva dire essere un pericoloso sovversivo. Si era invece antidivorzisti tra i conservatori e i perbenisti, cattolici o no che fossero, e dunque nell'ambito di quell'elettorato tenuto insieme soprattutto dalla Dc. Fu curioso il caso dei liberali, che per sostanza e tradizione si sentivano parte della destra conservatrice, ma che con Antonio Baslini erano stati tra i promotori della legge del 1970, al fianco dei socialisti di Loris Fortuna, legge che poi il referendum del 1974 sottopose al giudizio degli italiani. L'elettorato del Pli votava quel partito non perché si sentisse liberale, ma piuttosto perché si sentiva organico alla destra. Se dovessimo schematizzare molto, per facilitarci la lettura, potremmo dire che l'elettore tipico dei liberali era un individuo di solito ben vestito, presentabile, con un po' di soldi, una discreta educazione e una buona istruzione. Più o meno simili erano gli elettori repubblicani, i quale però si sentivano relativamente un po' a sinistra. Erano quelli che richiamavano la necessità del risparmio, i pericoli della spesa pubblica, erano insomma i brontoloni.

Capirete che, anziché portare chiarezza, il centrosinistra finì col portare ancora più caos nella politica italiana. Il primo che colse tutto ciò fu forse proprio Giovanni Malagodi, leader dei liberali, subito ostile all'apertura verso i socialisti, scelta che definì «la svolta pericolosa».

Dal punto di vista dell'andamento elettorale, i socialisti non seppero trarre alcun vantaggio dall'esperienza di governo. Perché tutto sia più chiaro, do un po' di numeri. Nell'aprile 1963, dopo aver appoggiato Fanfani, e prima che si formasse quel governo Moro nel quale entrò direttamente, il Psi conquistò il 13,84 per cento dei voti degli italiani, dunque meno del 14,23 per cento preso nel 1958. Intanto i socialdemocratici, anch'essi al governo, presero poco più del 6 per cento. Alle elezioni del 1968, dopo cinque anni di avventura al governo, il dato elettorale è più complesso da leggere, ma per i socialisti si rivela comunque deludente. Dico «complesso» perché nell'ottobre di due anni prima Psi e Psdi si erano uniti e avevano formato il Psu, il Partito socialista unificato, detto anche «partito della bicicletta» poiché i simboli originari di ciascun partito erano effigiati sulle due ruote di una bici. Speravano di riuscire a sommare il proprio patrimonio di voti, un 20 per cento teorico che in realtà nelle urne si fermò al 14,5 per cento. Tant'è vero che l'esperienza comune, la grande fusione della sinistra moderata, durò ancora un solo anno, dopodiché ognuno scelse di rientrare sul proprio percorso autonomo. Sempre alle elezioni del '68, per la prima volta si presentava il Psiup, composto da ex socialisti che non avevano gradito l'adesione al governo Moro. Conquistò un lusinghiero 4,5 per cento, ma ebbe vita breve, già quattro anni dopo alle politiche del '72 crollava a meno del 2 per cento.

Verso la metà degli anni Sessanta, e più seriamente sul finire del decennio, si cominciò a pensare all'istituzione delle regioni. Fino ad allora, l'amministrazione locale era diretta soprattutto dalle prefetture, che controllavano la spesa pubblica con procedura preventiva, veniva dunque bruciata ogni delibera di spesa quando non c'era adeguata copertura finanziaria. Ma si continuava a parlare della necessità delle regioni, si sosteneva che sarebbero nate e che avrebbero eliminato la necessità delle province. Tutto ciò avveniva con l'opposizione delle destre, liberali compresi, che invece sostenevano il pericolo di questa soluzione. Avevamo fatto una fatica boia per raggiungere l'unità, ancora tutt'altro che compiuta nella sostanza, e adesso già si puntava a una nuova divisione. La sinistra però insisteva con la necessità del decentramento e della valorizzazione delle specificità territoriali che non dovevano essere confuse nel *mare magnum* dello Stato unitario; diceva che il cuore dello Stato, collocato a Roma, non può conoscere le esigenze del Friuli o della Calabria. Comunque, nel 1970 il Parlamento votò la legge che istituiva le regioni a statuto ordinario. L'opposizione delle destre, come detto, fu vigorosa, i missini dichiararono che si stava attentando all'unità italiana, i liberali temevano un eccesso di burocratizzazione. Buona parte del personale che occorreva ai nuovi uffici delle regioni fu prelevato dalle province, le quali però non furono soppresse; del resto erano in carica dei consigli provinciali legittimamente eletti, con tanto di presidenze, auto blu, e anche delle attribuzioni importanti. La stessa Dc sosteneva che prima di procedere alla loro soppressione era opportuno concedere alle regioni il tempo di un buon rodaggio. Regioni alle quali vennero affidate funzioni amministrative su circoscrizioni comunali e polizia locale, assistenza scolastica, musei e biblioteche, assistenza sanitaria e ospedaliera, trasporti, turismo, urbanistica, viabilità.

Indubbiamente, questo scatenò una moltiplicazione dei rami burocratici e una caotica sovrapposizione tra Stato e regioni e tra enti locali. È qui, negli anni Sessanta, che cominciarono e si svilupparono i fermenti coi quali si arrivò alle regioni, ed è qui che cominciò a impennarsi la spesa pubblica, un effetto del quale inizialmente nessuno si accorse.

Quando Pietro Nenni diventò vicepresidente del governo Moro, sulla poltrona di segretario Psi sedette Francesco De Martino. La sua gestione caciarona condusse il partito molto a sinistra, anche più del Pci, rendendolo quasi estremista. Molto presto sarebbe iniziata la fase di dispetti e conflitti con la Dc, all'interno del governo, ma anche tra socialisti stessi. Si sa, metti cinque socialisti in una stanza e ne verranno fuori cinque correnti.

Quando si giunse agli anni Settanta, il provvedimento forse di maggior impatto fu la riforma sanitaria, firmata nel '78 da Tina Anselmi, democristiana e prima donna ministro della nostra Repubblica e all'epoca capo del dicastero della Sanità. Con l'appoggio dei comunisti, la Anselmi riuscì a far passare la legge che istituiva il Servizio sanitario nazionale. Doveva razionalizzare la sanità italiana su base regionale e invece si è rivelato un disastro. In Calabria si spende tanto e il servizio fa letteralmente schifo, in Lombardia, dove forse almeno una fetta del denaro pubblico riesce ad arrivare a destinazione, il servizio è decente.

Da molte parti, le regioni erano viste soprattutto come opportunità di lavoro, come fabbriche di posti. Nel luglio del 1970 accadde proprio in Calabria un fatto incredibile, passato alla storia come «i moti di Reggio». Per alcuni mesi, a Reggio Calabria scoppiò una violenta ribellione popolare alla notizia che il capoluogo prescelto era Catanzaro e che dunque lì sarebbe sorta la sede della regione. In seguito a gravissimi incidenti, salomonicamente si decise di suddividere le competenze: la giunta e gli assessorati restarono a Catanzaro, la sede del Consiglio regionale fu fissata a Reggio.

Quando i socialisti misero piede nella cosiddetta «stanza dei bottoni», molti comunisti pensarono che si trattasse del primo passo per demolire quella roccaforte che faceva del centrismo la sola possibilità concessa dall'equilibrio dei due blocchi. Un'altra parte dei comunisti polemizzò invece coi socialisti, sostenendo che l'alleanza andava fatta con loro, in modo da ottenere l'unità delle sinistre, ovviamente capeggiata dal Pci, in grado di mettere finalmente in minoranza la Dc. Del resto, anni dopo, nemmeno il primo Craxi escludeva a priori l'alleanza coi comunisti: la evitò quando capì che lui stesso sarebbe finito in minoranza, divorato dalle fauci dei comunisti.

Il sogno della sinistra compatta non andò in porto, ma se facciamo due conti scopriamo che, se pure si fosse realizzato con la partecipazione di socialdemocratici e repubblicani, la sinistra non sarebbe mai diventata maggioranza nel Paese. In fondo, i rapporti rispetto all'Italia attuale non sono cambiati. Allora nessuno, a parte le vecchiette, confessava di essere democristiano. Poi però andava nell'urna, si ritrovava solo con la sua coscienza, faceva il gesto dell'ombrello e rimetteva la crocetta sullo scudo crociato. Un po' come accade oggi con Berlusconi, mai sentito uno che dichiari di votarlo.

III

LE STRAGI E IL GOLPE: FU VERA STRATEGIA?

La stagione delle stragi italiane si apre ufficialmente con piazza Fontana. All'epoca lavoravo alla «Notte», e ricordo nitidamente, di quel 12 dicembre 1969, l'istante in cui arrivò in redazione la notizia, che fece un'enorme impressione. Direi anche qualcosa più che impressione, perché il terrorismo andava a colpire sanguinosamente un luogo pubblico e di alto impatto simbolico. Non dimentichiamo che la bomba di piazza Fontana esplose precisamente nella sede della Banca Nazionale dell'Agricoltura. A me non sembrava affatto casuale l'obiettivo rappresentato dall'istituzione finanziaria, dall'emblema del capitalismo. Se questo era il movente, il collegamento più ovvio era con gli ambienti anarchici, o almeno con quei gruppi violenti di estrema sinistra che, designato il sistema capitalistico come primo nemico della loro lotta di classe, ne andavano ad abbattere una delle grandi chiese. Naturalmente, la sinistra cominciò subito a ipotizzare, forse per la prima volta nella storia del nostro Paese, l'esistenza di una cosiddetta «pista nera».

A distanza di anni, continua però a restare vivo il dubbio che la pista nera fosse quella giusta, la responsabile effettiva di quegli eccidi orrendi. Per qualcuno, si è raggiunta la certezza che gli autori siano stati i neofascisti, ma non mi pare che si sia arrivati a una verità indiscutibile, tutto sommato siamo rimasti ai sospetti.

Ciò che ancora sfugge è quale scopo avessero in testa i neofascisti attuando azioni di quel tipo. Intanto, gli estremisti di destra non erano organizzati, né erano una costola agguerrita venuta fuori dal Sessantotto, al massimo potevano essere al soldo di servizi segreti deviati. In tal caso, però, dovremmo teorizzare un interesse della Democrazia cristiana a metter su, nel corso del 1969, la famosa «strategia della tensione», perché solo di questo può trattarsi. Del resto, per quanto si fosse in una stagione calda, il terrorismo vero e proprio nel nostro Paese non l'avevamo ancora conosciuto, gli stessi attentati delle Br non erano ancora cominciati. Avvenne solo nel settembre dell'anno successivo che i brigatisti rivendicassero per la prima volta un'azione, fu quella compiuta a Milano in piazza Zavattari. L'obiettivo era l'auto di un certo Giuseppe Leoni, dirigente della Sit-Siemens, data alle fiamme. Nel 1969 non c'era nemmeno Prima Linea, c'erano al massimo gruppuscoli di studenti più esagitati di altri.

Per questo mi chiedo cosa poteva mai esserci dietro la presunta «strategia della tensione». Sarà pure una definizione elegante, ma a chi poteva giovare? Alla Democrazia cristiana che già era saldamente al potere? A me pare che tutto fosse piuttosto illogico. In ogni caso, la strategia della tensione fu una teoria che reggeva, che occupò a lungo le prime pagine dei giornali, che animò dibattiti tra intellettuali, politici. In cosa consistesse davvero, tuttavia, e soprattutto in cosa consistesse il vantaggio che poteva trarne la Dc, questo non s'è mai capito. Anche perché, se andiamo ad analizzare i flussi elettorali dal 1969 in avanti, non mi pare che se ne rilevino esiti a vantaggio della Democrazia cristiana. Intanto va detto che le elezioni politiche erano avvenute appena l'anno prima e che le successive sarebbero state solo nel 1972, quindi addirittura tre anni dopo. Nel 1970 si tenne solo una tornata di regionali, nella quale la Dc perse uno «zero qualcosa per cento» rispetto alle politiche del 1968. Facile rimarcare che guadagni non ne acquisì. Eppure, la teoria della Dc che complotta per guadagnare voti è stata sostenuta e creduta autentica. Resta sospeso il famoso *cui prodest*.

Mentre si discute di mandanti veri o presunti, di autori materiali veri o presunti, lo stragismo purtroppo va avanti. Nel giro di tre mesi i terroristi piazzano due attentati terrificanti: nel maggio 1974 c'è la strage di piazza della Loggia a Brescia, nell'agosto successivo l'esplosione del treno *Italicus* a San Benedetto Val di Sambro, nella provincia bolognese. Anche stavolta, sugli autori c'è il buio totale. Sì, si hanno dei sospetti, ancora una volta indirizzati verso gli ambienti neofascisti. Non sto sostenendo che i gruppi neofascisti fossero innocenti, ma ho la sensazione che potessero scegliere e centrare solo obiettivi più modesti, soprattutto perché a loro mancava del tutto l'organizzazione profonda e capillare che invece si erano dati i gruppi estremisti della sinistra. Per giunta, non avevano il pubblico e la tacita simpatia collettiva che le organizzazioni rosse potevano vantare e su cui potevano contare. I neofascisti avevano un seguito ideale più ridotto. Diciamo che il partito di riferimento per loro poteva essere il Msi. Per capirci, nel 1968 il Movimento sociale conquistava il 4,4 per cento dei voti, e nel 1972 un 8,7 per cento, che scese al 6,1 per cento nel '76. Pur considerando queste oscillazioni, non c'era confronto con il 27 e il 34 per cento che il Pci prese rispettivamente nel '72 e nel '76. Naturalmente, la platea così vasta della sinistra comprendeva una quota significativa che non era affatto moderata e che sognava la rivoluzione, o comunque un cambiamento radicale di regime, dunque di tipo rivoluzionario. Considerando tutto ciò, sono sempre stato indotto a pensare che i vantaggi siano finiti soprattutto a sinistra. Come appena detto, in quegli anni i comunisti crebbero, e crebbero in modo sensibile. Sia chiaro, non credo a un aggancio di tipo organico tra stragisti e Pci, ma che esistesse un humus comune che poteva alimentare sospetti di vicendevole convenienza mi pare sia sotto gli occhi di tutti.

Non ho mai pensato che in Italia fossimo davvero vicini alla possibilità di un golpe, parola che nel nostro Paese è diventata con gli anni di uso piuttosto comune. Mai si sono registrati episodi che hanno indotto a credere, in modo serio, che da qualche parte si tramasse segretamente con lo scopo di sovvertire l'ordine democratico. Persino la vicenda del Sifar e del «Piano Solo», venuta fuori con l'inchiesta di Eugenio Scalfari e Lino Jannuzzi nel maggio 1967, è stata col tempo in parte smentita e comunque ridimensionata. Si parlò di «colonnelli» anche in Italia, temo soltanto perché dal 1967 al 1974 c'era stato il colpo di Stato in Grecia guidato dall'esercito e dal colonnello Papadopoulos. La mia idea è che ci possono essere state qua e là progettazioni, disegni, utopie, ma sono certo che mai, da nessuna parte, qualcuno sia stato davvero pronto a passare alla fase esecutiva. Il resto sono chiacchiere, giornalistiche e politiche.

In ogni caso se ne parlava tanto, ma così tanto che alla fine ci credevano tutti. In più, l'invisibilità dei presunti complottatori dava luogo alle ipotesi e alle ossessioni, in dimensioni ancora più gigantesche. La dietrologia impazzava libera, ciascuno aggiungeva un frammento tratto dalla propria fantasia nel disegnare questi fantasmi. E infatti dei fantasmi si parla, e se ne ha paura, proprio perché non si vedono e non ci sono.

Naturalmente, al cospetto di azioni orribili come la strage alla stazione di Bologna, in ognuno scatta il bisogno irrefrenabile di trovare dei responsabili. Ho l'impressione che i due accusati, Francesca Mambro e il suo compagno Valerio Fioravanti, siano stati presi e condannati soprattutto per dare in pasto agli italiani l'idea che i colpevoli ci fossero e che la giustizia non se li era lasciati scappare. Furono infatti riconosciuti autori della strage e condannati entrambi a diversi ergastoli, e oggi sono entrambi liberi. Il processo a loro carico fu essenzialmente indiziario, prove autentiche che li inchiodassero non ce n'erano, io dico che la strage resta sostanzialmente impunita.

Chi può essere stato? Più che spiegazioni politiche, ho la sensazione che di fronte a crimini di questo tipo occorrano invece spiegazioni psichiatriche. Continuo a non capire dove si possa andare a parare con azioni così ottusamente sanguinose. Certo, si scatena il panico, si destabilizza, si sottopone il Paese alla paura, però in concreto di questa paura nessuno si avvale veramente, nessuno può darle un senso né un seguito. A meno che non ci fermiamo alle polemiche e ai timori che si scatenano sui giornali, alla Tv, nei cortei, con gli interventi parlamentari. La verità è che in Italia, soprattutto in quella fase, i soli che avessero in testa di sovvertire il sistema e di fare la rivoluzione erano i comunisti combattenti, quelli sì avevano uno scopo dichiarato e forse anche qualche possibilità di farcela, e si sono mossi in linea con questo obiettivo. Temere che gli estremisti di sinistra agissero in quella direzione non era per niente un pensiero avventato, non era una congettura da stupidi. Viceversa, credo che appartenga alla fantasia un po' malata di molti italiani teorizzare che attraverso le stragi si potesse arrivare al golpe.

C'è un ulteriore elemento del quale terrei conto. I terroristi neri, compresi i tanti finiti in galera, non hanno mai tolto il velo a una rete importante, diffusa sul territorio nazionale, che facesse temere un colpo di Stato di matrice fascista. Diciamo che al massimo si trattava di suggestioni che ancora provenivano dal periodo immediatamente postbellico. Di fascisti veri non ce n'erano più, o comunque non in numero tale da poter far paura a qualcuno. Per questo, la mia sensazione è che l'intero armamentario, fatto di stragi e piste nere, in sostanza servisse solo ad alimentare una lunga discussione mai davvero esaurita che partiva da piazzale Loreto. Molti erano davvero convinti che i fascisti, i nostalgici, fossero ancora tutti pronti a ricreare le condizioni per rimettere in sella un sistema e un duce che però non c'era più. A me tutto ciò dà, più che altro, l'idea di chiacchiera da dopopranzo, al terzo whisky hai i primi esiti alcolici e cominci a vedere dappertutto fascismo e golpe di destra. In realtà, dal punto di vista strettamente giudiziario, non è mai stato dimostrato niente, malgrado ogni sforzo la magistratura non c'è mai riuscita.

Teniamo sempre ben presente che intanto dall'altra parte le Brigate Rosse continuavano a colpire. Complessivamente, tra ferimenti e omicidi, non sono lontane dal traguardo di un migliaio di vittime. È pur vero che le sole piazza Fontana e stazione di Bologna hanno registrato una somma di morti superiore a quella imputata alle Br. La differenza la conosciamo, il terrorismo stragista ammazzava a capocchia, i brigatisti colpivano invece in modo mirato, scegliendo sempre bersagli precisi. Una diversità strategica che la dice lunga sulla distanza mentale fra tipi di attentati e anche sulla capacità organizzativa dei brigatisti rispetto ai bombaroli.

Al golpe non ho mai creduto perché mai sono emersi elementi seri che potessero far pensare che quell'ipotesi fosse fondata. Soprattutto, non ho mai creduto che le piste nere potessero condurre alla scoperta di chissà che, semplicemente perché quel «chissà che» non c'era e non c'è mai stato. Quando invece si è indagato su certi ambienti della sinistra, e mi riferisco alla componente dei comunisti combattenti, lì i fatti sono emersi, si era al cospetto di prove autentiche. L'abbiamo appurato coi processi, coi pentiti, i tradimenti, le dissociazioni, e con le faide interne che a un certo punto sono nate. Insomma, c'era del materiale ed era materiale serio. Sull'altro fronte c'erano dei delinquenti, dei pazzi tipo quel Mario Tuti, un individuo sicuramente pericoloso, genericamente fascista, uno che ammazzò due carabinieri che cercavano di arrestarlo e che, una volta in carcere, uccise Ermanno Buzzi, un altro recluso neofascista. Ero al «Corriere d'Informazione» e dovevo fare un pezzo su questo Tuti e sul suo Fronte nazionale rivoluzionario. Capii subito che si trattava di un gruppetto di scriteriati, di pazzi veri, gente che non aveva alcuna organizzazione unitaria.

Quando gli attentati con le bombe sono riapparsi negli anni Novanta, e penso per esempio a Milano in via Palestro, lì improvvisamente si è trasferita alla mafia la nuova responsabilità della destabilizzazione. E anche qui io resto scettico. Sono certo che la mafia il tritolo l'abbia sempre adoperato contro Falcone o nemici come lui, dunque obiettivi pratici e ben mirati. I mafiosi non hanno ideologia, sono delinquenti che non compiono azioni gratuite di cui poi si ignora l'autore, la logica, il senso e lo scopo. Addirittura, con assurdi teoremi, abbiamo sentito fare il nome di Berlusconi, che a qualcuno deve improvvisamente essere sembrato pure capo della mafia. Ormai tutto, ogni nefandezza che avviene in Italia, deve per forza nascere in Sicilia. Abbiamo venti regioni, ma tutto accade in Sicilia, è il destino toccato allo stesso Andreotti. Uno che è stato sette volte presidente del Consiglio e ventisei volte ministro della Repubblica incarnava pienamente il potere, anzi lui era il potere. Vi pare che per legittimarsi o per vincere un congresso a Siracusa avesse bisogno di Totò Riina?

Metteteci pure le suggestioni della letteratura, del cinema. Teniamo conto dell'impatto avuto da successi come *Il padrino* come *La piovra*, che fra l'altro contribuivano a rivestire la mafia di una patina epica. A vedere certi film, veniva quasi la voglia di fare il tifo per la mafia o di diventare mafioso. Con l'analisi della mafia ci si può fermare molto prima, ha voglia solo di lucrare sugli appalti, ha voglia di far soldi. Se i mafiosi avvicinano l'assessore di Parabiago, in quell'istante mirano solo a guadagnare favori e licenze. Trattano affarucci di questo tipo, questioni che col golpe e con le trame eversive non c'entrano niente, né hanno connessione stretta con la teoria politica. Tant'è vero che in Sicilia, quando i voti vanno alla sinistra sono voti democratici, quando invece gli stessi voti, perché sono gli stessi che passano di qua e di là, finiscono al centrodestra sono indiscutibilmente voti dei mafiosi.

Spesso è la rabbia che viene dalla fame a spingere verso le rivolte e la ribellione armata. Abbiamo sentito Grillo dire più volte che il suo movimento ha impedito che l'Italia sfociasse nella contestazione violenta. Intanto si prende dei meriti tutti da dimostrare, e poi frasi come questa sono refrain già ascoltati negli anni Sessanta, poi di nuovo nei Settanta e negli Ottanta. Di rivoluzioni con le parole ne abbiamo fatte tante, con la lingua siamo abilissimi a combatterle. Ma appena sentiamo uno sparo vero, siamo tutti sotto la scrivania, perché ce la facciamo sotto dalla paura. Lo stesso Bossi parlava di trecentomila doppiette pronte a sparare nelle valli bergamasche. Forse trecentomila doppiette da quelle parti ci sono davvero, ma quelli col porto d'armi per la caccia hanno anche la Bmw e l'abbonamento Sky. Cosa gliene frega di andar dietro a Bossi?

Diciamola tutta, gli unici che nella storia d'Italia abbiano davvero realizzato una piccola rivoluzione sono stati i fascisti nel 1922 con una scampagnata. Altro che Marcia su Roma, quelli presero il treno e non spararono un colpo.

Non sottovaluto niente della stagione dello stragismo, dico soltanto che quegli attentati sanguinosi non erano finalizzati a rovesciare lo Stato di diritto. Questa è un'interpretazione che, sinceramente, a me sa tanto di favoletta, ha il sapore di fantasie, ombre, tormenti e incubi un po' gratuiti. Il nostro sistema istituzionale è già marcio da anni, probabilmente morirà per i cazzi suoi, non perché un gruppetto di eversori progetterà di abbatterlo. Non ce ne sarà bisogno, già di suo non funziona. Se le vicende italiane sembrano legate da un destino comune, da un filo rosso, è perché siamo sempre figli delle stesse puttane.

IV

LE BRIGATE POCO «ROSSE»

Le Brigate Rosse sono un fenomeno che comincia molto lentamente, un fenomeno la cui genesi parte da lontano e sfugge anche a un pubblico di avveduti, addirittura ai politici più scaltri. All'epoca non si capisce come quei gruppuscoli post-sessantottini, quelli di matrice maoista, o quelli come Lotta Continua, o anche i primi embrioni di Democrazia Proletaria, possano diventare qualcosa di serio. Nessuno dà loro veramente peso, li si ritiene marginali. Del resto, la situazione in quegli anni è talmente caotica che un gruppuscolo in più, una sigla in più, quand'anche si definisca armata o non armata, può essere solo una insignificante bolla retorica, tutta parole e niente fatti.

In realtà, e questo l'abbiamo capito tutti dopo, quella era soltanto una fase di semiclandestinità. Si incontravano tra loro, parlavano, facevano riunioni, protetti come detto dalla disattenzione generale nei loro confronti. Intanto il loro livello organizzativo cresceva, grazie soprattutto all'uso di metodi e di un armamentario da vecchio leninismo, da rivoluzionari ortodossi, da bolscevichi. Metodi non so fino a che punto ben assimilati.

La verità è che la percezione collettiva vedeva tutto ciò come un fenomeno studentesco. Qualcosa che conteneva un germe di giovanilismo, e che dunque non aveva nulla di veramente incontrollabile. Diciamo che si guardava a questi fermenti come fossero la prosecuzione inevitabile della «gioventù bruciata» degli anni Cinquanta. Stavolta c'era una differenza sostanziale, però:

la partecipazione dei genitori. Perché adesso anche molti papà se ne andavano in giro con l'eskimo. Parlo di piccole cose, si capisce, questioni di impatto soprattutto simbolico. Però raccontano bene quel germe di subalternità che i padri scontavano nei confronti dei propri figli. Una subalternità che agiva pienamente anche all'interno delle classi dirigenti. Ecco, questo era un profilo che invece catturava l'attenzione di tanti, anche perché i giovani di cui parlo erano già elettori, e dunque potevano rappresentare una componente rilevante per gli equilibri politici. Si avvertiva l'esigenza di tenerli buoni, per poterli al più presto portare dalla propria parte.

Intanto il Partito comunista coniò una prima definizione per i gruppuscoli di cui stiamo parlando: «Compagni che sbagliano». Ma attenzione, questo non voleva dire che erano diversi e dunque da emarginare. Erano visti piuttosto come una riserva indiana, compagni che appena possibile bisognava recuperare, magari assegnando loro un posto nella cellula del partito o in una federazione provinciale. Un destino, questo, che poi in effetti è toccato a molti.

Nel frattempo l'organizzazione di quei gruppuscoli più bellicosi continua a raffinarsi. Diventano club esclusivi, sempre più chiusi, e si sa quanto fascino sappiano esercitare i club chiusi, quelli in cui appare difficile insinuarsi. In questi circoli scattano dei meccanismi implacabili e suggestivi, l'attrazione fatale del «non ci conosciamo nemmeno tra noi», oppure del «lo sappiamo solo noi e non se ne parla neppure a fratelli e fidanzate». Si finisce per sentirsi strumenti, e anche protagonisti di un piano storico, di un progetto altissimo e necessario, non certo di robetta che può essere sciupata con due chiacchiere al bar.

I loro appartenenti sono il risultato della saldatura tra studenti e componente operaia. Ciò che parte come un'iniziativa sostanzialmente studentesca diventa qualcosa di più quando i giovani intuiscono che hanno bisogno di darsi forza e di guadagnare spessore. Per far questo, è necessario allearsi con l'energia operaia. L'operazione non è così complicata, basta andare a pescare nelle frange sindacali. Avvicinano perciò gli operai più giovani, i più aperti e spregiudicati, quelli che si sono rotti le balle delle piccole lotte nel chiuso della fabbrica. La parte studentesca li accoglie quando s'è già data una prima organizzazione paramilitare, quando ha già fissato i suoi primi livelli gerarchici e può quindi proseguire rapidamente nel processo di crescita.

Al tempo in cui ero al «Corriere d'Informazione», una mattina sono andato per un servizio a uno stabilimento nei dintorni di Milano. C'era una scritta sul muro dal tipico tono sindacale e un volantino nel quale gli studenti celebravano l'alleanza con gli operai e il loro ruolo di avanguardia del popolo, popolo che successivamente avrebbe seguito la via rivoluzionaria da loro indicata. Va detto che non avevano nemmeno tanto torto. All'epoca non avevano ancora ammazzato, ma più si aveva la sensazione che le Brigate Rosse crescessero, più una certa simpatia collettiva nei loro confronti si faceva strada. Anche negli ambienti dei comunisti più sanguigni, quelli delusi da cazzate come l'eurocomunismo, vedevano di buon occhio questi compagni che menavano le mani. Perché va chiarito che intanto questi brigatisti in erba iniziavano a sprangare nei cortei, è così che si allenavano, dopodiché venne pure il tempo delle gambizzazioni. Non si può dire che le gambizzazioni non facessero paura, ma non venivano viste come atti indiscutibili di terrorismo, si interpretavano piuttosto come la vendetta del proletariato che andava a colpire alcuni simboli della borghesia grassa che teneva il piede schiacciato sulla testa dei poveracci. Era questa la semplificazione imperante.

Il punto di svolta giunge tra l'aprile e il maggio 1974, quando le Brigate Rosse rapiscono a Genova il giudice Mario Sossi e lo tengono sotto sequestro per poco più di un mese. Sossi a quell'epoca è pubblico ministero nel processo a un'organizzazione genovese di estrema sinistra, il gruppo XXII Ottobre. È una svolta perché per la prima volta le Brigate Rosse lasciano intendere di essere un'entità seria, capace di progettare e realizzare il rapimento di un magistrato e di amministrare la fase di prigionia senza commettere passi falsi. Lì si è capito, o almeno i più avveduti hanno capito, che questi non erano affatto dilettanti buoni solo a scrivere volantini deliranti.

Da quel momento c'è stata l'escalation. Le Brigate Rosse sono diventate davvero più forti e temibili, non solo nella percezione della gente, dei giornali e dei politici. C'è voluto poco perché le gambizzazioni si evolvessero in omicidi. Anche nei cortei facevano spesso in modo che ci scappasse il morto, era il sistema più rapido per creare caos ed esasperare gli animi.

Per comprendere il clima che avvolgeva quel periodo, racconterò del giorno in cui fu dato l'annuncio del rapimento di Aldo Moro in un cinema di Bergamo. E cito Bergamo poiché è una città bianca, intimamente democristiana. Bene, uno dei responsabili del cinema interruppe tutto e spiegò che c'era appena stata un'azione terroristica, con la quale le Brigate Rosse avevano rapito il presidente della Dc, Aldo Moro, e avevano ucciso i cinque uomini della sua scorta. La platea ascoltò e reagì con un'ovazione. Proprio così, un'ovazione. Era il segno chiaro, lampante, del sostegno popolare di cui le Brigate Rosse godevano. Naturalmente non mi riferisco agli ambiti più conservatori, ma parlo di ambienti di sinistra o che simpatizzavano per la sinistra.

Il sequestro Moro fu l'altro punto di non ritorno. Da allora, nemmeno la sinistra usava più l'espressione «compagni che sbagliano», con cui si era cullata per anni. E nemmeno tentò più di confondere le acque, come alcuni facevano, sostenendo che in realtà i brigatisti erano fascisti, e che tra opposti estremismi era impossibile fare distinzioni. Dopo Moro, la sinistra istituzionale, quella dei vertici, cominciò a temere che le Brigate Rosse potessero intaccare il consenso. Il loro cominciava a essere un comunismo fin troppo attivo, sbrigativo e rivoluzionario. Il sogno lontano dei comunisti, a pensarci, era proprio la rivoluzione, non certo l'occupazione di quattro poltrone in Europa o al Senato. Il partito burocratizzato, ovviamente, ragionava in modo diverso. Trattava qua e là due o tre posti da assessore, partecipava pienamente e quotidianamente alla spartizione del potere spicciolo.

Ma ormai lo stato di emergenza era conclamato, bisognava cominciare con la lotta vera. Perciò, lo stesso Pci capì che avrebbe dovuto accettare e sostenere le leggi speciali con le quali lo Stato decideva di agire vigorosamente contro le Brigate Rosse. Ne era stato introdotto un primo pacchetto già nel maggio 1975, le famose leggi Reale, firmate dal repubblicano Oronzo Reale, all'epoca ministro della Giustizia. Ma quelle erano giunte soprattutto in seguito alle stragi, in particolare quella di piazza della Loggia a Brescia. Successivamente al caso Moro, nel febbraio 1980 diventa legge un decreto del 1979, firmato stavolta dal ministro dell'Interno, il democristiano Francesco Cossiga. Si tratta di leggi speciali che fissano il nuovo reato di associazione terroristica, le cui sanzioni si aggiungono a quelle per l'associazione sovversiva, e all'aggravante del reato di terrorismo, che dovrà prevalere su qualsiasi circostanza attenuante. Ma il pacchetto contiene articoli ancora più incisivi. Intanto consente il fermo di 96 ore nei confronti di individui che stanno per commettere un reato di terrorismo, inoltre amplia i poteri di perquisizione, consentendola per causa d'urgenza anche senza il mandato del magistrato competente. Infine, c'è l'aspetto veramente decisivo, quello che cambia completamente le carte in tavola: sconti rilevanti di pena per i pentiti e per chi collabora con la giustizia.

Tutto ciò riequilibrava la lotta in modo significativo. Prima, non si era fatto quasi nulla, si combatteva un esercito avversario con i tutori dell'ordine pubblico. Ma era accaduto che anche la politica, tutta la politica, aveva seriamente cominciato a farsela sotto. E spinta da questa paura, aveva immediatamente raggiunto una sua piena e inedita compattezza. Potremmo servirci di una frase usata dal più vieto qualunquismo: «Quando toccano loro, finalmente si muovono». Sembrerà pure una semplificazione brutale, ma andò proprio così.

I fenomeni che hanno ricadute sociali non puoi esaurirli o sgretolarli in tre minuti. Le Brigate Rosse ancora per qualche anno hanno continuato con le loro azioni e i loro ammazzamenti. Ma cominciava a vedersi anche un certo declino.

Un ruolo notevole, a questo punto, lo interpreta Prima Linea, di cui si deve per forza tener conto, perché fu l'orizzonte futuristico delle Brigate Rosse e tenne per un po' in vita ciò che si avviava verso il tramonto. I suoi commando erano forse più improvvisati, ma sicuramente anche meno prolissi e più spietati. Ho usato il termine «prolissi» a proposito dei volantini che le Brigate Rosse redigevano e lasciavano in giro. Capolavori assoluti di incomprensibilità, peraltro stesi in un linguaggio assurdo. Non vorrei sembrare eccessivo, ma nella forma quello era il linguaggio usato anche da molti politici dell'epoca. Lo stesso Moro, se andate a leggere le lettere scritte durante il sequestro, è un raro esempio di prolissità e oscurità. Sembra che l'intento di tutti fosse soprattutto arzigogolare, forse credevano di esibire in questa forma inesplicabile tutta la forza del proprio bagaglio ideologico e culturale.

Attenzione, quel consenso popolare piuttosto diffuso consentì ai brigatisti di infiltrarsi un po' dappertutto, grazie soprattutto all'aiuto dei tanti simpatizzanti. La situazione era più o meno quella di uno stadio, in cui ci sono due componenti protagoniste, i calciatori che vanno in campo e giocano, il pubblico tifoso che sta sulle gradinate, ma che ogni tanto ha anche rapporti coi giocatori. Uomini delle Brigate Rosse seppero insinuarsi nei tribunali, nei ministeri. E da lì recuperavano informazioni che per loro erano preziose. Le soffiate giungevano spesso ai brigatisti dalle stesse redazioni dei giornali. Gli autori del delitto Tobagi, in particolare Barbone e Morandini, figli di figure di rilievo del mondo editoriale, dimostravano che le Brigate Rosse non furono affatto un fenomeno superficiale, ma che avevano attecchito anche nell'alta borghesia. Erano anzi una piaga ormai profonda che si serviva di collaborazionismo diffuso. Collaborazionismo occulto, ma di grande efficienza. La rete di informazioni che avevano creato non era affatto banale, quando dovevano colpire colpivano con una precisione notevole. Vuol dire che lavoravano su informazioni accurate e affidabili su cui realizzare i loro progetti folli.

Le Brigate Rosse sono state il momento di maggior crisi del nostro Paese dalla fine della guerra. Diventò veramente difficile tenerle sotto controllo, le forze dell'ordine erano spaventate e, soprattutto, non supportate politicamente. Gli agenti venivano ammazzati e parevano quasi indifesi. Quando la politica si è rassegnata ad allearsi, per combattere finalmente i «compagni che sbagliano», i risultati si sono visti subito. Non c'è dubbio che ci sia stato bisogno di sospendere alcune garanzie democratiche, come quasi sempre quando si fronteggia un'emergenza.

Per quanto fossero alleati con gli operai, era chiaro che il controllo della situazione, il pallino, lo tenevano i brigatisti. Si sentivano la componente colta e consideravano la parte operaia utile come manovalanza. Un processo che era andato nella stessa direzione anche per quelli di Lotta Continua. Tra l'altro, all'interno delle Br la linea di comando era precisa. C'erano magari piccole discussioni interne, ma la struttura gerarchica era ben fissata e i membri erano in buona parte donne. Ma il rapimento Moro doveva rappresentare l'apice della loro parabola, quello è stato il punto più alto della loro storia e anche l'inizio della fine, perché hanno finito col mettere d'accordo gli avversari e per affinare gli strumenti coi quali sarebbero stati annientati. Prima dello choc Moro, la politica non si svegliava, continuava a tollerare.

Quando fu emanata, la legislazione che inaugurò il pentitismo ha subito messo a nudo un aspetto fondamentale dei brigatisti: la loro friabilità. Si sono sciolti, hanno immediatamente cominciato a pentirsi. Appena finiva in galera, il brigatista di provenienza borghese non aveva il temperamento del mafioso che non fa una piega, né se minacci di metterlo dentro né se in carcere lo spedisci davvero. Tant'è vero che il pentitismo ha funzionato coi terroristi, ma ha sostanzialmente fallito con la mafia. I brigatisti si sono quasi tutti pentiti e dissociati, pur di ottenere i benefici previsti dalla legge.

Ci fu un grande poliziotto, Nicola Cavaliere, un tempo capo della mobile a Bergamo, oggi vicecapo del servizio segreto dell'Aisi, che in una notte partì con le auto della polizia e ne arrestò più di cento. Senza chiacchiere, li faceva parlare e li spediva in galera a uno a uno. Ovviamente, per ognuno che parlava scattavano elementi buoni per andarne a prendere altri dieci. Si può dire che Cavaliere in una settimana abbia smantellato Prima Linea, mentre le Brigate Rosse capivano che ormai franava il terreno su cui avevano camminato, che tutto stava sfaldandosi frettolosamente. Certo, soprattutto tra i capi c'era chi dava la sensazione di tener duro, di reggere l'urto, ma è stata una minoranza irrilevante. Nella sostanza, tutto è venuto giù in poco tempo, è stato come togliere a un'impalcatura il sostegno decisivo. Il crollo era inevitabile.

Quando c'è volontà politica, definizione logora che mi piace poco, ma quando c'è, quando si smette di litigare e si persegue davvero l'obiettivo, si arriva al traguardo. Si possono anche commettere errori lungo il percorso, ma lo scopo si raggiunge.

Oggi, anche quando sempre più di rado si sente parlare di piccoli focolai tutt'ora legati alle Br, nessuno si spaventa più. Quel consenso che avevano conquistato si è sgretolato rapidamente come la loro organizzazione. Al terrorismo oggi associamo l'idea di vigliaccheria, il pensiero che si colpiscano uno o più uomini incapaci di difendersi. E niente è sopravvissuto nella forma di leggenda. Degli eroi e dei guerrieri senza paura, così come a molti apparivano, ci resta solo l'immagine di penosi fuggiaschi con l'aria di volersi iscrivere al Rotary. Sono saltate fuori tutte le loro miserie. Non sarò meravigliato se qualcuno di loro chiederà il riscatto a fini pensionistici del vecchio periodo di militanza.

V

IL CONFORMISMO INTELLETTUALE: IL CASO CALABRESI

Non è difficile riconoscerlo, quando ci sono eventi di rilievo il conformismo si fa vivo per primo, e gli intellettuali sono la componente che ne accende il motore. All'inizio sembrano il loro contrario, nel senso che hanno un aspetto da anticonformisti, da avanguardia di una nuova idea. Poi si capisce che in realtà guidano un gregge, e nel nostro Paese i greggi dominanti sono regolarmente due: seguaci e oppositori, il gregge che si accoda agli intellettuali e il gregge che si accoda ai loro nemici.

In modo un po' brutale, ho solo disegnato uno schema, ma è lo schema che funziona qui in Italia. Prendiamo il fascismo per esempio. Fascismo che indubbiamente comincia come fenomeno marginale, anche un po' folcloristico. Non come la Lega di Bossi, che ha invece una connotazione paesana, dunque piuttosto diversa nella sostanza. È folcloristica persino la Marcia su Roma, che passa come evento fondante della conquista fascista del Paese. Ma appena la monarchia accetta l'eventualità fascista, quasi col tono di chi pensa «le abbiamo provate tutte, proviamo anche questa», la diffusione del fascismo si allarga. All'inizio è certamente un'idea contrastata, vuoi per la spocchia dei cosiddetti fascisti della prima ora, vuoi per la loro fama di violenti, ma in breve tempo i camerati diventano numerosissimi e tali restano fino in pratica al 24 aprile, cioè fino al giorno che precede la fine. Dopodiché, puntuale, c'è il salto dall'altra parte.

Se andiamo molto più avanti, fino a oltre il '68, è facile sottolineare che intanto nel Paese ci sia stata una svolta culturale, ma le regole che governano il contagio da conformismo non cambiano poi tanto. Quando si apre la stagione delle stragi, gli intelligentoni si convincono immediatamente che gli anarchici con le bombe non c'entrino niente. Ma il coinvolgimento degli anarchici comincia già quel 12 dicembre 1969, giorno dell'eccidio di piazza Fontana. Gli uomini della questura fermano subito un ferroviere, Giuseppe Pinelli, uno che bazzica gli ambienti anarchici milanesi. Non è il solo coinvolto di quel mondo, forti sospetti cadono anche su Pietro Valpreda, che un tassista sostiene di aver visto in piazza Fontana «con una valigetta» poco prima dell'esplosione e «senza valigetta» immediatamente dopo. Valpreda verrà poi processato e assolto per insufficienza di prove.

All'indomani dei fermi di Valpreda e Pinelli, si crea immediatamente un esercito di innocentisti, capace di far proseliti e creare una vera e propria mentalità. Avviene che del caso di cui si parla, dei suoi sviluppi autentici, questo esercito non conosca granché, e allora fa scattare il bisogno di simboli sui quali scagliarsi, simboli che da quel momento rappresenteranno sempre e comunque il male. Il simbolo in questo caso è a portata di mano: si chiama Luigi Calabresi, e conta poco che si tratti di un funzionario di polizia poco più che trentenne, al quale vengono affidate indagini che lui ovviamente esegue. Indagini anche complicate, spesso realizzate sotto pressione. Immaginate quale fosse il clima in cui il Paese, e a maggior ragione le forze dell'ordine, si ritrovano all'indomani della strage di piazza Fontana.

Quando l'inchiesta di Calabresi insiste sulla pista anarchica, il movimento d'opinione più potente sale sul carro innocentista. Tenete presente che allora alla guida del carro c'erano mezzi di informazioni assai influenti e agguerriti, tutti schierati nel ruolo di avanguardia. I settimanali «L'Espresso» e «Panorama», i quotidiani «l'Unità» e «Paese Sera». Tutto sommato, direi che lo stesso «Corriere della Sera» si lasciò suggestionare da quell'aria.

Tre giorni dopo la strage, il 15 dicembre 1969, tre giorni durante i quali viene interrogato a causa del suo ruolo di spicco nel movimento anarchico, Pinelli precipita dalla finestra dell'ufficio del commissario Calabresi. L'esercito innocentista non ha alcun dubbio, e subito accusa Calabresi di aver scaraventato giù Pinelli. Naturalmente non si capisce quale possa essere il movente del commissario, ci sarebbe almeno da spiegarsi perché mai l'avrebbe fatto. A ogni modo, scoppia il finimondo e il caso Pinelli diventa il caso di un uomo assassinato dalla polizia. Quindi si passa in fretta al teorema classico della polizia fascista e della polizia che sta dalla parte del potere conservatore, dunque dalla parte della roccaforte democristiana. Anche qui, ignoro il motivo per cui la Dc dovesse essere interessata a buttar giù Pinelli dalla finestra.

Da quel giorno, Calabresi smette di vivere. Contro di lui partono feroci e violentissime campagne di stampa e di odio. In più, interviene «Lotta Continua», scatenata contro di lui, ormai ufficialmente diventato per gli ambienti di sinistra il nemico del popolo.

Più che con le idee, in Italia accade spesso che le correnti di pensiero se la prendano con gli uomini, uomini che incarnano l'idea nemica. Il demonio Calabresi si trova per questo al centro di una sorta di linciaggio. Si arriva al punto che dagli intellettuali viene fuori un appello, uno dei tanti. Ma questo, pubblicato dall'«Espresso» nel giugno 1971, diventa una specie di condanna a morte per Calabresi, perché nell'appello si accusa esplicitamente il commissario di aver ammazzato Pinelli, e si sostiene che per questo Calabresi va allontanato, professionalmente eliminato. L'esito finale di questo linciaggio è l'omicidio di Luigi Calabresi, che avviene nel maggio 1972.

Ecco il testo dell'appello:

> Il processo che doveva far luce sulla morte di Giuseppe Pinelli si è arrestato davanti alla bara del ferroviere ucciso senza colpa. Chi porta la responsabilità della sua fine, Luigi Calabresi, ha trovato nella legge la possibilità di ricusare il suo giudice. Chi doveva celebrare il giudizio, Carlo Biotti, lo ha inquinato con i meschini calcoli di un carrierismo senile. Chi aveva indossato la toga del

patrocinio legale, Michele Lener, vi ha nascosto le trame di una odiosa coercizione.

Oggi come ieri – quando denunciammo apertamente l'arbitrio calunnioso di un questore, Michele Guida, e l'indegna copertura concessagli dalla Procura della Repubblica, nelle persone di Giovanni Caizzi e Carlo Amati – il nostro sdegno è di chi sente spegnersi la fiducia in una giustizia che non è più tale quando non può riconoscersi in essa la coscienza dei cittadini. Per questo, per non rinunciare a tale fiducia senza la quale morrebbe ogni possibilità di convivenza civile,x noi formuliamo a nostra volta un atto di ricusazione.

Una ricusazione di coscienza – che non ha minor legittimità di quella di diritto – rivolta ai commissari torturatori, ai magistrati persecutori, ai giudici indegni. Noi chiediamo l'allontanamento dai loro uffici di coloro che abbiamo nominato, in quanto ricusiamo di riconoscere in loro qualsiasi rappresentanza della legge, dello Stato, dei cittadini.

Il risvolto che trovo pazzesco è la lista dei firmatari. Tutti personaggi di rilevanza enorme, gente che col passare degli anni è diventata ancora più autorevole. Lì in mezzo, tra quelle 757 firme, ci sono giornalisti, registi, scrittori, addirittura politici, e tanto altro. Mi vengono in mente Eugenio Scalfari e Giorgio Bocca, Tinto Brass, Marco Bellocchio, Carlo Rossella, Dario Fo, Norberto Bobbio, Alberto Moravia, Franco Basaglia, Carlo Levi, Federico Fellini, Umberto Eco, Giulio Einaudi, Natalia Ginzburg, Furio Colombo, Nanni Loy, Pier Paolo Pasolini, i fratelli Taviani, Enzo Siciliano, Gillo Pontecorvo, Dacia Maraini, Franca Rame, Renato Guttuso, Primo Levi, Margherita Hack e tantissimi altri. Tutti quelli che erano definiti gli intellettuali più aperti, più avveduti, firmano un testo del genere. Era molto peggio che un atto fascista, era una scelta sconcertante e inspiegabile.

Ho definito i colpi di pistola che freddarono Luigi Calabresi «esito finale del linciaggio». Non a caso, tra gli stessi firmatari ci fu chi, successivamente, ammise l'esistenza di un rapporto di causalità tra l'appello sottoscritto sull'«Espresso» e l'omicidio.

Lo sostennero almeno in due, Paolo Mieli e l'ex ministro Carlo Ripa di Meana.

Quel lungo elenco sta a dimostrare come nasce il conformismo e come si consolida. Le firme sono la punta dell'iceberg di quegli anni tremendi che portano al terrorismo, e che favoriscono l'esplosione di violenza condotta dalle Br. Il terreno di coltura di quel periodo cupo è proprio il conformismo intellettuale, perché una parte notevolissima dell'opinione pubblica finisce fatalmente coll'uniformarsi alla posizione di quei personaggi.

Nella lista appare anche Camilla Cederna, giornalista certamente brava, la quale anni dopo con un libro prende di mira un altro simbolo del male, uno dei democristiani ladri e corrotti, inevitabilmente in combutta coi servizi segreti. Parlo del presidente della Repubblica di allora, Giovanni Leone, grandissimo avvocato napoletano, appartenente a una famiglia di giuristi. Cederna lo fa passare per il delinquente numero uno, del resto è un po' ciò che anni dopo, con accuse diverse e tempi diversi, accade a Silvio Berlusconi. Il povero Leone fu letteralmente assediato da quel conformismo del pensiero che diventò in fretta opinione di massa, tanto che nell'anno in cui andò in libreria il volume della Cederna, il 1978, Leone rassegnò le dimissioni dal Quirinale. Il suo partito, la Dc, non si mosse, forse atterrito e paralizzato proprio da quella marea montante di opinioni. La famiglia di Leone, anch'essa coperta di sospetti dal livore di quella campagna, sporse invece querela contro la Cederna e contro «L'Espresso». In tutti e tre i gradi di giudizio la giornalista e il settimanale furono condannati per diffamazione.

Il profilo peggiore del conformismo è alimentato dall'emotività, da quegli atteggiamenti tifosi che oscurano la capacità di pensare e che escludono la ragione. Per questo si nutre soprattutto di dietrologia e complottismo. Quando non si hanno elementi per interpretare seriamente ciò che sta avvenendo, si procede con l'immaginazione. Non si ha alcuna prova, ma si sostiene comunque che solo quella è la verità, una verità nascosta, occultata da forze segrete. In genere le forze segrete sono gli americani, quelli vanno sempre bene. Hanno la Cia, sono interpreti perfetti di ogni trama e ogni complotto. In molti casi, anche il Vaticano entra in scena e non delude mai.

L'antiamericanismo, del resto, è un'altra suggestione spaventosa. Succede così che in quegli anni, e purtroppo non solo in quelli, non si riesce più a distinguere la verità accertata, quella supportata da elementi documentati, dalla verità inventata dal conformismo intellettuale. Ecco l'origine della grande confusione italiana. È un fenomeno che non si riesce a decifrare, l'effetto perverso è che spesso vincono quelli che ritengono di avere la verità in tasca e che continuano a spacciarla come autentica. Non escludo che ogni tanto possano anche avere delle ragioni, ma per favore non parliamo di verità, quelle che diffondono sono soltanto delle teorie, costruite sulla base di sospetti e indizi spesso labili.

La stessa mafia diventa spesso l'elemento che torna utile per spiegare i fatti. Quando catturano Totò Riina, il conformismo riesce a far credere che questo omino, che tra l'altro circolava liberamente in auto col suo autista per il centro di Palermo, fosse il capo dei capi. La stessa storia l'abbiamo dovuta digerire poco dopo con Bernardo Provenzano, un analfabeta dichiarato che sarebbe stato il capo riconosciuto di un'organizzazione raffinata, e ce lo dicono loro che è raffinata, come la cupola mafiosa.

Insomma, il conformismo è una diffusa malattia italiana, una paranoia radicata, continuamente nobilitata dai mezzi di comunicazione, in cui anche letteratura e cinema si buttano a capofitto. Ha colpito Calabresi, ha colpito Leone, poi dimostratasi una persona perbene. In seguito ha colpito Bettino Craxi, altro personaggio diventato simbolo del male, il male assoluto. È verissimo che durante Mani Pulite l'intero pentapartito doveva per forza essere spazzato via, però all'interno della coalizione si scelse un emblema, e l'emblema fu Craxi. Tant'è vero che, una volta stecchito lui, l'inchiesta Mani Pulite s'è ammosciata. Per inerzia le indagini sono anche andate avanti, ma ormai il clou l'avevamo già visto.

Naturalmente, come era facile prevedere, far fuori Craxi non ha risolto i problemi italiani. I mali sono altrove, ma il conformismo procede bendato, identifica con faciloneria totale un personaggio o un'istituzione e gli dà addosso, con la convinzione che sia la malapianta da estirpare, dopodiché saremo tutti salvi e vivremo felici e contenti.

All'indomani di Craxi, poiché la sinistra non è riuscita a vincere le elezioni, è accaduto che serviva immediatamente un nuovo nemico del popolo. E Berlusconi era lì, a disposizione. Intendiamoci, contro Berlusconi, così come contro ogni altro, si trova sempre qualche motivo adatto a distruggere la persona. Peraltro, non si può dire che Berlusconi non abbia offerto chance ai suoi nemici. E così ci ritroviamo al punto di partenza, quello già visto in tante altre occasioni. Ora, l'obiettivo conformista punta all'eliminazione di Berlusconi, una volta che lui sarà spedito in galera, il futuro del Paese tornerà radioso. Il meccanismo non cambia, e per avvalorare le proprie ragioni l'esercito dei conformisti raccoglie firme sui giornali come già ha fatto in passato.

Quando si trova al cospetto di importanti eventi di cronaca nera, subito l'opinione si divide tra innocentisti e colpevolisti. Su quale base razionale, non si sa. Le convinzioni sono tutte e soltanto emotive, spesso costruite solo sull'aspetto del sospettato: «È colpevole, deve esserlo per forza con quegli occhi di ghiaccio». E se quello sguardo fosse dovuto alla miopia?

Dov'è la logica in tutto ciò? Ciascuno si fissa su un solo dettaglio dell'indagine, per giunta tutto da verificare e accertare, e da lì edifica il suo castello di convinzioni.

Con Enzo Tortora andò esattamente così. Figuriamoci, Tortora già era un tipino un po' antipatico, poi si presentava pure in Tv col pappagallo sulla spalla, doveva senza dubbio essere colpevole. In questi casi l'irrazionalità monta come la panna e raggiunge punti dai quali non si riesce a tornare più indietro. È difficile persino per i magistrati, non è che ce l'ho sempre con loro, ma quando il movimento d'opinione è così coinvolgente, ne resti fatalmente condizionato.

C'è un filo rosso che nella nostra storia tiene uniti i conformismi, diciamo che l'Italia manifesta una naturale tendenza a correre dietro a ogni processione, che in molti casi diventa corteo, tutti sempre allineati dietro a un santino o dietro al diavolo. Sembra che da noi bene e male debbano inevitabilmente essere fissati da correnti di avanguardisti, di intelligentoni colti che quasi sempre prendono cantonate pazzesche. Siamo un gregge e obbediamo alla legge del branco. Pur di non sentirci esclusi, entriamo a far parte del gruppo e ci pieghiamo alle sue regole, smettendo di esercitare liberamente lo spirito critico di cui invece dovremmo essere dotati e fare uso. Nessuno mi toglie dalla testa che questa zavorra è ciò che oggi ci distanzia dall'Europa più avanzata.

VI

REDAZIONI ROSSE

La mia storia da giornalista del «Corriere della Sera» comincia nel 1974. Ci arrivo passando dal «Corriere d'Informazione», allora diretto da Gino Palumbo, nei confronti del quale spenderò un solo aggettivo: un grande. Devo dire che al «Corriere della Sera» si respirava un'aria rossa, che già a quei tempi era piuttosto pesante. Per non usare mezze parole, dirò che il comitato di redazione era tenuto da comunisti. L'atmosfera in quel periodo era così, io stesso fui assunto al «Corriere» per errore. Pensavano fossi socialista. In effetti, io socialista lo sono stato, ma si trattava di una questione che risaliva ad alcuni anni prima. E poi io non avevo tutta questa passione politica. Venivo dalla «Notte», dove mi ero occupato quasi esclusivamente di cronaca, dunque non appartenevo a quelle vere e proprie bande di giornalisti politicizzati nell'anima. Diciamo che un po' di passione m'è venuta a quell'epoca in opposizione ai colleghi rossi che dominavano la scena. Tra l'altro, per far assumere più giornalisti, s'erano messi in testa di eliminare gli straordinari, e tenete presente che noi con gli straordinari ci campavamo. Certo, qualcuno grazie a loro è anche entrato nei giornali, ma bisognava assumere *cum grano salis* e invece questo non è stato fatto.

Ricapitolando, al «Corriere della Sera» in cui mettevo piede c'era un'aria infame. Il comitato di redazione di cui parlavo era in quel periodo capeggiato da Raffaele Fiengo, oggi in pensione. Inutile negare che anche un po' in quell'ambiente lì, in quel clima, è maturato il delitto Tobagi. Ricordo bene come Walter Tobagi stesse sulle scatole a tanti. Era un socialista cattolico, e stava antipatico sia perché era bravo, sia perché riusciva a spostare un po' il tiro degli equilibri politici che si erano creati nel comitato. Era riuscito a formare un suo gruppo, al quale pure io scelsi di aderire. Oggi non solo non me ne vergogno, ma anzi mi onoro di aver fatto parte del suo entourage.

Quando Tobagi fu eliminato, tornò pienamente dominante il regime rosso. Vi spiego in due parole cosa vuol dire: tu potevi anche non essere comunista, cioè non appartenere direttamente al loro gruppo, in tal caso te la cavavi piuttosto tranquillamente. I guai c'erano per quelli che esprimevano il proprio anticomunismo, come accadeva a me e ad altri. Allora non ti lasciavano vivere, né avevi alcuna possibilità di ottenere qualcosa.

All'epoca della morte di Tobagi era direttore Franco Di Bella, io ero il caposervizio del settore politico. C'era stata la proposta perché io fossi promosso all'Ufficio centrale con la qualifica di caporedattore. Sembrava tutto pronto, ma il comitato di redazione bloccò ogni mossa. Intendiamoci, il blocco non riguardò solo me, ma riuscì interamente nel suo scopo. La giustificazione fornita da Fiengo, che del comitato era il leader indiscusso, per spiegare l'ostruzionismo nei confronti di alcuni giornalisti era: «Non è omogeneo al progetto Corriere». Ora, ditemi cosa cacchio vuol dire essere «omogeneo», poi fatemi capire quale fosse il progetto, perché io progetti a cui bisognava aderire non ne ricordo. Nessuno me ne aveva mai parlato.

Ecco i metodi staliniani, ed ecco il clima nel quale si viveva e si lavorava. Ovviamente, tutti quelli che entravano a far parte delle congreghe dei comitati di redazione ne uscivano con una greca, con un cappello rosso. Inevitabilmente, ottenevano una promozione e almeno un grado in più. Da questo piccolo esercito ingrassato dalle elargizioni, devo onestamente escludere Fiengo, al quale evidentemente bastava il potere. Lui non puntava a conquistare galloni e prebende redazionali, ma solo a garantirsi quel potere sconfinato che chiaramente gestiva «pro Pci». Naturalmente negava, arrivava a sostenere di essere un liberale, una versione dei fatti buona tutt'al più per farsi quattro risate. C'è un bel libro di Michele Brambilla, uscito alcuni anni fa, che è un resoconto fedele, molto ben costruito, delle atmosfere di quegli anni.

Nel 1981 andò via Franco Di Bella e l'editore sistemò Alberto Cavallari sulla poltrona di direttore. Fu come far scoppiare la guerra mondiale. Dopo la morte di Tobagi, io ero diventato il punto di riferimento della protesta e del gruppo che si opponeva a Cavallari. Il conflitto diventò presto bollente, era inevitabile che in breve tempo si arrivasse al dunque. Raccogliemmo infatti delle firme con cui giungemmo in un'assemblea di fuoco. Si votava per concedere la fiducia o per sfiduciare la direzione Cavallari. Eravamo all'incirca duecento presenti, alla fine vinse il gruppo capeggiato da Fiengo per 110 a 90. Alla votazione, parteciparono anche i giornalisti del «Corriere Illustrato», un supplemento settimanale che allora usciva allegato al quotidiano. Erano una dozzina, il responsabile di questo periodico era Fiorella Minervino, una cara amica a cui ancora adesso sono legato. I voti di questa dozzina di giornalisti li consideravo miei, invece a sorpresa andarono a Fiengo. Fiorella mi ha sempre detto che si erano semplicemente sbagliati. Resta il fatto che furono i voti decisivi per la vittoria della fiducia a Cavallari. Immaginate quanto per me l'aria fosse da quel momento diventata ancora più irrespirabile. Infatti non passò molto tempo e lasciai il «Corriere», preferii andare a fare il direttore di «Bergamo Oggi». Intanto si esauriva l'incarico triennale di Cavallari e la Rizzoli doveva nuovamente scegliersi un direttore. Saltò fuori la nomina di Gino Palumbo, il quale però dovette rinunciare. Pochissimo tempo prima di poter cominciare, fu colpito da una grave malattia, e morì qualche anno più tardi. Al suo posto, fu scelto Piero Ostellino, il quale immediatamente mi richiamò, offrendomi un incarico da inviato.

La questione delle redazioni rosse si apre un po' prima del '68. È quella la fase in cui si cominciano a inserire all'interno dei giornali, anche per ottenere iniezioni di freschezza, personaggi che vengono dalla sinistra. Un tempo le figure che contavano provenivano tutte dal mondo conservatore, avevano l'aria e quasi anche la struttura di custodi rigidi della tradizione. Naturalmente, tutto ciò escludeva grandi fermenti intellettuali.

Questa piccola rivoluzione cominciò al «Giorno», agli inizi della seconda metà degli anni Sessanta, e grazie soprattutto a questa ventata di nuovo, il quotidiano dell'Eni minacciava nelle vendite addirittura il primato del «Corriere». In fondo, dieci anni prima, «Il Giorno» era nato proprio per fiancheggiare le posizioni del centrosinistra, quel centrosinistra che poi fu definito «organico». Il suo direttore Italo Pietra aveva saputo trasformarlo in un quotidiano fresco, sia nei toni sia nella grafica, più svelto e anche più anglosassone. Va ricordato che nel 1963, per la prima volta, il Partito socialista italiano era entrato al governo guidato da Aldo Moro. In precedenza aveva solo garantito l'appoggio esterno al governo Fanfani, con Moro i socialisti entrarono invece in modo definitivo coalizzandosi non solo con la Dc, ma anche con liberali e repubblicani. Questo naturalmente diede una bella frustata al clima di quei tempi. Il centrosinistra fu la spinta verso quei fermenti che poi col passare degli anni montarono, tanto che rapidamente andarono a puttane anche i principi della sinistra illuminata, quella rispettosa delle regole e pienamente aderente alla logica della democrazia rappresentativa.

In realtà il '68 vero e proprio è solo una data che fa da spartiacque, ma certi processi erano iniziati negli anni precedenti. Si può capire che, fiutata la nuova aria, anche giornali come il «Corriere della Sera», storicamente più resistenti ai cambiamenti, svilupparono una sensibilità inedita nei confronti delle novità. Improvvisamente temettero di diventare vecchi. A partire proprio dal '68, il «Corriere» ebbe Giovanni Spadolini alla direzione. Lui favorì l'avvicinamento del giornale alle posizioni del centrosinistra, ma poi qualche anno più tardi fu costretto ad andarsene, prima che il suo contratto scadesse. Se dovessi usare la frase che sentii pronunciare anni dopo, dovrei dire che non era più «omogeneo» al progetto di rapido rinnovamento che il «Corriere» si era dato e che era già in pieno corso.

Col suo successore, cioè con Piero Ottone, quella che era una breccia si spalancò tutta. È chiaro che il «Corriere» fosse il punto di riferimento per tutti, quello che faceva il «Corriere» lo facevano poco dopo tutti gli altri. Devo segnalare un bel quotidiano del pomeriggio che si pubblicava intanto a Roma, parlo di «Paese Sera», fatto davvero molto bene. Dopodiché si arriva al 1976 e siamo ormai alla fondazione della «Repubblica». Molti dei giornalisti provenienti da «Paese Sera», e anche dall'«Unità», invasero progressivamente le redazioni di altri grandi giornali, compresi i tg della Rai. Si trattava di colleghi spesso molto bravi, sia chiaro, ma è facilmente intuibile come poi condizionassero le linee editoriali dei quotidiani in cui si accasavano.

Quindi, la trasformazione e la sindacalizzazione dei corpi redazionali, in quel decennio che va dal finire dei Sessanta al finire dei Settanta, furono piuttosto radicali e molto rapide. Bisogna considerare anche altri elementi, come l'istituzione dell'Ordine dei giornalisti nel '63. Se sommiamo tutti questi meccanismi che agirono e che si combinarono tra loro, comprendiamo il modo in cui avvenne questa trasfusione di sangue e anima sull'organismo della stampa italiana. Tutto questo portò riflessi pesanti nelle redazioni e nei rapporti che si svilupparono tra le scrivanie dei giornali.

Una delle novità che ricordo, una delle più curiose, consisteva in una teoria mai sentita prima: gli articoli dovevano essere graditi anche ai tipografi. Guardate che non racconto favole, ma fatti che si sono verificati. Nei primissimi anni Settanta c'era al «Corriere della Sera» un capo delle pagine degli esteri che si chiamava Carnevale. Una sera si presenta in tipografia con una pagina che ha un titolo favorevole a una posizione americana in politica estera. Il responsabile dei tipografi imbocca il fischietto e blocca il lavoro dei colleghi. Per loro il pezzo era bocciato, non erano disposti a pubblicarlo. L'articolo torna perciò in redazione e naturalmente, data la rilevanza dell'incidente, l'intero giornale si ferma. Si convoca immediatamente un'assemblea che a maggioranza dà ragione ai tipografi. Insomma, la storia finisce col povero Carnevale, che aveva non ragione ma straragione, costretto ad andarsene. Sì, avete capito bene, fu obbligato a dimettersi.

Non stupitevi, in quella fase episodi così erano quasi ordinari, erano il frutto della piccola rivoluzione interna, fatta anche con molta intelligenza, che aveva raffinato e reso più efficaci gli strumenti sindacali. Dopodiché intervenne il Sessantotto, che diede la spinta psicologica per proseguire forte su quella strada. Metteteci pure che il Partito comunista, intanto, guadagnava smisuratamente voti, sognando il famoso sorpasso sulla Dc, che mai dal dopoguerra aveva tremato e temuto per la propria egemonia, come in quel periodo. Quando si votò nel 1968 e nel 1972 il Partito comunista per due volte raggiunse il 27 per cento, rispetto al 38-39 per cento dei democristiani. Mai dalle elezioni del 1953, quando per la prima volta il Pci fu in lista da solo, aveva ottenuto percentuali così alte e lo scarto era stato così contenuto. Nel '76 addirittura il Pci arrivò al 34 per cento e la Dc era sempre ferma sul suo 38 per cento. Potete immaginare che fosse una consolazione magra, per i democristiani, stabilire che la crescita comunista non erodeva il voto cattolico. Il partito di Berlinguer era comunque lì, forte e minaccioso come non era mai stato prima.

Di fronte a questa offensiva, la reazione democristiana fu la stessa di tutto il Paese, anche la Dc si spostò verso sinistra. Posso dire che addirittura la destra, fatte salve le idee, aveva assimilato metodi e mentalità di quella sinistra. Perciò, paradossalmente, avere a che fare con la destra di quel periodo era peggio che imbattersi nei comunisti. Nel giro di pochissimo tempo, si era veramente ribaltato il mondo. Un fenomeno che presto si vide anche nei giornali di provincia, e addirittura in quelli delle curie, che certo non potevano sottrarsi all'impatto di quell'ondata. Il contagio era implacabile, pareva impossibile evitarlo. La categoria dei giornalisti è strana, non si frequenta e non si ama, però si guarda e si imita. «Se lo fa quel cretino di Feltri, cazzo!, allora lo faccio anch'io.»

E non c'erano mica solo i giornali a scontare il grande contagio, c'era anche il cinema, che a quei tempi era molto più influente rispetto a oggi. Del resto, la letteratura del dopoguerra era tutta la ricostruzione epica della Resistenza. C'era una specie di esigenza collettiva che chiedeva di romanzare l'epos della Resistenza. Trasformare in eroi tutti gli interpreti dell'antifascismo. Scrivere un romanzo oggi è diverso, ed è molto meno suggestivo. Che temi hai a disposizione? Le corna? È vero che il primo amore non si scorda mai, ma le corna le scordi subito. Se mi chiedessero ora di scrivere un romanzo lo scriverei sul mio gatto, altri argomenti non ne ho. Del resto, la forma romanzo in tutta Europa era già in crisi, in Italia sopravviveva solo grazie al mito della Resistenza.

Non possiamo dimenticare, si capisce, il ruolo della televisione. Anche la Rai fu colpita da infornate massicce che provenivano da ambienti di sinistra. Vedete, i rapporti numerici si può dire che fossero più o meno questi: su mille giornalisti, un centinaio erano proprio di sinistra, ma pesavano tantissimo a causa delle armi sindacali di cui si servivano, degli altri novecento una metà se ne stava buona per i fatti suoi, l'altra metà seguiva quelli di sinistra perché era convinta che mettersi su quel percorso poteva portare lontano. Non è mica una novità, sono meccanismi sottili, ma in certe fasi riescono a diventare vincoli fortissimi. Il bisogno di conformismo nasce con noi e cresce con noi, quando siamo bambini vogliamo appartenere al gruppo di amichetti, quando siamo adulti vogliamo sentirci parte del branco. È una malattia da cui nessuno resta immune, spesso la avverto anche su di me.

VII

IL NORD MODERNO, LO STATO VECCHIO: LA RISPOSTA DI BOSSI

Il signor Umberto Bossi, prima del 1987, lo conoscevano in pochi. Negli ambienti della politica romana qualcuno ne aveva pure sentito parlare, ma i palazzoni del Parlamento repubblicano non gli davano nessun peso, lì dentro allora si sentivano tutti troppo in alto e troppo protetti. In tutta l'Italia del Centrosud e delle Isole, il suo nome era del tutto sconosciuto. Quel 1987 è un anno importante, non solo per una questione simbolica. Per la prima volta Bossi fa suo un seggio a Palazzo Madama e diventa *senatùr* di un partito che allora si chiamava ancora Lega lombarda. Ma il fatto più rilevante è un altro e viene fuori durante lo spoglio successivo a quelle elezioni. Si scopre che in alcune località delle valli del Bergamasco, parlo della Valle Brembana e della Valle Seriana, il movimento fondato da Bossi aveva preso addirittura l'8 per cento, da qualche parte anche il 9. Fino ad allora, quel territorio era bianco per tradizione radicatissima. La Democrazia cristiana in quei comuni riusciva a conquistare percentuali che raggiungevano e superavano l'80 per cento.

A quei tempi io lavoravo per il «Corriere della Sera», e quasi non riuscivo a credere a ciò che leggevo quando ebbi tra le mani il foglio coi dati definitivi. Vedete, la gente di quelle valli era superdemocristiana a prova di tutto, non l'aveva cambiata niente, né il Sessantotto né tutti i tumulti politici degli anni Settanta. Quella gente democristiana era e democristiana era rimasta.

Ma si vede che all'improvviso per loro qualcosa cambia e scelgono di votare per questa Lega lombarda.

Al «Corriere» naturalmente mi chiedono cos'è successo, com'è potuto accadere che un partitino del tutto sconosciuto abbia conquistato una percentuale di voti così significativa. Ci rifletto un po' su e decido di scrivere un piccolo pezzo su questo nuovo fenomeno venuto fuori dalle politiche. Ovviamente, il primo pensiero è che va fatta una chiacchierata con Umberto Bossi. Riuscii a procurarmi il suo numero di telefono, non fu nemmeno troppo facile perché non erano tanti ad avere rapporti con lui. Allora i cellulari non esistevano, era naturale contattare le persone a casa o in ufficio se ne avevano uno. Bossi non era affatto il politico potente che è diventato successivamente, perciò non aveva filtri o segreterie di nessun tipo. Viene al telefono e gli pongo poche domande, lui si mostra subito nella sua versione scontrosa, ma ho la sensazione di avere a che fare con un uomo scostante più nei modi che nella sostanza. Mi dice che quel successo ha una spiegazione semplice, che la gente del Nord ha i coglioni pieni di essere guidata da una burocrazia che è soprattutto di provenienza e cultura meridionali. Insiste che le scuole hanno insegnanti meridionali, che gli uffici postali e le banche hanno funzionari meridionali, e che dunque tutto ciò provoca un disagio che sta venendo fuori prepotentemente.

Intanto lui stesso lavora a un periodico che si chiama «Il Nord», nel quale pubblica articoli sgangherati, in un italiano anche piuttosto approssimativo, coi quali diffonde queste sue nuove posizioni un po' razziste. Queste idee hanno grande presa su quell'elettorato magari non troppo istruito, ma che coltiva da tempo un desiderio forte di liberarsi delle vecchie logiche politiche, comprese quelle tipicamente democristiane. Quest'elettorato non sopporta più il fatto che l'interesse dei parlamentari sia interamente legato a Roma, che molti siano candidati in provincia e poi, una volta eletti, dimentichino senza pudore le esigenze del territorio che li ha resi deputati e senatori. Non dico che stia cominciando una ribellione vera e propria, ma non c'è dubbio che ci sia da meditare su una novità dirompente: ci sono località in cui la Lega lombarda ha conquistato anche il 10 per cento, da qualche parte pure il 12.

Ora, non bisogna pensare che da quel momento tutti facciano attenzione al fenomeno Lega. A me pare che la novità vada studiata e così inizio a seguirla con interesse.

C'erano intanto due piani di analisi. Il primo riguardava sicuramente le idee che Bossi portava in giro, il secondo per me era legato alla stanchezza nei confronti delle facce e dei metodi della prima Repubblica, di quel democristianismo da cui molti erano estenuati, da quell'arroganza sostenuta dalla sicurezza di non perdere mai il seggio. Si trattava di una prima piccola rivolta dell'elettorato che aveva ormai come obiettivo anche gli enti locali.

Intanto passano alcuni mesi e la Lega lombarda comincia con alcune manifestazioni per le strade. È veramente una fase strana, quella, perché tutti criticano ogni mossa del movimento, tutti sostengono che non andrà mai al di là dei confini della parrocchia, a me invece pare che questa Lega meriti tutto il mio interesse. Non solo, mi sembra del tutto evidente che sia destinata a crescere. Per quanto discutibili e volgari, ci sono molte interessanti novità nelle parole e nelle posizioni di Bossi.

L'altra scadenza storica decisiva arriva alle elezioni regionali del 1990. La Lega nel frattempo non si è affatto spenta, anzi ha continuato a creare un certo rumore attorno a sé. Intendiamoci, politica e stampa continuano a snobbarla, ma adesso si inizia a percepire il timore che quell'ondata possa proseguire. Avviene che in Lombardia, e parlo del dato raccolto nell'intera regione, Bossi fa suo il 18,9 per cento. Il partito parrocchiale ha praticamente preso un quinto dei voti nella regione più ricca e importante d'Italia. È il finimondo, perché gli zoticoni hanno sorpassato il Partito comunista. Capite? Questi in Lombardia sono il secondo partito e hanno già più voti del Pci.

Finalmente qualcuno è costretto ad accorgersi che la Lega esiste e che ha un ruolo, e puntualmente si spaventa. Vespa monta subito una puntata della sua trasmissione su questo exploit inatteso. Manda la sua troupe in giro per le campagne orobiche e per i paesini del Bresciano, dove più forte è la concentrazione dei neoleghisti. Inutile dire che gli inviati della Rai, appena vedono facce sicure dal punto di vista dell'ignoranza, organizzano le loro interviste. L'immagine che ne viene fuori è volutamente grottesca, del resto in quelle campagne la maggioranza riesce a esprimersi quasi solo nel suo dialetto. Qualcuno si sforza anche di parlare in italiano, ma l'effetto che ottiene è ancora più comico. È fin troppo chiaro il risultato che si vuole, e forse si deve conquistare: dimostrare che quelli della Lega fanno tutti parte di una banda di idioti. Quest'intento, però, non ha fatto i conti con un altro esito. Una parte del pubblico più colto e avveduto osserva in Tv quest'elettorato semplice che tenta di spiegare cosa c'è dietro le sua scelte, e magari ne ride anche un po', si diverte. Ma intanto percepisce tutta l'energia espressiva di quella gente, per quanto volgare possa apparire. Dunque l'argine comincia a sgretolarsi, la Lega comincia a piacere a fette di elettorato insospettabile, le stesse che prima guardavano al fenomeno con aria snob.

Nel '92 sono nuovamente fissate le politiche. Qualche settimana prima che si voti, una mattina ricevo una telefonata da Bruno Cirino Pomicino, che allora è ministro del Bilancio, mentre io dirigo «L'Europeo». Mi chiede se sono disposto a raggiungerlo nel suo ufficio romano, ha voglia di fare due chiacchiere con me. Vado a Roma e m'introducono in uno stanzone enorme, dal cui ingresso si vede la grossa scrivania che è in fondo, ma a stento si nota la sagoma piuttosto piccola di Pomicino che ci sta seduta dietro. A me, dico la verità, anche questo sembra abbastanza comico. Lui è un napoletano simpatico, gentile e molto cordiale, di quelli che sanno parlare, che hanno il potere di incantarmi con il loro accento attraente e che mi ricordano le canzoni napoletane, di cui sono innamorato. Insomma, ci vuole pochissimo a stabilire una reciproca simpatia. Lui mi spiega che la Dc ha in effetti qualche piccolo disagio, ma che si tratta solo di malanni di stagione e che presto tutto sarà ristabilito.

Io lo guardo stupito e gli rispondo di non affannarsi oltre, gli faccio presente che non è vero affatto che si riprenderanno, che sono già morti, che per lui e per quelli come lui è tutto finito. Irrimediabilmente finito. Va solo stabilita, aggiungo, la data precisa del funerale. Quel giorno ho fatto il profeta, in realtà io potevo capire ciò che stava avvenendo in certe zone del Paese. Da Roma non si vedeva e non si capiva un accidente, tutto arrivava attraverso articoletti smilzi dei giornali, anch'essi ancora molto confusi. Nemmeno un uomo intelligente come Pomicino, nemmeno la sua esperienza politica avevano annusato la catastrofe che stava per affondare la Prima repubblica.

Faccio un piccolo passo indietro, un anno prima «Il Mondo» mi aveva chiesto un pezzo che interpretasse l'avanzata silenziosa di questa Lega. Così scrissi i motivi per cui a mio avviso quest'avanzata sarebbe proseguita ancora a lungo. Il primo era l'abbandono, il disinteresse dei partiti romani per la questione del Nord, ma prima che per motivi tecnici ed economici, per pura sciatteria, perché la raccolta dei voti spesso rende ciechi, impedisce di vedere le vere esigenze di un territorio, le richieste autentiche che vengono dalla gente.

Mi servii di un esempio legato a una città che mi è molto cara, Campobasso. A metà degli anni Ottanta la squadra di calcio di Campobasso ottenne la promozione in serie B, ed era costretta a giocare sul solo campetto disponibile, che non si poteva neppure definire stadio. Si decise allora di costruire rapidamente uno stadio nuovo, una struttura degna della serie B. Si scelse un'area periferica della città chiamata Selva Piana e si cominciò coi lavori, che si conclusero dopo soltanto tre mesi e mezzo. Lo stadio di una città con 45 mila abitanti aveva adesso uno stadio con 25 mila posti. Non è il solo paradosso, perché per la fretta dimenticarono di costruire le vie d'accesso. Perciò, si poteva arrivare fin lì solo grazie a stradine di campagna. Ma il Campobasso durò in serie B lo spazio di una sola stagione. Avrete capito che quello stadio non è praticamente mai servito a un cavolo.

In quegli stessi anni l'Atalanta era quasi sempre in serie A, giocò una finale di Coppa Italia e addirittura una semifinale di Coppa delle Coppe. Sappiate che Bergamo continua ad avere ancora oggi uno stadio in pieno centro che durante le partite genera mille casini, malgrado già allora da anni si parlasse della necessità assoluta di un impianto nuovo. Ecco il senso del mio esempio, ecco perché penso che la gente fosse incazzata. A Campobasso c'è uno stadio inutile messo su in cento giorni, a Bergamo ci sono chiacchiere che durano da anni e ancora il vecchio stadio. Ripeto, in quel pezzo per «Il Mondo» usai quest'esempio, ma ce n'erano altri mille dello stesso tipo. Ricordo che a un certo punto venne fuori anche la strana faccenda del metano, di cui al Nord si fa molto più uso per motivi legati al freddo: si scoprì che nel Centrosud costava sensibilmente meno. Questi erano gli argomenti di cui la Lega aveva bisogno, quelli su cui campava. C'era poi l'armamentario costruito sul diritto all'uso del dialetto e altre sciocchezze del genere, ma si trattava di idiozie buone per fare da contorno.

Il risvolto più incredibile restava l'incapacità totale di capire che bisognava fare i conti con la politica romana. Del resto, quando si andavano a guardare i dati aggregati, il voto relativo all'intero territorio nazionale, il risultato della Lega si diluiva, diventava un 5 o 6 per cento che non sembrava così impressionante. E questo nascondeva il fatto che invece al Nord era già in corso una vera rivoluzione politica.

Negli anni successivi lascio la direzione dell'«Europeo» e arrivo all'«Indipendente». In questo periodo mi capita di conoscere personalmente Bossi. «L'Indipendente» è un giornale partito pochi mesi prima con grandi ambizioni, ma mi chiamano poiché dopo poco era già moribondo, con meno di 15 mila copie vendute in edicola. Firmo il contratto col mio nuovo editore e decido che per migliorare le vendite va dato più spazio alla Lega, che fino ad allora sui giornali spazio non ne ha quasi per niente. Incontro Bossi a una cena a Roma in casa di Giulio Savelli, marito di Pia Luisa Bianco, la giornalista che già avevo all'«Europeo» e che portai con me all'«Indipendente» con la qualifica di capo della redazione romana. Bossi si era appena rimesso da un problema cardiaco, che lui chiamava curiosamente «preinfarto». Gli spiegai che, come in qualche modo avevo già fatto con «L'Europeo», avrei dato udienza alla Lega. Chiarii che non ero leghista, che non sentivo miei i sentimenti coi quali lui raccoglieva voti, ma aggiunsi che trovavo giusto ascoltare questa forza politica così innovativa. Di lì a due o tre settimane – credo che l'occasione fosse il primo raduno fatto a Pontida – Bossi durante il comizio parla di me e racconta al suo popolo che c'è un giornalista che su di loro non ha pregiudizi, spiega che si tratta di un direttore che non è leghista, ma che forse è un repubblicano. Questo giornalista – chiarisce Bossi – dirige «L'Indipendente» ed è anche lui indipendente. Convince la sua gente che il mio giornale servirà finalmente a dar loro una dignità politica e a non farli sentire solo dei buzzurri. Dunque, sarà bene che i leghisti acquistino «L'Indipendente». Non è che da quel giorno si noti una gran differenza nelle vendite, del resto se vuoi davvero far crescere un giornale il primo ingrediente è farlo bene. Ma io continuo a fare un giornale che sappia fare casino e che raccolga proteste da qualsiasi direzione provengano, una specie di tazebao. Pian piano, accade che il quotidiano esplode, dalle iniziali 15 mila copie arriviamo a 30 mila, e più avanti anche di più. Insomma, riusciamo addirittura a raddoppiare i nostri numeri. Del resto, abbiamo attorno una situazione politica oramai incandescente, perché alle porte c'è Mani Pulite.

Le due grandi spinte a questo punto si saldano. Da una parte c'è Mani Pulite con Antonio Di Pietro, che ancora aveva pochissime conoscenze, ma che conosceva bene me perché aveva lavorato a Bergamo quando io dirigevo il «Giornale di Bergamo». E posso dire che a quel tempo ero forse l'unico che gli desse retta. Tanto che proprio Di Pietro mi telefonò fornendomi del materiale sulle prime inchieste messe in piedi dal pool milanese di cui faceva parte, soprattutto quelle che riguardarono Mario Chiesa e la famosa tangente del Pio Albergo Trivulzio. Dall'altra parte c'era la Lega che faceva casino, Lega che si nutriva della protesta settentrionale e intanto cominciava a entrare nelle amministrazioni, piazzando consiglieri nei comuni e nelle province. Li ricordo, erano spaesatissimi, altro che grillini dei giorni nostri. Queste due rivoluzioni ribaltano il sistema politico che si reggeva in Italia dal dopoguerra. Una mattina in redazione mi chiama Pomicino. Direttore, mi fa, ma allora lei aveva davvero ragione, qui va proprio tutto a puttane. Sia chiaro, non voglio darmi del profeta, ma vivo nel cuore della terra in cui quei fatti stavano accadendo, e dunque io quei fatti li vedevo. Presto Pomicino si ritrovò nell'esercito degli indagati, io intanto decisi che avrebbe scritto editoriali sul mio giornale. La sua fu una rubrica fortunata: si firmava «Geronimo», uno pseudonimo che diventò celebre.

Ma torniamo agli sconquassi di Mani Pulite che come detto coincidono con la cosiddetta «questione settentrionale». Tutto ciò offre a Bossi delle praterie da conquistare. Accade però che anche la Lega lombarda si trovi impigliata a un certo punto nella famosa maxitangente Enimont. Il partito aveva un segretario amministrativo di nome Alessandro Patelli, il quale al termine delle indagini risulta aver grattato, in lire, 200 milioni. Considerate le cifre intascate dagli altri, quella è una mazzetta da barboni. Resta il fatto che anche la Lega, come altri partiti inquinati dagli scandali, passa tra quelli che hanno rubato. Io scrivo allora un articolo di fondo in cui sottolineo ovviamente che questo funzionario ha sbagliato, ha commesso un reato, ma aggiungo che a me questo Patelli non pare tanto un ladro, ma più che altro un pirla. È una definizione che piace a Bossi, al quale la responsabilità oggettiva procura una condanna definitiva a otto mesi. Gli piace al punto che la utilizza in tribunale durante la deposizione. Del suo ex segretario amministrativo non dirà mai che è un furfante, ma soltanto un pirla. Alla fine, a causa di quel mio pezzo, è così che il povero Patelli passerà alla storia.

Malgrado questa disavventura, Bossi intuisce che la Dc sta sfaldandosi definitivamente, anche a causa di Mani Pulite che ogni giorno spedisce politici in galera. Sta sfaldandosi soprattutto nella fase in cui viene affidata alle mani di Martinazzoli. Nei miei articoli sfottevo continuamente quell'atmosfera da esequie che ormai si avvertiva attorno al vecchio mondo democristiano. Martinazzoli lo definivo «lumino», oppure «cipresso», l'avevo individuato come l'uomo che si sarebbe direttamente occupato della sepoltura della Dc, cosa poi puntualmente avvenuta.

È una fase in cui i comunisti sembrano, se non in buona salute, almeno salvi. Mani Pulite non li travolge, mentre è evidente che resterà travolto Craxi con tutta la sua corte, e sono già quasi totalmente devastati tutti gli altri partiti. Quando arriviamo al '93, è impossibile capire come si possa arginare l'avanzata della sinistra, rimasta praticamente da sola sulle macerie di Tangentopoli. In quel deserto butto giù un articolo nel quale sostengo che in realtà ci sono numerosi punti di contatto tra la Lega e il Movimento sociale, più di quanto i loro stessi leader, e anche la base, riescano a immaginare. Non si era ancora celebrata la svolta di Fiuggi, quella ci sarebbe stata solo nel '95, perciò i missini si chiamavano ancora così, non erano diventati Alleanza nazionale, e tra l'altro erano tra i pochissimi partiti che non avevano esperienze di governo e quindi non erano stati lambiti dall'ondata di Mani Pulite. La mia idea è che Lega e Msi dovessero smettere di litigare, quello che divideva così ferocemente i due movimenti andava subito accantonato per trovare un interesse comune.

In quel periodo, mi trovo una mattina in piazza Adriana, sto per raggiungere la mia redazione romana. Mi nota Gianfranco Fini, che è lì per tenere un comizio al Teatro Adriano e che mi chiede di salire sul palco. Alla folla dei missini che è in platea, ripeto la tesi che ho pubblicato sul giornale, dichiaro che queste forze pulite, restate fuori dagli scandali, farebbero bene a parlarsi e a unirsi. Tenete presente che Msi e Lega si odiavano, da una parte erano nazionalisti e fascisti, perché tali erano e tali sono poi rimasti, dall'altra antistatalisti e indipendentisti. Mi venne l'idea di pronunciare da quel palco una frase che si rivelò efficace. Mi rivolsi a Fini e gli dissi che avrebbe dovuto immediatamente togliere la camicia nera e indossare una camicia Oxford. Funzionò, al punto che successivamente ricevetti una telefonata da Berlusconi.

Allora non l'avevo mai incontrato di persona, mi dice che ha voglia di conoscermi e mi invita ad Arcore. Così ci vediamo e mi chiede cosa penso del suo proposito di fondare un partito. Ci penso un po' su e gli spiego che la soluzione migliore è allearsi proprio con la Lega e col Msi. Certo, l'accordo con la Lega può sembrare un azzardo, ma non è il momento di andare per il sottile, quelli adesso hanno i voti. All'epoca del nostro incontro, non c'era ancora stata la sua dichiarazione, poi diventata celebre, che avrebbe votato per Fini sindaco di Roma se fosse stato un elettore della capitale. Quel che gli avevo suggerito quel giorno dev'essergli rimasto nella testa fino a convincerlo, perché è esattamente il progetto su cui ha poi lavorato e che ha realizzato. So che non me ne darà mai atto, ma posso garantire che non me ne frega un tubo. Del resto, è storia che precedentemente Berlusconi avesse invece provato a mettere il suo movimento nelle mani di Mariotto Segni, e addirittura di Mino Martinazzoli.

Intanto Bossi si rende conto che l'abbraccio con Berlusconi avrà anche i suoi contraccolpi negativi e, tutto sommato, di quell'ipotesi di accordo non vuole saperne. La Lega va sola per la sua strada e io comincio a seguire, sempre più incuriosito, le adunate di Pontida. Era per la verità una cosa un po' da matti, con tanto fanatismo, ma c'era un'atmosfera di partecipazione emotiva che rivelava tutto l'entusiasmo che il movimento e il suo leader suscitavano. Io dico che la Lega è stato il primo partito a vivere la politica come fosse tifo da stadio, in Italia non era successo mai. Questo accadeva nelle osterie di provincia, nei piccoli comuni delle valli settentrionali. Vedete, molti credono che il Paese lo si possa interpretare girando per le strade di Milano, di Roma o di Napoli. Questo fa perdere di vista ciò che accade nelle periferie, quelle che non si vedono, che non fanno notizia, ma che sono altrettanto decisive per i destini elettorali.

Bossi invece continuava coi suoi metodi incredibili, roba che da noi non si era vista mai. Ricordo che una sera era in Tv impegnato in un dibattito con De Mita. Cercate di immaginare la situazione, da una parte l'uomo che tutti definivano intellettuale della Magna Grecia e dall'altra il capo carismatico dei buzzurri della Lega. È De Mita il primo a parlare, e per un quarto d'ora attacca un pistolotto tutto in demitese. Lui era un uomo abile e intelligente, ma si vedeva che era in difficoltà, e piuttosto che scegliere frasi semplici, commise l'errore di arrampicarsi sugli specchi con discorsi complessi, incomprensibili e totalmente vuoti. Finì col produrre un effetto che rasentava il comico. Bossi dall'altra parte restò impassibile. Ascoltò o finse di ascoltare. Appena De Mita mise fine a quella tirata, Bossi gelido commentò: «Ma tacat' al tram». Un momento di televisione incredibile, non s'era mai visto niente di simile. Questo tipo di comportamenti procurò una grande simpatia a Bossi. Diciamo pure che si trattava di una simpatia parziale, nel senso che tanti provavano soprattutto il piacere di sentirsi vendicati da un buzzurrazzo. Nessuno fino a quel giorno aveva mai osato mandare sonoramente De Mita a quel paese come aveva fatto Bossi. Pensate, il manovratore della Dc, l'intellettuale del Sud, insultato in diretta televisiva da un capopopolo della provincia varesina. Ma a volte i destini di un Paese si orientano anche così.

Il Bossi di quella fase parlava soprattutto di secessione, il federalismo è venuto dopo, ispirato soprattutto dal movimento autonomista svizzero. Poi Umberto Bossi l'ha approfondito ulteriormente grazie a Gianfranco Miglio, che è stato una figura davvero importantissima per la Lega, ma che poi è stato decisamente trattato male. Tenete presente che Umberto Bossi era esattamente come Grillo oggi, tiranno e padrone assoluto del movimento che aveva messo in piedi. Quando strategie e persone non gli andavano più a genio, quando qualcuno a suo insindacabile giudizio sgarrava, veniva subito eliminato. Proprio come Grillo, ma con più astuzia. Sono stati tanti quelli che furono espulsi per una frase o per una posizione non gradita. Si creava ad hoc l'incidente, un pretesto per farli fuori, dopodiché li si prendeva a calci nel didietro. Infatti c'è una Lega della primissima ora, in cui i semplici erano la maggioranza, e una Lega che via via si trasforma, che un po' si imborghesisce, che imbarca laureati e personaggi più adatti a un buon uso del congiuntivo. Insomma, è il momento in cui si può considerare chiusa la fase da osteria.

Ora, diciamo la verità, quando si cominciò a parlare di federalismo la base leghista, e anche il grosso dei simpatizzanti esterni, non avevano la più pallida idea di cosa fosse, ma Bossi fu abile a farlo passare come il «sol dell'avvenire», come la grande suggestione a cui bisognava puntare. Sapete, i grandi misteri sono ciò che dà slancio agli uomini, mi riferisco a questioni come la Divinità, o come l'Aldilà. Chissà perché, spesso è più facile credere a quel che non esiste, o che non si vede. Dunque, il grande totem del federalismo era perfetto, poi Bossi nel corso degli anni ci ha aggiunto un grottesco materiale di contorno, una vera liturgia di accompagnamento. Non dimenticate le passeggiate sul Po, le ampolle di Eridano, tutta robaccia che per un po' regge, poi è fatale che il risvolto ridicolo salti fuori.

Dicevo prima che Bossi non voleva sentir parlare dell'accordo con Berlusconi, ma va detto che anche lui aveva a che fare con un uomo piuttosto particolare, uno molto abile a corteggiare e persuadere gli altri, a portarli dalla sua parte. Sa avanzare promesse, offerte, poi è naturale che di tutti quegli impegni non si veda praticamente mai nulla. Quando Berlusconi si fece vivo con la frase su Fini candidato al comune di Roma, naturalmente anche la destra tradizionale si sciolse, cominciò a considerare seriamente la possibilità di allearsi col Cavaliere. Del resto, non è che ci fossero molte altre strade, quella che metteva insieme Berlusconi, Msi e Lega era l'unica che avesse qualche chance di conquistare il governo del Paese. Non è che ci credessero troppo, perché la sinistra pareva una corazzata, ma almeno in questo modo qualche speranza si creava. Sto parlando di gente che dal potere, quello vero, era sempre stata tagliata fuori, e che adesso non vedeva l'ora di sentire almeno il profumo delle poltrone e della cosiddetta stanza dei bottoni, come la chiamava Nenni.

Ora restava da capire chi si avvantaggiava davvero di quell'alleanza e chi invece rischiava di restarne schiacciato. Le elezioni andarono come tutti sappiamo, contro i pronostici la destra fa sua la maggioranza. Ma qualche segnale negativo Bossi lo avverte. Conquista un vero pienone di seggi in Parlamento, grazie all'abilità nell'imbottire le liste di propri candidati, ma la Lega per la prima volta non incrementa i propri voti. Fin lì era sempre cresciuta, stavolta invece la percentuale si ferma all'8,4 per cento su base nazionale, in leggero calo rispetto all'8,6 del voto di due anni prima.

Il resto, ciò che è accaduto successivamente, e mi riferisco alla lunga esperienza di governo, ha fatto i conti prima con gli esiti altalenanti di un'Italia del Nord che andava trasformandosi, poi con il declino inevitabile. Un movimento come la Lega ha bisogno di sentimento, molto più che di ideologia. Per questo l'idea del federalismo inizialmente ha sfondato, perché era esattamente il sentimento capace di tenere uniti, malgrado la maggioranza degli elettori leghisti nemmeno capisse bene cos'era. Un'ideologia è un macigno enorme, troppo complesso e impegnativo. Un sentimento invece è più pratico e confortevole, offre a ciascuno il vantaggio di poterlo riempire con le proprie aspettative e i propri sogni. La verità è che i leghisti non stavano lì a chiedersi cosa volesse dire «federalismo». Il motivo è che ognuno sentiva il suo, ognuno ne aveva creato uno proprio. Quando ci si muove su un sentimento, si possono usare frasi per molti versi assurde, come «padroni in casa nostra», che senza dubbio ai leghisti di allora piacevano.

Ma intanto cominciava a sgretolarsi in silenzio un presupposto sostanziale della passione su cui la Lega si reggeva: l'energia antimeridionale. Una volta era una forza viva, che aveva il suo peso determinante, oggi si può dire che quella energia, quell'atteggiamento negativo, in certi casi anche ostile, non esista più. Perché i meridionali oggi nemmeno li distingui, si sono assimilati e perfettamente fusi col tessuto umano settentrionale. Potremmo inventarci una definizione di questo popolo ormai completamente assorbito nel Nord, potremmo dire che antropologicamente non si tratta più di meridionali, ma di ex meridionali. Ora, se al sentimento che fa forte la Lega viene meno la materia prima, cioè uno degli ingredienti più saporiti dell'impasto, c'è poco da fare, la Lega muore.

Ma qual è il rapporto autentico tra Lega e razzismo? Tra i militanti, veri razzisti ce ne sono, ma numericamente rappresentano solo una piccola minoranza. Ciò che talvolta accade durante i raduni sconta i meccanismi che conosciamo. La folla spesso si lascia vellicare dai pochi che stimolano le reazioni più basse. E questo può condurre a comportamenti collettivi che fanno pensare a un razzismo diffuso, largamente maggioritario. I più spregiudicati sparano uno slogan volgare e tanti gli si accodano senza nemmeno capire il motivo. Questo lascia pensare che la Lega abbia un tessuto consapevolmente razzista, formato da individui con opinioni ostili nei confronti degli extracomunitari, dei meridionali, e di tutti coloro che porterebbero via il lavoro. Anche i leghisti sanno perfettamente che gli extracomunitari con il lavoro non c'entrano quasi niente. Piuttosto, dobbiamo guardare all'imborghesimento della classe proletaria, al sistema pensionistico dei nonni che, sommato alla paga dei genitori, offre una comoda sopravvivenza a nipoti e figli, ormai disincentivati nella ricerca di un lavoro. Perché mai un ventenne dovrebbe fare il gommista, il cameriere o qualsiasi altro lavoro cosiddetto umile? Nell'Italia di un tempo certe attività toccavano a tutti o quasi tutti, oggi la scolarizzazione diffusa le ha eliminate dall'orizzonte dei nostri giovani.

Dunque, i cosiddetti lavori umili sono il terreno incolto lasciato agli extracomunitari, che vengono, trovano occupazione e, di conseguenza, hanno bisogno di un alloggio. Presentano ai comuni di residenza domanda per una casa e, per come sono strutturate le nostre leggi, siccome fanno più figli e dispongono di un reddito mediamente più basso, si ritrovano subito in testa alla classifica degli aventi diritto. Quando scattano le assegnazioni, molti italiani disagiati sono costretti a digerire che famiglie di extracomunitari conquistino tutti gli appartamenti popolari disponibili. Normale che ti girino, dopo non sei razzista, sei solo incazzato.

Non credo che gli italiani siano diversi da altri popoli, e non credo alla retorica sommaria quando sostiene che «gli italiani non sono razzisti». Il seme della violenza e del razzismo ce l'abbiamo anche noi. Un razzismo che però non mi pare sia germogliato al punto da contagiare la maggioranza. È vero piuttosto che la Lega, coi suoi comportamenti e la sua intolleranza, non dico abbia fomentato, ma di sicuro non ha moderato questo sentimento che può confondersi col razzismo effettivo. Un sentimento, lo so bene, che spesso è sfociato anche in intolleranza volgare e sgradevole. Prendiamo la frase di Calderoli sulla ministra Kyenge («Quando la vedo penso a un orango»). Calderoli è uno a cui piace far ridere ed è chiaro che la sua battuta era rivolta alla base. Ma ha rivelato una meschinità di fondo. Uno come lui, che è tutto meno che scemo, deve sapere gli effetti che scatena. Se poi usi questi strumenti consapevolmente, può anche darsi che tu non sia intimamente razzista, ma ti sei comportato da persona abietta. Non puoi dimenticare che lo spirito imitativo, tra i tanti della massa, rischia di provocare qualche disastro.

La malattia cronica che ha colpito la Lega, il suo triste declino, sarà stato pure accelerato dai casini procurati da Belsito e da quelli come lui. Ma questi rubagalline hanno solo dato il colpo di grazia. I segni di stanchezza c'erano già tutti, e dovevano farsi vivi per forza, visto che il sogno non si è realizzato. E diciamola tutta, neanche in parte. I leghisti hanno atteso i decreti attuativi del federalismo, ma ingenuamente. È stata soltanto un'attesa illusoria. Ora brancolano su un deserto, su un terreno arido che nessuno ha più concimato. Certo, ci sono truppe di fedelissimi che continuano a cullarsi nei sogni. Ma questo lo facevano pure i famosi soldati fantasma giapponesi, che continuavano a combattere anche dopo che il loro Paese aveva dichiarato la resa.

Vedete, Maroni non è affatto uno sciocco, ma per vincere in politica non basta non essere sciocchi. Occorrono carisma e una grande organizzazione, e ho la sensazione che alla Lega attuale manchino entrambi. Prendiamo lo slogan che è stato scelto: «Prima il Nord». Spiegatemi per favore cosa vuol dire. Mi ricorda il caro vecchio: «Sono contento di essere arrivato uno, ciao mamma!». Non solo lo trovo insignificante, ma non riesce a trasmettere nessuna emozione.

Lo stesso sogno della macroregione è soltanto una fregnaccia, una purissima fregnaccia. Ragioniamo per assurdo e ammettiamo pure che si realizzi, dopo mi spieghi cosa ci fai con questa macroregione? Chiedi l'annessione all'Austria o alla Germania? Parliamo di sciocchezze. Piuttosto, potrebbe avere un senso puntare alla riduzione delle regioni italiane, magari portandole soltanto a cinque o sei. Noi abitiamo un Paese tutto sommato piccolo che è suddiviso addirittura in venti regioni. Ce ne sono alcune che sono poco più che uno sputo. Ditemi che senso ha tenere in piedi una intera regione per territori minuscoli come l'Abruzzo, come la Basilicata, come la Valle d'Aosta o come il Friuli. Il guaio è che un argomento simile è tecnicamente interessante ma non è suggestivo.

La mia idea è che la Lega attuale sia destinata, non dico a estinguersi del tutto, ma a restare un piccolo oggetto. È vero che ha conquistato da poco il governatorato della Lombardia, ma lì è stato determinante l'appello del Pdl. Inutile far chiacchiere, senza i voti berlusconiani non ce l'avrebbero mai fatta. Sia chiaro, anche il Pdl così com'è non ha un gran futuro, perché intanto in questi anni è venuto meno tutto il ricco contorno che aveva. È venuta meno la Lega, sono spariti An e l'Udc. I guai di Berlusconi spesso si sono trasformati in voti, non lo nego, ma messa così questa è solo la partita della disperazione, non più un progetto politico.

Il centrodestra si è sfasciato anche perché si è sfaldata la Lega. Quando Bossi prendeva l'8 o il 9 per cento, mi rendo conto che quel dato su scala nazionale a tanti non pareva poi chissà che. Il fatto è che quei voti erano tutti raccolti al Nord e si sommavano ai milioni di preferenze del Pdl, fino al punto da fare maggioranza.

Oggi la situazione della Lega è questa. E si aggiunge lo strano dissidio tra Bossi e Maroni. Dico «strano» perché dalla parte di Bossi ci sono tutti i leghisti della prima ora, come un tempo c'erano i fascisti della prima ora: qualsiasi cosa facesse o dicesse il duce aveva sempre e comunque ragione. Questi fanno lo stesso con Bossi, inventandosi stupidaggini come il «cerchio magico» e cose del genere. Quel cerchio ci sarà pure, ma per piacere non raccontatemi che è magico. Dall'altra parte ci sono invece i maroniani come Tosi, i quali nella sostanza hanno in mente di rifare la Dc. Da quando non c'è più, rifare la Democrazia cristiana è il sogno di tanti, ma così non si va molto avanti. Si capisce perché formazioni politiche che solo pochi anni fa parevano indistruttibili adesso sono in piena smobilitazione. È colpa anche del personale politico del movimento, la cui qualità complessiva per la verità è rimasta nel tempo davvero poca roba. Un po' quello che avviene adesso tra i grillini, che si danno molte più arie, ma la cui sostanza resta altrettanto miserella.

Al Bossi politico, al Bossi grande imbonitore di folle, si aggiunge anche un Bossi più letterario. Parlo delle sue vicende personali, della storia del finto medico. La prima verità che va pronunciata è che Bossi nella sua vita non ha lavorato mai. Lui non ha niente dell'operosità e di altri caratteri che gli stereotipi attribuiscono ai settentrionali, molti dei quali sono solo chiacchiere. Era un giovanotto senza arte né parte che la mattina usciva di casa con la sua borsa da medico, perché in casa aveva raccontato di aver conseguito la laurea in Medicina, e invece se ne andava al bar. Dev'essergli nata lì, nelle molte ore trascorse al bar, l'idea di fondare un suo movimento. Di che vuoi parlare davanti a un bicchiere? Di calcio, di donne e un po' anche di politica. Probabilmente funzionava ciò che diceva, le sue idee incontravano quelle di molti altri, si accorgeva di esercitare un certo interesse e di conquistare una buona presa. È chiaro che allora c'era il terreno fertile per tutto ciò, il Muro di Berlino era ancora in piedi, nessuno sopportava più il vecchio dualismo europeo e mondiale tra Occidente e Oriente. In casa nostra, il regime partitocratico italiano ingombrava e anzi aveva rotto le scatole a tanti. È in questo clima che lui è riuscito a mettere su questo partito che è stato sostanzialmente un bluff. Intendiamoci, un buon bluff può anche durare, ma adesso credo davvero che sia finita.

VIII

LA RIVOLUZIONE DELLE PROCURE: IL MISTERO DI DI PIETRO

Ho conosciuto il giudice Antonio Di Pietro nel lontano 1983, alla sua prima esperienza da magistrato, a Bergamo. A quell'epoca lui fu nominato sostituto procuratore alla procura della Repubblica della mia città, io cominciavo la mia esperienza da direttore di «Bergamo Oggi».

C'è un primo ricordo che lego alla sua figura, Di Pietro era tutt'altro che amato dai suoi colleghi in procura. Sinceramente, non ho mai capito bene perché. Probabilmente alcuni lo consideravano un po' rozzo nella maniera di presentarsi e nei comportamenti, ma questa è soltanto una mia supposizione. Sta di fatto che, sebbene si trovasse confinato in questo vistoso stato di emarginazione, Di Pietro iniziò con grande energia il suo lavoro. Ben presto, questo piemme così anomalo rispetto alla maggioranza dei suoi colleghi riuscì a occuparsi di casi di rilievo. Tra i suoi primi incarichi, ci fu l'indagine su un crimine sanguinoso avvenuto anni prima. Si trattava di un caso che era stato molto popolare, e che aveva attratto in modo morboso l'interesse dell'opinione pubblica. L'autore del delitto era ricordato da tutti col nome di «mostro di Leffe». Per chi non lo sapesse, Leffe è un piccolo comune della Val Gandino, distante 20 chilometri circa da Bergamo. Riassumo i fatti, iniziati circa cinque anni prima: nel luglio 1978 era sparita la suocera di un bancario, tre anni dopo si persero le tracce anche della moglie e di sua figlia che aveva quattro anni. Il mistero si fece fitto perché sparì lo stesso bancario. La casa in cui abitavano rimase vuota, ma periodicamente giungevano ai loro conoscenti delle cartoline che l'uomo inviava dalla Germania, cartoline con le quali raccontava che l'intera famiglia aveva preso la decisione improvvisa di emigrare, a causa di un'offerta di lavoro più remunerativa del vecchio impiego in banca. Con la smania di dimostrare l'autenticità di ciò che riferiva, l'uomo inviava cartoline con la firma e i saluti anche di sua moglie e della bambina. In realtà, in paese qualche sussurro e qualche sospetto stavano nascendo.

È probabile che Di Pietro avesse avviato la sua indagine in seguito a una soffiata. Una mattina si presentò in questa casa disabitata di Leffe con un gruppo di agenti e una squadra di operai, fece forzare le serrature che la tenevano chiusa e, una volta entrato nell'appartamento, ordinò di abbattere alcune pareti, che già a una prima occhiata sembravano erette in modo piuttosto approssimativo. Dietro queste pareti era nascosta una sorpresa orribile, c'erano i cadaveri della moglie e della figlia del bancario. Più tardi, ricavati nuovi indizi, Di Pietro fece scavare in un punto preciso della montagna che era accanto alla casa, e lì fu rinvenuto anche il cadavere della suocera. Era ormai chiaro che l'autore dei delitti fosse il bancario stesso, appunto «il mostro di Leffe».

Era naturalmente una storia pazzesca, che ebbe un clamore enorme. Quando giunse alle sue scoperte, Di Pietro mi avvertì e mi rivelò numerosi dettagli dell'operazione. Grazie alle sue informazioni, io stesso mi lanciai in un pezzo di quindici cartelle. Avevo notizie per raccontare l'intera storiaccia con molti particolari. L'indomani il mio giornale apriva con un titolo che fece sensazione, tanto da attirare a Bergamo gli inviati di tutti i giornali d'Italia. Le anticipazioni che ero stato in grado di scrivere le dovevo in grandissima parte al sostituto procuratore Antonio Di Pietro. Peraltro, la nostra intesa proseguì, anche nei giorni successivi Di Pietro mi fornì informazioni esplosive sulle quali continuai a lavorare. E aggiungo che la sua abilità di investigatore arrivò fino alla cattura del colpevole, il bancario, il famigerato «mostro di Leffe». Anche la mattina successiva all'arresto, grazie alle mie telefonate con Di Pietro, il mio giornale pubblicò dettagli e foto che altri giornali non avevano. Ricordo la difficoltà del quotidiano nostro concorrente, «L'eco di Bergamo», che in quei giorni prendeva un buco al giorno su una storia così seguita.

Non esagero se dico che il Di Pietro di quel periodo rappresentò per me una vera miniera. Perché tra noi due fosse nato questo tipo di rapporto, non so dirlo con precisione. So che c'eravamo incontrati in alcune circostanze pubbliche, occasioni ufficiali, e a me stava simpatico questo tipo così irregolare rispetto ai suoi colleghi in procura e così isolato dal suo stesso ambiente. Tra l'altro, avrete capito che era un investigatore con delle qualità decisamente fuori dal comune. In quello stesso periodo si era occupato anche di altri casi difficili, ricordo soprattutto l'indagine su una rapina incredibile al Banco dei pegni. Aveva praticamente risolto la gran parte delle inchieste di cui si era occupato, comprese alcune investigazioni complesse su istituti bancari. Insomma, sto parlando veramente di un poliziotto abilissimo, in grado di fare un lavoro molto più redditizio della stragrande maggioranza dei suoi colleghi piemme. Magari non era raffinato come altri, forse non era un sottile giurista, ma un mastino implacabile sicuramente sì. E ripeto, per me all'epoca fu un informatore importantissimo.

Quando poi si discusse la sua conferma nel ruolo di sostituto procuratore a Bergamo, l'ufficio non lo volle. È per questo che Di Pietro finì alla procura di Milano. E anche lì si impegnò immediatamente in inchieste di rilievo, in particolare quella sull'autoparco di Milano, dove la mafia siciliana aveva aperto una specie di supermarket degli stupefacenti, nel quale si smerciava droga a quintali.

Continuavo a seguirlo anche in questo periodo, ma naturalmente da lontano. Non mi capitava più di incontrarlo di persona, anche perché il mio lavoro di giornalista si era spostato altrove. Fino al giorno in cui venne arrestato Mario Chiesa, il 17 febbraio 1992. La storia lo tramanda come un evento clamoroso, ma sul momento fu sottovalutato da quasi tutti. Io stesso nei primissimi articoli che affrontavano la questione restai freddino. Si avvicinavano le elezioni, fissate per il 5 aprile 1992 e la faccenda aveva tutta l'aria di una forte strumentalizzazione nei confronti dei socialisti, che all'epoca non erano ben visti in molti ambienti. Ricorderete che diventò celebre una battuta di Michele Serra, che il 30 marzo 1991 sparò un meraviglioso titolo sulla prima pagina di «Cuore»: *Scatta l'ora legale. Panico tra i socialisti.*

Malgrado qualche residuo di scetticismo, decido di occuparmi seriamente del caso di Mario Chiesa, molti altri giornali minimizzano. E più gli altri si ostinano a ridimensionare, più io monto. A un certo punto diventa chiaro che la vicenda nasconde un casino grossissimo. Di Pietro inizia a sparare sul serio, prima a salve, poi con una serie di veri e propri interrogatori inflitti ad amministratori e politici via via più influenti. Tant'è che un giorno il mio titolo è: *Sgominata un'altra giunta.*

Insomma, la storia procede rapidamente, grazie al «metodo Di Pietro». Una mattina, grazie ad amici comuni, combiniamo un incontro, così che ci si possa rivedere. Lo raggiungo in procura e lui mi parla di alcuni aspetti dell'inchiesta. Dal giorno successivo, comincio a pubblicare di tutto, sulle pagine dell'«Indipendente» spiattello ogni risvolto di Mani Pulite.

Per i miei destini di giornalista, lo ammetto, quella lunga indagine fu una manna. Spesso mi hanno chiesto perché non fossi garantista, ma in quel periodo io avevo il compito di salvare il giornale di cui ero appena diventato direttore. Un giornale che fino al giorno prima vendeva pochissimo, che era comatoso, e che nella fase calda di Mani Pulite quintuplicò la sua tiratura. In fondo si trattava di fatti, io mi limitavo a cavalcarli nel modo che mi pareva più utile, qualche volta forse anche brutale. Feci io la prima intervista ad Antonio Di Pietro. Le notizie continuavano ad arrivare ogni giorno, da qualche parte ci giungevano in redazione.

Di Pietro si dimostrava ancora una volta abilissimo nella veste di poliziotto. Non so dire se abusasse della carcerazione preventiva, come si disse, per intimidire e ottenere confessioni. Di sicuro, in galera finirono in tanti, e va chiarito che molti parlavano immediatamente. Visto da questa prospettiva, se la carcerazione era il metodo utilizzato, funzionava. Magari non sarà stato correttissimo rispetto alle garanzie di uno Stato di diritto. Però, signori, gli accusati parlavano.

A quel punto chiesi a Di Pietro il perché di alcune questioni che cominciavano a frullarmi nella testa: come mai finiscono dentro soprattutto socialisti e democristiani? E come mai sono sotto inchiesta repubblicani, liberali e socialdemocratici, cioè tutte e solo le componenti del cosiddetto pentapartito? Al Partito comunista quando si arriva?

«Una cosa alla volta» mi rispose, «poi arriviamo anche lì.» Così io attendo fiducioso questo sviluppo di Mani Pulite che mi pare fatale, inevitabile. Aspetto che presto arrivi la strage, in senso giudiziario, anche dei comunisti. Ma il tempo passa e questo sviluppo non si vede. Allora cominciano a venirmi dei dubbi. Dubbi che si infittiscono quando la stessa procura milanese entra in conflitto con il giudice Tiziana Parenti, che poi fu anche parlamentare di Forza Italia, che indagava sulle tangenti rosse e sul fiume di denaro che da anni proveniva dall'Est. Si accerta che la stessa maxitangente Enimont era giunta fino alla portineria di Botteghe Oscure. Ma poi lì sparisce, nessuno sa più che fine abbia fatto. Il solo Greganti, il celebre compagno Greganti, viene spedito in galera, ma non parla e ogni addebito al Partito comunista si chiude lì. Sì, qualche comunista ogni tanto deve rispondere di piccoli reati finanziari, ma il partito vero e proprio non è mai devastato come invece tocca a socialisti e democristiani. Nessuno dimenticherà mai il record mondiale di avvisi di garanzia spediti e recapitati a Severino Citaristi, il tesoriere della Dc.

Per questo, io comincio un po' a frenare, ma naturalmente continuo a seguire attentamente le mosse di Di Pietro, le sue arringhe, i suoi arresti, i suoi processi. Pian piano si arriva ai nomi grossissimi, si arriva a Forlani e a Craxi, del cui soprannome «cinghialone» confesso di essere il responsabile. La vicenda si snoda giorno dopo giorno fino al momento che forse ne celebra il culmine, il processo che tutta l'Italia segue e che ha per imputato il famoso Sergio Cusani, il collettore della tangente da 150 miliardi di lire.

Il seguito è fatto di alcune stranezze che saltano fuori sul conto di Antonio Di Pietro: la scatola da scarpe piena di soldi, i prestiti ricevuti, il rapporto presunto col banchiere Pacini Battaglia. Confesso che a quella serie di notizie inizialmente non ho prestato troppa attenzione, ma ciò che conta veramente è il modo in cui tutto finisce. Di Pietro getta via la toga e si dimette dalla magistratura.

Oggi molti ricordano la stagione di Mani Pulite come il «Grande Obbrobrio», l'operazione che ha dato il via a tanti mali successivi. Io dico invece che eravamo già prima in un pentolone che bolliva da anni. La dimostrazione è che è bastata la spinta di Di Pietro con un dito solo perché tutto crollasse. Il finanziamento illegale dei partiti, che avveniva col passaggio delle tangenti, era così radicato che le grandi opere non si progettavano e realizzavano a causa della loro necessità funzionale, ma solo perché offrivano ai ladri l'opportunità di rubare, di ricavarne mazzette. Il fenomeno svelato da Di Pietro in fondo era noto a tutti, ma se ne parlava come di un pettegolezzo. Rientrava nel tradizionale brontolio degli italiani e dell'immancabile: «Piove, governo ladro!». Il mio rimprovero ai partiti che si lamentarono del trattamento subito, non dimentichiamo che Dc e Psi addirittura scomparvero, è sempre stato: caro pentapartito, voi avevate la maggioranza assoluta, e in virtù di tale condizione potevate legiferare a vostro piacimento per regolare finalmente la materia, sarebbe anche stato agevole, non c'era da modificare la Costituzione, ma solo votare leggi ordinarie, perché non l'avete fatto?

Mi chiedo come possano i partiti far discorsi seri sull'evasione se poi campano sulle tangenti. Raccontano in giro che la politica costa, che costa tanto. Posso capirlo, ma non raccontatemi che ciò impedisce di documentare ogni spesa. La verità è che una legge non è mai stata fatta perché è comoda la confusione tra appropriazione personale e appropriazione per conto del partito. Ho sempre sospettato che chi sosteneva di aver rubato per il partito, in realtà rubava anche al partito. Continuano a ripetere: «Ma il sistema è questo». Cambiatelo, allora, e agite finalmente alla luce del sole.

Incontrai Di Pietro subito dopo l'addio al suo lavoro di procuratore, al massimo una settimana dopo. Eravamo nel dicembre del '94. C'era con noi anche Elio Veltri, in quel periodo parlamentare che si accompagnava spesso a Di Pietro, precedentemente sindaco socialista di Pavia. In tre, mangiammo in una saletta riservata del ristorante Santini in corso Venezia. Parlammo a lungo, soprattutto della sua clamorosa uscita dalla magistratura. Ma io nella testa avevo la proposta che a un certo punto buttai lì: affidargli una rubrica sul «Giornale», che da un anno e mezzo dirigevo. Lui accettò, e infatti qualche giorno dopo firmò un articolo su un convengo di magistrati a cui aveva partecipato. Per la verità, non era l'argomento a cui pensavo io. A me interessava che intervenisse su questioni politiche e su quelle giudiziarie di cui era stato protagonista. Quel pezzo non ebbe un seguito, perché nelle settimane successive il Di Pietro editorialista me lo soffiò «La Stampa».

Tuttavia, restò il senso di quella lunga chiacchierata al ristorante, nella quale lui si espresse alla sua maniera, con una serie infinita di proverbi, metafore e immagini, ricordo vagamente acque che arrivavano o non arrivavano più a un mulino. Non ci capivo niente. Per questo, a un certo punto scelsi di porgli una domanda diretta, con argomento Berlusconi. Gli dissi: Tonino, sul Cavaliere cosa pensano di fare in procura, qual è la situazione? La mia curiosità era ovviamente legata a quanto avvenuto un mese prima di quella colazione, cioè all'«invito a comparire» recapitato a Berlusconi durante il G7 di Napoli e svelato dal «Corriere della Sera». Di Pietro rispose con un tono netto: «Su Berlusconi, non hanno in mano un cazzo». La sua frase mi tranquillizzò, ma è evidente che le cose sono poi andate in modo molto diverso.

Di Pietro mi spiegò pure che Mani Pulite l'aveva messa in piedi lui, e che tutti gli altri del pool avevano fatto ben poco. Aggiunse di non aver mai visto una pratica sulla scrivania di Gerardo

D'Ambrosio, che allora era vice di Francesco Saverio Borrelli in procura e in seguito è stato parlamentare Pd. Capirete quanto mi abbia poi sbalordito ciò che rivelò Borrelli, nei panni di testimone al processo di Brescia, con Cesare Previti imputato. Dichiarò che nel giorno dell'invito a comparire a Berlusconi, Di Pietro avrebbe urlato: «Al dibattimento ci vado io. A quello lo sfascio».

Sono passati ormai quasi vent'anni da quelle settimane convulse, in certi momenti anche tempestose. Anni che mi consentono di raccontare un episodio che allora fu riservatissimo. Proprio Elio Veltri, che come detto allora era molto vicino a Di Pietro, un giorno mi chiede un appuntamento. Deve parlarmi, dice, di una faccenda molto delicata. Ci vediamo e fa appello, sopravvalutandoli, ai miei presunti rapporti confidenziali con Silvio Berlusconi. «Fa' una proposta al Cavaliere» mi suggerisce Veltri, «digli di dimissionare Alfredo Biondi dal ministero della Giustizia e di nominare Giandomenico Pisapia al suo posto.» Devo chiarire che il Pisapia di cui parlo, che morì solo dopo pochi mesi, era il papà dell'attuale sindaco di Milano. Veltri aggiunse: «Se l'operazione va in porto, tra Berlusconi e la procura di Milano ti garantisco che cessano le ostilità». È chiaro che mi sento investito di una grande responsabilità, così chiedo a Berlusconi di ricevermi perché devo parlargli di una questione importante. Lo raggiungo a Roma, a Palazzo Chigi, e una volta al suo cospetto gli faccio presente che è il caso di parlare a quattr'occhi, ma lui replica che per Gianni Letta non ha segreti, che lui può restare. Riporto allora il messaggio di Veltri, dico a Berlusconi di aver parlato con questa sorta di emissario della procura milanese e che da lì giunge questa precisa richiesta sulla poltrona di ministro della Giustizia. Gli spiego che, qualora la sostituzione avvenga, si può forse considerare conclusa la guerra coi giudici del pool. La sua risposta è quasi indignata, al punto che mi trovo costretto a ricordargli che io sono semplicemente nei panni di ambasciatore, che a me non ne viene in tasca nulla e che il mio mestiere è un altro.

Nei mesi precedenti, c'era stato il famigerato decreto Biondi.

A proposito del quale, io stesso avevo scritto un fondo con cui lo sconsigliavo, a me il «colpo di spugna» non pareva affatto una buona idea, né una cosa seria, piuttosto un grave errore politico. Ricordo il disappunto di molti ambienti della destra, molti arrivarono anche a chiedere a Berlusconi la mia testa di direttore del «Giornale». Mi si scagliò duramente contro anche Giuliano Ferrara, allora ministro dei Rapporti col Parlamento.

Quando si ritrovò ex magistrato, la popolarità di Antonio Di Pietro era altissima, e tra i partiti cominciò subito la competizione per reclutarlo. Già nei mesi precedenti, Berlusconi l'avrebbe volentieri nominato ministro dell'Interno del suo governo, anche perché pareva evidente che la sensibilità di Di Pietro fosse molto più vicina alla destra. Allora lui era molto amico di Mirko Tremaglia, ex repubblichino e figura storica del Movimento sociale. Fu proprio Tremaglia a raccontarmi un giorno che, qualora Tonino avesse accettato le proposte della politica, sarebbe certamente finito in An. Ma anche qui i fatti successivi smentirono le attese. In realtà, fu Prodi a inserirlo nel 1996 nel suo governo, con l'incarico di ministro dei Lavori pubblici. Carica nella quale Tonino non durò molto, presto si dimise in seguito alle inchieste che lo riguardavano. Nel novembre dell'anno successivo partecipò per la prima volta alla competizione elettorale, D'Alema lo candidò in un collegio senatoriale blindato della Toscana, al Mugello. Contro di lui, Forza Italia schierò Giuliano Ferrara e Rifondazione comunista il vecchio direttore del Tg3, Sandro Curzi. Naturalmente, non ci fu storia. Di Pietro stravinse conquistando i due terzi dei voti.

Da giornalista, con l'obbligo di raccontare ciò che accadeva, spesso sono stato costretto ad andare giù pesante. Ma al di là di molte querele, non ho mai avuto polemiche o screzi personali con Antonio Di Pietro. Ora confesso di essere stupito della sua morte politica, ho la sensazione che l'abbia definitivamente ammazzato la Gabanelli, con quella inchiesta di «Report» sugli immobili di cui sarebbe titolare. Qualcosa della sua immagine s'era già incrinata con la pessima selezione del personale di cui si è circondato. I De Gregorio, i Razzi erano tutti uomini suoi. Nemmeno lui è sfuggito alla vecchia regola elettorale: li voglio tutti puliti, pulitissimi, ma prima voglio che portino voti. Ci piaccia o no, la democrazia è fatta anche di questo.

Un altro fattore del suo tramonto è sicuramente la parabola di Berlusconi, il suo grande avversario. Il declino politico di Di Pietro si è acuito senza dubbio da quando Berlusconi non è più il premier. Ma, pur chiamando in causa la perdita di significato dell'antiberlusconismo, resta comunque difficile spiegare un'estinzione, una scomparsa così brusca.

In fondo parliamo di un leader in grado di mettere insieme alle europee del 2009, quindi solo quattro anni fa, addirittura l'8 per cento dei voti, piazzando ben sette europarlamentari. Solo un anno prima, nel 2008, decise di allearsi soltanto, e non di fondersi, col Partito democratico appena messo in piedi da Veltroni. Col senno di poi, mi chiedo se non abbia sbagliato, fosse confluito nel Pd oggi forse ce lo ritroveremmo ancora protagonista.

Ha vissuto giorni in cui è stato un gradino più su della Madonna. Addirittura sui ponti delle autostrade si inneggiava a lui con scritte tipo: «Tonino pensaci tu». Va sottolineato che anche durante la sua esperienza politica, Di Pietro ha sempre conservato il vecchio sapore del poliziotto, del magistrato, dell'uomo di legge che continua a fare il tifo e a spendersi per i suoi ex colleghi. La verità è che in una fase durata alcuni anni, dopo l'eclisse della sinistra radicale e prima che entrassero in gioco i grillini, il voto di protesta in Italia l'ha gestito soprattutto lui. E questo ha del tutto smentito l'idea di uomo vicino alla destra che avevamo immaginato all'epoca in cui poliziotto e giudice lo era davvero.

IX

IL «DEMONIO» BERLUSCONI

Berlusconi mi stava antipatico. Parlo dell'epoca in cui non lo conoscevo, epoca della quale racconterò un episodio. Devo risalire all'incirca al 1973, quando facevo il cronista alla «Notte». Un giorno mi chiama il direttore, Nino Nutrizio, che io adoravo. Mi chiede di realizzare un servizio su Milano 2, la nuova cittadella che la Edilnord, società di Silvio Berlusconi, stava edificando nella zona di Segrate. Ora, questo nuovo centro residenziale si trovava subito con un bel problema, cioè gli aerei in partenza da Linate, l'aeroporto che è proprio a un passo da Segrate. Il disagio per chi avrebbe preso casa a Milano 2 sarebbe stato enorme, perché enorme era il frastuono dei voli che decollavano ogni due minuti. Berlusconi la soluzione l'aveva escogitata, pensò che gli aerei potessero deviare la rotta iniziale sul radiofaro di Trezzo, in tal caso non sarebbero passati su Milano 2. Ma questa deviazione prevedeva una virata che, secondo alcuni, rischiava di essere pericolosa. Edilnord insisteva per imporre ugualmente la nuova rotta, così nel mezzo della polemica io mi presentai al cantiere di Milano 2. Trovai lì un signore che conoscevo bene, Vittorio Moccagatta, che ha fatto parte anche dell'ufficio stampa di De Benedetti. Mi fa parlare con dirigenti e ingegneri, mi presenta anche un paio di politici democristiani che erano sul cantiere. Quando ho raccolto materiale sufficiente, torno in redazione e scrivo il mio articolo. Sostengo la posizione di Edilnord, ritengo cioè che la deviazione delle rotte vada fatta. Tenete presente che io Berlusconi non lo conoscevo per niente. L'articolo esce e i lavori di Milano 2 proseguono, dopo un po' vengo a sapere che la tesi di Berlusconi è stata accolta, gli aerei decolleranno ed eviteranno di passare sul suo centro residenziale. A questo punto è facile intuire che quest'uomo ha delle capacità particolari, pochissimi avrebbero solo pensato di far deviare delle rotte aeree. Oltre che pensarlo, lui intascò anche il risultato che voleva.

Negli anni successivi, portata a termine Milano 2, il suo potere era cresciuto smisuratamente e lui si lanciò in mille altri affari. Tra questi, ci fu la creazione di Telemilano, che inizialmente era solo una Tv di quartiere, un grosso videocitofono. Parlo di un'epoca in cui le Tv private non facevano paura a nessuno, era impossibile immaginare l'era del duopolio. Ma anche con Telemilano, Berlusconi fa presto a dilatarsi, compra ripetitori dove può, a destra e a sinistra, fino a trasformarsi presto in Canale 5. Una volta che il giocattolo è cresciuto così tanto, comincia a rastrellare in giro programmi già confezionati. Ma il punto non è solo questo, riesce a impadronirsi di questi programmi nel giro di pochissimo, perché li paga tre volte il prezzo di mercato, quello con cui vivono le altre Tv private. All'epoca ne avevo una anch'io, l'avevo chiamata VideoBergamo e riusciva a espandersi piuttosto in fretta. Così, per non lasciare un nome che limitava i nostri confini e che appariva un po' provinciale, la ribattezzammo VideoDelta.

Ovvio che l'impennata dei prezzi dovuta alle acquisizioni di Berlusconi mise fuori mercato tante Tv che avevano vivacchiato fino ad allora. Nessuno poteva permettersi di spendere quanto lui. Ma perché si comportava in quella maniera? Proprio per eliminare la concorrenza, quella che poteva procurargli qualche fastidio. Non le emittenti piccole e piccolissime, s'intende, quelle sanno sopravvivere anche con pochissimo, magari con soli prodotti artigianali e fatti in casa. Ma tutte le Tv che invece erano cresciute o tentavano di farlo, e che in quel periodo cercavano di ritagliarsi uno spazio sempre più notevole, in quelle nuove condizioni rischiarono di essere spazzate via. Ecco perché Berlusconi mi stava antipatico, perché la mia VideoDelta fu tra le Tv che pagarono il suo strapotere. Per me fu immediato vedere in lui il classico prepotente che a forza di quattrini porta via tutto. Del resto, non esisteva alcuna regolamentazione. Ricorderete bene che la politica impiegò tanti anni a legiferare e a tentare di mettere paletti su una materia che fino a quel punto era stata solo liberalizzata. Era il caos, una prateria da Far West su cui ciascuno faceva quel che gli pareva e dove, ovviamente, il più forte prevaleva. Ma va detto che, anche stavolta, era stato lui il più abile di tutti. Nel senso che nessuno aveva i suoi mezzi, e si era portato dalla sua parte le banche e forse anche la politica. Si diceva, e può anche darsi che fosse vero, che al suo fianco ci fosse ormai Craxi. Se ne dicevano già tante, in realtà, per esempio che avesse enormi esposizioni bancarie.

Improvvisamente, e siamo nel febbraio 1986, acquista il Milan. Fece scalpore il suo arrivo con l'elicottero per salutare la squadra, tanto che Tacconi, all'epoca portiere della Juventus, commentò che presto quell'elicottero sarebbe stato molto utile. Per scappare. Va detto che la storia ha dato torto a Tacconi, se non altro per le tantissime vittorie del Milan con Berlusconi presidente. Resta il fatto che a me questo faraone che prende tutto ciò che vuole non può in nessun modo andare a genio, anche se bisogna ammettere che nel frattempo è già diventato un personaggio decisamente ingombrante. Un giorno chiedo di intervistarlo per il «Corriere della Sera», giornale al quale ero passato. Mi dicono che non è possibile, anzi che non se ne parla.

Sul finire degli anni Ottanta, io divento direttore dell'«Europeo». Un po' di tempo dopo, decido che va fatta un'intervista a Berlusconi, che nel 1990 è in piena lotta con De Benedetti per l'acquisizione della proprietà di Mondadori. Chiamo la sua segreteria, mi rispondono: «Benissimo, ci invii le domande». Io le preparo e ne invio una bella lista. In realtà, per alcuni giorni non accade proprio niente. Inizio a essere inquieto perché ho il giornale che deve andare in macchina. In modo inatteso, una mattina in redazione mi telefona lui, Berlusconi. Cerco di fargli questa benedetta intervista, ma mi accorgo subito che è del tutto impossibile. Impossibile perché parla lui, parla soltanto lui, e senza mai concedersi una pausa, nemmeno una in cui infilarci almeno una domanda, una domandina piccola. Insomma, mi girano le scatole e decido che l'intervista non l'avrei più fatta. Era un nuovo elemento che faceva crescere la mia antipatia per il personaggio Berlusconi.

Quando nel gennaio del '90 la Corte d'Appello di Roma sentenzia che le azioni Mondadori devono andare a Berlusconi, nel mio corsivo settimanale pubblicato il 2 agosto successivo scrivo che questo signore sta ormai comprando proprio tutto, che non ha più ostacoli nemmeno sul fronte delle norme televisive, visto che qualche anno prima Craxi gli ha sbloccato i provvedimenti di oscuramento dei pretori coi famosi «decreti Berlusconi». A questo punto, aggiungo, gli conviene comprare pure la «Gazzetta Ufficiale», così le leggi potrà scriversele e pubblicarsele da solo.

Diconsi quattordici anni. Durante i quali la Rai ha mantenuto gli antichi privilegi (canone, diretta, deficit ripianato dallo Stato) e la Fininvest ne ha scippati vari per sé, complici i partiti, la Dc, il Pri, il Psdi, il Pli e il Pci, con la loro stolida inerzia, e il Psi con il suo attivismo furfantesco, cui si deve tra l'altro la perla denominata «decreto Berlusconi» cioè la scappatoia che consente all'intestatario di fare provvisoriamente i propri comodi in attesa che possa farseli definitivamente. Decreto elaborato in fretta e furia nel 1984 a opera di Craxi in persona, decreto in sospetta posizione di fuorigioco costituzionale, decreto che perfino in una repubblica delle banane avrebbe suscitato scandalo e sarebbe stato cancellato dalla magistratura in un soprassalto di dignità e che invece in Italia è ancora spudoratamente in vigore senza che i suoi genitori siano morti suicidi per la vergogna. Niente. Non soltanto non sono morti, ma sono ancora lì, in piena salute, a far danni alla collettività, col pretesto di curarne gli interessi, interessi che sarebbero gli stessi, secondo loro, del dottor Silvio di Milano 2, il quale pretende tre emittenti, pubblicità pressoché illimitata, la Mondadori, un quotidiano e alcuni periodici. Poca roba. Perché non dargli anche un paio di stazioni radiofoniche, il «Bollettino dei naviganti» e la «Gazzetta Ufficiale», così almeno le leggi se le fa sul bancone della tipografia? Poiché nemmeno il garofano, pur desiderandolo, ha osato chiedere tanto per l'amico antennuto, cosa che avrebbe impedito ogni spartizione per esaurimento del materiale da spartire, eccoci giunti allo sgradito momento della resa dei conti: il varo dei capolavori di Mammì, che non è il titolo di una canzonetta, ma il ministro delle Poste, colui che ha scritto sotto dettatura il testo per la disciplina dell'etere.

È evidente che io considerassi questo Berlusconi un prepotente, pronto ogni volta a prendersi tutto e subito, con qualsiasi mezzo. Non sapevo che ci fossero mezzi illeciti, a me pareva tutto regolare o comunque compatibile con l'assenza di leggi che disciplinassero la materia.

Chiusa l'esperienza all'«Europeo», come ho già raccontato, nel 1992 passo alla direzione dell'«Indipendente», che presi inguaiato e che riuscii a raddrizzare. Al «Giornale», nello stesso periodo, Indro Montanelli e Federico Orlando non colgono l'aria che sta trasformando l'Italia, che anzi l'ha già trasformata. Capita spesso che proprio i capi se ne stiano chiusi nelle loro torri d'avorio e che da lì siano troppo distanti per annusare e vedere i cambiamenti. Restano ingessati nei loro ruoli. Non possono ascoltare la gente comune e i suoi umori, perché non vanno neanche al bar a prendere il caffè, se lo fanno portare sulle grandi scrivanie dei loro uffici.

Fatto sta che in quel periodo le vendite del «Giornale» vanno decisamente maluccio. Il travaso è chiaro, le copie che «il Giornale» sta perdendo vanno all'«Indipendente». C'è una gran massa di lettori che è incazzata, che vuole cambiamento e pretende che il suo quotidiano ne parli. Le nostre iniziali tredici o quattordicimila copie s'impennano fino anche a settantamila. A uno come Berlusconi questi fenomeni non sfuggono, così comincia a prendere informazioni sul direttore del quotidiano che da un po' sta sottraendo lettori al suo. A quell'epoca il responsabile del suo ufficio stampa era un ingegnere, Giovanni Belingardi, che conoscevo bene fin dai tempi in cui era stato mio collega al

«Corriere della Sera», poi lui aveva praticamente cambiato mestiere. È a lui che Berlusconi si rivolge per avere notizie sul mio conto. Dopodiché gli dice: «Inviti qui una sera il direttore Feltri, voglio conoscerlo di persona».

Belingardi mi chiama e fissiamo davvero l'appuntamento. Siamo nell'aprile 1994, qualche giorno più tardi faccio il mio primo ingresso a Villa San Martino, dopo un po' mi ritrovo per la prima volta al cospetto di Silvio Berlusconi, che fino a quel momento non avevo mai visto di persona. Ci servono un aperitivo e dopo un po' ci si siede a tavola. A colazione finita, Berlusconi dice di voler fare quattro chiacchiere in privato con me e chiede ai presenti di lasciarci soli, Belingardi compreso. Comincia subito con dei gran complimenti alla conduzione del mio giornale, classica formula di seduzione che mette in atto in circostanze come questa. A un tratto spara: «Ma a lei piacerebbe dirigere "il Giornale"?». Io rifletto un istante poi rispondo nel solo modo possibile. Qualcosa tipo: a chi non piacerebbe? È un quotidiano di prestigio, ma c'è Montanelli.

Lui mi spiega che in realtà ultimamente in redazione non c'è una bella aria, e che dunque lì c'è l'intenzione di dare una bella spolverata agli ambienti. Mi dice che ne avrebbe parlato a suo fratello Paolo e che gli avrebbe suggerito il mio nome. In effetti, dopo alcune settimane mi richiama e avanza offerte vere e proprie, invitandomi a entrare concretamente nel gruppo. A far cosa, però, ancora non si capisce bene, visto che Montanelli nel frattempo resta seduto sulla sua poltrona di direttore. Intanto s'è fatta estate. Il 14 agosto Berlusconi mi chiama nuovamente, pregandomi di raggiungerlo l'indomani a casa sua. «Sempre che lei non trascorra il Ferragosto in vacanza» aggiunge. Gli spiego che me ne starò a casa, con mia moglie e i miei figli. «Benissimo!» continua «porti anche loro, mangeremo tutti a casa mia.» Gli faccio presente che proprio non mi pare il caso, che potrei anche raggiungerlo, ma che certamente lo farei da solo.

Il giorno dopo siamo di nuovo a tavola insieme. Lui mi parla, stavolta in maniera decisamente più pratica. Dice di volermi contrattualizzare, di volermi come suo dipendente. A me un sospetto viene. Come faccio a non pensare che voglia disinnescare il giornale concorrente, togliendo il direttore al quotidiano che in questo momento strappa copie al suo? Tuttavia, aggiunge che vorrebbe affidarmi Canale 5. Ma all'epoca alla direzione del Tg5 c'è Mentana, inoltre gli faccio notare che io la televisione non la so fare. Lui, imperturbabile, commenta: «Ma dai, lei è abituato a buttar giù articoli di mezza pagina, in Tv le basteranno pezzi di cinque righe». Credetemi, lui è esattamente così. Se c'è da vendere o da acquistare, nulla può smuoverlo dallo scopo che si è dato. Prosegue poi parlando dell'eventualità di fare il condirettore di Montanelli al «Giornale». Ma anche quello era un discorso vago, che in quel momento non aveva alcuna possibilità di essere seriamente approfondito.

Si continua a parlare, ma pian piano io comincio ad avvertire uno strano senso di caldo. Mentre lui mi offre contratti di qua e di là, io penso che qualcosa deve avermi fatto male. Quel senso di caldo presto diventa dolore, ho delle fitte al ventre laceranti, come se dei cani mi stessero mordendo lo stomaco. Berlusconi continua con le sue offerte, e io ora fatico a stargli dietro. Non escludo nemmeno di avergli detto qualche «sì», la realtà è che inizio a capirci poco. A un certo punto, preso dalla disperazione più cupa, mi decido a chiedere dov'è il bagno. Me lo indicano e finalmente mi introducono in quella che è una specie di reggia. Io non avevo mai visto niente del genere, del resto avrei solo dovuto nascere in una famiglia di prìncipi, perché quel bagno era una vera dimora reale, fatta di ori e sugheri e altri materiali sfarzosi ed elegantissimi. Usarlo mi costò tantissimo, quasi mi rimordeva la coscienza, era un ambiente così bello che non meritava quella profanazione. Ma potete capirmi, ci sono momenti in cui lo stomaco rimorde più della coscienza.

Immaginate il mio imbarazzo, non mi sento uno che sta facendo una gran figura. Ma almeno sto meglio, molto meglio rispetto a prima. Così torno di là, dove lui m'aspetta. Subito mi dice che devo incontrare al più presto il suo direttore generale per discutere i dettagli del mio contratto. Ma la questione sul cosa io dovessi fare resta aperta. Lui continua a risolverla con esasperante leggerezza: «Poi vediamo» ripete.

Incontro dunque questo loro direttore generale. Tenete presente che il mio mestiere era direttore di un quotidiano, avevo perciò un reddito che posso definire più che decente. Per giunta, non ero ancora così convinto di lasciare «L'Indipendente» e passare con loro. Infatti sul momento non se ne fa nulla, ma lui si fa vivo ancora diverse volte. È chiaro che siamo in piena fase di corteggiamento. Del resto, io non gli lisciavo il pelo, non avevo quei comportamenti da adulatore ai quali immagino lui fosse abituato. Nei suoi confronti non avvertivo alcun obbligo, a parte naturalmente il piccolo scrupolo di avergli profanato il cesso.

È nato così il mio incontro con l'uomo di cui in Italia da decenni nessuno può fare a meno di parlare. Ormai da troppo sento dire sul suo conto «uscita di scena». Fossi in lui, piuttosto che un cavillo giuridico per riguadagnare il seggio parlamentare, cercherei il passaporto. Tanto meglio godersi in un Paese estero, e in una residenza da sogno, la pensione da uomo politico. Gli restano buoni amici che sono capi di Stato, un passaporto diplomatico per andare dove gli pare lo otterrebbe senza fatica.

Chiuderebbe coi suoi sogni da premier e chiuderebbe con l'Italia. Non è mica detto che sia peggio.

NOTE

I. *Serva Italia, di dolore ostello*

[1] Giuseppe Prezzolini, *L'Italia finisce. Ecco quel che resta*, Rusconi, Milano, 1981, p. 12.

[2] Guido Piovene, *Viaggio in Italia*, Baldini&Castoldi, Milano, 2003, p. 9.

[3] Federico Chabod, *L'idea di nazione*, Laterza, Roma-Bari, 1962, p. 17.

[4] *Idem*, p. 23.

[5] Simona Colarizi, *Storia del Novecento italiano*, Rizzoli Bur, Milano, 2000, p. 7.

[6] Norberto Bobbio, *Profilo ideologico del Novecento italiano*, Einaudi, Torino, 1986, p. 3.

[7] *Idem*, p. 36.

[8] Norberto Bobbio, *La cultura italiana fra Ottocento e Novecento*, in *La cultura italiana tra '800 e '900 e le origini del nazionalismo*, Leo S. Olschki Editore, Firenze, 1981, p. 5.

[9] *Idem*, p. 9.

[10] Alfredo Oriani, *La lotta politica in Italia*, Cappelli, Bologna, 1952, p. 744.

[11] Enrico Corradini, *Discorsi politici (1902-1924)*, Vallecchi, Firenze, 1925, p. 61.

[12] Renzo De Felice, *Fascismo*, Le Lettere, Firenze, 2011, p. 37.

[13] Giordano Bruno Guerri, *Antistoria degli italiani*, Mondadori, Milano, 1997, p. 308.

[14] Carl Schmitt, *Il nomos della terra*, Adelphi, Milano, 1991, p. 59.

[15] Alain De Benoist, *Democrazia. Il problema*, Arnaud, Firenze, 1985, p. 41.

II. *Settembre 1943: fuga e dissoluzione di uno Stato*

[1] È il titolo di un saggio di Ernesto Galli della Loggia, *La morte della patria*, Laterza, Roma-Bari, 1996.

[2] Alfio Caruso, *Da cosa nasce cosa*, Longanesi, Milano, 2002, p. 43.

[3] Claudio Pavone, *1943: L'8 settembre*, Laterza, Roma-Bari, 2012, p. 8.

[4] *Idem*, p. 15.

[5] Renzo De Felice, *Rosso e Nero*, a cura di P. Chessa, Baldini&Castoldi, Milano 1995, p. 43.

[6] Radio Rai, settimanale «L'Argonauta», dichiarazione testuale di Massimo Cacciari, Roma, 2004.

[7] Gruppi di azione patriottica.

[8] Quelli di Feltrinelli si chiameranno Gruppi d'azione partigiana.

[9] Alberto Franceschini lo scrive nel libro *Mara, Renato e io. Storia dei fondatori delle BR*, Mondadori, Milano, 1988.

[10] Massimo Caprara, *Quando le Botteghe erano oscure*, il Saggiatore, Milano, 1997, p. 21.

[11] Lo storico britannico Eric J. Hobsbawm ritiene che Mussolini potesse fare a meno di Gentile, quindi la sua adesione al fascismo non fu un elemento decisivo. Cfr. *Il secolo breve 1914-1991. L'era dei grandi cataclismi*, Rizzoli, Milano, 1998, p. 144.

III. «*Sono il compagno Ercoli*»

[1] Maurizio Valenzi, *C'è Togliatti! Napoli 1944. I primi mesi di Togliatti in Italia*, Sellerio, Palermo, 1995, p. 19.

[2] Cfr. Massimo Caprara, *Gramsci e i suoi carcerieri*, Edizioni Ares, Milano, 2001, pp. 52-53.

[3] Cfr. Giuseppe Vacca, *Vita e pensieri di Antonio Gramsci, 1926-1937*, Einaudi, Torino, 2012, p. 114-115.

[4] Irina Khormach, *Urss-Italia 1924-1939. Relazioni diplomatiche ed economiche*, Mosca, 1995.

[5] Nel 2001, a Rimini, intervenendo al meeting dell'Amicizia, Olga Gramsci, figlia di Giuliano, a sua volta figlio del fondatore del Pci, dichiarò: «Probabilmente Antonio Gramsci poteva essere salvato dal carcere fascista, trattando la sua liberazione. Ma è altrettanto probabile che i suoi compagni abbiano pensato più alla ragion di partito piuttosto che all'uomo che soffriva in prigione». Tesi ripresa anche nel libro di Massimo Caprara, ex segretario di Palmiro Togliatti, *Gramsci e i suoi carcerieri*, cit.

[6] Benito Mussolini, *Opera omnia*, XXIX, La Fenice, Firenze, 1959, p. 45.

[7] Cfr. Franco Lo Piparo, *I due carceri di Gramsci. La prigione fascista e il labirinto comunista*, Donzelli, Roma, 2012, p. 22.

[8] Franco Lo Piparo, *L'enigma del quaderno*, Donzelli, Roma, 2013, p. 13.

[9] Secondo la tesi avanzata dallo studioso Franco Lo Piparo i *Quaderni* sarebbero giunti a Mosca attraverso la Banca Commerciale.

[10] Aurelio Lepre, *Togliatti, Gramsci e i «Quaderni» tagliati*, «Corriere della Sera», 15 dicembre 2005. Cfr. anche Massimo Caprara, *Gramsci e i suoi carcerieri*, cit., p. 21.

[11] Massimo Caprara, *Gramsci e i suoi carcerieri*, cit., pp. 20-21.

[12] Maurizio Valenzi, *C'è Togliatti! Napoli 1944: i primi mesi di Togliatti in Italia*, cit., pp. 20-21.

[13] Renato Mieli, *Deserto rosso. Un decennio da comunista*, Il Mulino, Bologna, 1996, pp. 14-15.

[14] Mirella Serri, *I Redenti. Gli intellettuali che vissero due volte*, Corbaccio, Milano, 2005, p. 18.

[15] Giovanni Sedita, *Gli intellettuali di Mussolini. La cultura finanziata dal fascismo*, Le Lettere, Firenze, 2010.

[16] Nello Ajello, *Intellettuali e Pci. 1944-1958*, Editori Laterza, Roma-Bari, 1979, p. 45.

[17] *Idem*, p. 47.

IV. *Costruire l'egemonia rossa*

[1] Benedetto Croce, *Taccuini di guerra (1943-1945)*, Adelphi, Milano, 2004, p. 14.

[2] Benedetto Croce, *Quando l'Italia era tagliata in due. Estratto di un diario (luglio 1943-giugno 1944)*, Laterza, Roma-Bari, 1948, p. 44.

[3] Leo Longanesi, *Parliamo dell'elefante: frammenti di un diario*, Longanesi, Milano, 1947, p. 221.

[4] L'articolo dell«Unità», non firmato, si intitolava *Filosofia e proprietà fondiaria*, il giornale era diretto da Eugenio Reale e Velio Spano.

[5] «Rinascita», a. I, n. 1, giugno 1944, p. 30.

[6] Benedetto Croce, *Scritti e discorsi politici (1943-1947)*, vol. I, Bibliopolis, Napoli, 1993, p. 313.

[7] Giuseppe Prezzolini, *Diario 1942-1968*, Rusconi, Milano, 1981, p. 112.

[8] In «Risorgimento liberale», 13 aprile 1948.

[9] Cfr. Giorgio Amendola, *Sui debiti della sinistra*, convegno de «Il Mondo», 18-19 maggio 1973, cit. in Mirella Serri, *I Redenti. Gli intellettuali che vissero due volte*, Corbaccio, Milano 2005, p. 18.

[10] «The Economist», 30 ottobre 1944.

[11] G. Vecchietti, «La Stampa», 8 dicembre 1938.

[12] Copia conservata all'Acs, ministero dell'Interno, Direzione generale di P.S., Divisione AA.GG.RR., sez. 1, Confino, registrata il 18 luglio 1935, protocollo n. 710-11647, col titolo «Esposto di Norberto Bobbio a S.E. il capo del Governo».

V. *Amnistiare e fucilare*

[1] Renzo De Felice, *Rosso e Nero*, a cura di P. Chessa, Baldini&Castoldi, Milano, 1995, p. 45.

[2] Claudio Pavone, *Una guerra civile: saggio storico sulla moralità nella Resistenza*, Bollati Boringhieri, Torino, 1991, p. 223.

VI. *Quando la polizia denunciò il giovane onorevole Napolitano*

[1] «Correspondence, 1954», Box X59, intestata a Claire Boothe Luce alla Library of Congress di Washington.

VII. *Piano K e rivoluzione armata*

[1] Il 18 aprile 1948 la Dc ottiene 12.741.299 voti pari al 48,7 per cento, contro 8.137.047 pari al 30,7 per cento del Fronte democratico popolare. Unità socialista, la lista di Saragat, ha 1.858.346 pari al 7,1 per cento. Il Blocco nazionale, che univa liberali e qualunquisti, 1.004.889 pari al 3 per cento. Il Pri raccoglie 652.477 voti pari al 2,5 per cento. La destra prende il 5,3 per cento dei voti, divisi fra i monarchici e il Msi che entra per la prima volta in Parlamento.

[2] Carlo Maria Lomartire, *Insurrezione: 14 luglio 1948*, Mondadori, Milano, 2006, p. 82.

[3] *Idem*, p. 98.

[4] Si veda «Verbale della conversazione di I.V. Stalin con P. Secchia», in E. Aga-Rossi, V. Zaslavsky, *Togliatti e Stalin. Il Pci e la politica estera staliniana negli archivi di Mosca*, il Mulino, Bologna, 1997, p. 296.

[5] M. Djilas, *Conversations with Stalin*, Brace&World, New York, 1962, pp. 181-182.

[6] Maurizio Caprara, *Lavoro riservato: i cassetti segreti del Pci*, Feltrinelli, Milano, 1997, p. 26.

[7] Marco Clementi, *L'alleato Stalin. Italia (1943-1948)*, Rizzoli, Milano, 2011, p. 265.

[8] Camera dei deputati, *Atti parlamentari*, seduta pomeridiana di sabato 28 ottobre 1950, p. 23.339.

VIII. *La costituzione sovietica*

[1] Assemblea Costituente, seduta di martedì 4 marzo 1947.

[2] F. Calzaretti (a cura di), *La nascita della Costituzione*, «Le discussioni alla Costituente», www.nascitacostituzione.it.

[3] Indro Montanelli - Mario Cervi, *L'Italia del Novecento*, Rizzoli, Milano, 1998, p. 334.

[4] Piero Calamandrei, *Chiarezza nella Costituzione*, Edizioni Storia e Letteratura, Roma, 2012, pp. 22, 29, 30.

[5] Sentenza n. 1146 del 1988.

[6] Camera dei deputati, *Atti parlamentari*, Processo verbale della seduta del 19 marzo 1949.

[7] Paolo Emilio Taviani, *Politica a memoria d'uomo*, Bologna, il Mulino, 2002, p. 124.

[8] Ai sei italiani morti durante gli scontri (Pierino Addobbati, Erminio Bassa, Leonardo Manzi, Saverio Montano, Francesco Paglia e Antonio Zavadil) sarà assegnata la medaglia d'oro al valor militare.

[9] Cfr. Gianni Oliva, *La resa dei conti: aprile-maggio 1945. Foibe, piazzale Loreto e giustizia partigiana*. Mondadori, Milano, 1999, p. 135.

IX. *L'Italia si fa ricca: il boom economico*

1 Roberto Napoletano, *Promemoria italiano*, Rizzoli, Milano, 2012, p. 11.

2 Valerio Castronovo, *Il miracolo economico*, Laterza, Roma-Bari 2008, p. 426.

3 Ezio Vanoni, *La politica economica degli anni degasperiani. Scritti e discorsi politici ed economici*, a cura di P. Barucci, Firenze, Le Monnier, 1977, p. 224.

4 Valerio Castronovo, *Il miracolo economico*, cit., p 3.

5 Carlo Maria Lomartire, *Mattei*, Mondadori, Milano, 2006, pp. 89-90.

6 Eugenio Scalfari, *L'autunno della Repubblica. La mappa del potere in Italia*, Etas Kompass, Milano, 1969, p. 127.

7 Italo Calvino, *La belle époque inattesa*, in «Tempi moderni», luglio-settembre 1961, p. 26.

8 Stephen Gundle, *Dolce vita*, Rizzoli, Milano, 2012, p. 19.

X. *Coloro che non la bevono*

1 Panfilo Gentile, *Opinioni sgradevoli*, Volpe, Roma, 1968, «Indroduzione» di Mario Missiroli, p. XVII.

2 Indro Montanelli, *Soltanto un giornalista*, a cura di T. Abate, Rizzoli, Milano, 2002, p. 135.

3 Leo Longanesi, *Ce grand malheur*, 1950, in *Fa lo stesso*, a cura di Paolo Longanesi, Milano, 1996, p. 290.

4 Leo Longanesi, *Borghese e proletario*, in «il Borghese», n. 2, 1° aprile 1950, p. 4.

5 *Dopo De Gasperi*, «il Borghese», 1° giugno 1950, editoriale non firmato, scritto probabilmente a sei mani da Longanesi, Ansaldo e Montanelli.

6 Leo Longanesi, *Il treno fantasma Lecce-Milano*, in «il Borghese», 15 marzo 1950, n. 1, p. 10.

7 Lettera di Giuseppe Prezzolini a Curzio Malaparte, 25 agosto 1948, in *Malaparte*, a cura di E. Ronchi Suckert, VII, 1948-1949, Ponte alle Grazie, Firenze, 1994, p. 161.

8 Leo Valiani, *Tutte le strade conducono a Roma*, il Mulino, Bologna, 1995, p. 279.

9 Cfr. Raffaele Liucci, *L'Italia borghese di Longanesi*, Marsilio, Venezia, 2002, p. 27.

10 Ernesto Ragionieri, *La storia politica e sociale*, in *Storia d'Italia*, vol. IV, *Dall'Unità a oggi*, tomo 3, Einaudi, Torino, 1976, p. 2389.

11 Luigi Meneghello, *Appunti per un saggio sul dopoguerra*, [1980], in Id., *Le carte. Materiali manoscritti inediti 1963-1989 trascritti e ripuliti nei tardi anni Novanta*, Rizzoli, Milano, 2001, p. 16.

12 Cfr. Raffaele Liucci, *L'Italia borghese di Longanesi*, cit., p. 28.

13 Giovanni Ansaldo, *Anni freddi. Diari 1946-1950*, il Mulino, Bologna, 2003, p. 179.

14 Panfilo Gentile, *Opinioni sgradevoli*, cit., pp. 96-101.

15 *Idem*, p. 100.

16 Giuseppe Prezzolini, *Manifesto dei conservatori*, Rusconi, Milano, 1972, p. 47.

[17] Un Borghese, *Il vetro rotto, Ritorno al Lei*, in «il Borghese», 15 aprile 1950.

[18] Cfr. Marco Ferrazzoli, *Guareschi: l'eretico della risata*, C. Marco Editore, Cosenza, 2001.

[19] E. Scalfari, *Inventario del Fondo Mario Pannunzio*, Camera dei Deputati, «Quaderni dell'Archivio Storico», n. 9, p. XV.

[20] Camera dei Deputati, Archivio storico, *Mario Pannunzio. Documenti e immagini di archivio*, p. 24.

[21] Norberto Bobbio, *Profilo ideologico del Novecento italiano*, Einaudi, Torino, 1986, p. 164.

XI. *L'anno terribile*

[1] Fabrizio Cicchitto ricorda che questa verità è chiara nei libri di Giorgio Bocca, Renato Mieli e Gianni Corbi. Cfr. Fabrizio Cicchitto, *La linea rossa. Da Gramsci a Bersani: l'anomalia della sinistra italiana*, Mondadori, Milano, 2012, p. 132.

[2] Nello Ajello, *Intellettuali e Pci. 1944-1958*, Laterza, Roma-Bari, 1997, p. 365.

[3] Cfr. le dichiarazioni del compagno Togliatti sulla menzogna della stampa reazionaria, «l'Unità», 20 marzo 1956.

[4] Nello Ajello, *Intellettuali e Pci: 1944-1958*, cit., p. 398.

[5] Orfeo Vangelista, *Gli avvenimenti*, «l'Unità», 25 ottobre 1956.

[6] Giuseppe Bedeschi, *La prima repubblica (1946-1993): storia di una democrazia difficile*, Rubbettino, Soveria Mannelli, 2013, p. 113.

[7] Enzo Bettiza, *1956. Budapest: i giorni della rivoluzione*, Mondadori, Milano, 2006, p. 81.

[8] Gian Antonio Stella, *Principe rosso*, «Corriere della sera», 8 maggio 2006.

[9] Giorgio Napolitano, *Dal Pci al socialismo europeo: un'autobiografia politica*, Laterza, Roma-Bari, 2005, p. 41.

[10] *Idem*, p. 42.

[11] Paolo Franchi - Giorgio Napolitano, *La traversata da Botteghe Oscure al Quirinale*, Rizzoli, Milano, 2013, p. 89.

XII. *Arriva il centrosinistra*

[1] Alfio Caruso, *Da Cosa nasce cosa: storia della mafia dal 1943 a oggi*, Longanesi, Milano, 2000, p. 94.

[2] Attilio Bolzoni, *Vi dico i nomi dei padri della mafia*, «la Repubblica», 11 ottobre 1996.

[3] Francesco Viviano, *I Mattarella contro Martelli: «ci insulta»*, «la Repubblica», 17 marzo 1992.

[4] Camera dei Deputati, «Relazione di minoranza dei deputati La Torre, Benedetti, Malagugini e dei senatori Adamoli, Chiaromonte, Lugnano, Maffioletti, nonché del deputato Terranova», p. 569.

[5] Beppe Niccolai, *Mafia e Potere*, www.beppeniccolai.org

[6] Paul Ginsborg, *Storia d'Italia dal dopoguerra a oggi*, Einaudi, Torino, 2006, p. 356.

[7] Guido Carli, *Intervista sul capitalismo italiano*, a cura di E. Scalfari, Bollati Boringhieri, Torino, 2008, p. 85.

[8] Cfr. Valerio Castronovo, *Il gioco delle parti. La nazionalizzazione dell'energia elettrica in Italia*, Rizzoli, Milano, 2012.

XIII. *Mao, lo zio Ho, l'autunno caldo*

[1] Thiounn Mumm, «l'Unità», 24 marzo 1975.

[2] Massimo Nava, *Che Guevara tradito da Castro su ordine dell'Unione Sovietica*, «Corriere della Sera», 25 gennaio 2009.

[3] Giorgio Bocca, *Il terrorismo italiano 1970-1978*, Rizzoli, Milano, 1978, pp. 7-8.

[4] Aurelio Lepre, *Storia della prima Repubblica: l'Italia dal 1943 al 2003*, il Mulino, Bologna, 2004, p. 227.

[5] Cfr. Stefano Ferrante, *La Cina non era vicina. «Servire il popolo» e il maoismo all'italiana*, Sperling&Kupfer, Milano, 2008.

[6] Pier Paolo Pasolini, *Interviste corsare*, Liberal Atlantide Editoriale, Roma, 1995, p. 129.

[7] Cfr. Michele Brambilla, *Dieci anni di illusioni: storia del Sessantotto*, Rizzoli, Milano, 1994.

[8] Mino Monicelli, *L'ultrasinistra in Italia: 1968-1978*, Laterza, Roma-Bari,1978, p. 33.

[9] Ugo La Malfa, *Intervista sul non-governo*, a cura di A. Ronchey, Laterza, Roma-Bari, 1977, p. 62.

[10] Titolo di una fortunata trasmissione di Sergio Zavoli sul terrorismo.

BIBLIOGRAFIA

Aga Rossi Elena, Zaslavsky Victor, *Togliatti e Stalin. Il Pci e la politica estera staliniana negli archivi di Mosca*, il Mulino, Bologna, 1997.

Ajello Nello, *Intellettuali e Pci 1944-1958*, Laterza, Roma-Bari, 1979.

Ansaldo Giovanni, *Anni freddi. Diari 1946-1950*, il Mulino, Bologna, 2003.

Gori Francesca (a cura di), *Dagli archivi di Mosca. L'Urss, il Cominform e il PCI. 1943-1951*, Carocci, Roma, 1998.

Bedeschi Giuseppe, *La prima repubblica (1946-1993). Storia di una democrazia difficile*, Rubettino, Soveria Mannelli, 2013.

Bettiza Enzo, *1956 Budapest i giorni della rivoluzione*, Mondadori, Milano, 2006.

Bobbio Norberto, *Profilo ideologico del Novecento italiano*, Einaudi, Torino, 1986.

Bocca Giorgio, *Il terrorismo italiano (1970-1978)*, Rizzoli, Milano, 1978.

Brambilla Michele, *Dieci anni di illusioni. Storia del Sessantotto*, Rizzoli, Milano, 1994.

Calamandrei Piero, *Chiarezza nella Costituzione*, Edizioni Storia e Letteratura, Roma, 2012.

Caprara Massimo, *Gramsci e i suoi carcerieri*, Edizioni Ares, Milano, 2001.

Caprara Maurizio, *Lavoro riservato. I cassetti segreti del Pci*, Feltrinelli, Milano, 1997.

Carli Guido, *Intervista sul capitalismo italiano*, a cura di E. Scalfari, Bollati Boringhieri, Torino, 2008.

Caruso Alfio, *Da Cosa nasce cosa. Storia della mafia dal 1943 a oggi*, Longanesi, Milano, 2000.

Castronovo Valerio, *Il miracolo economico*, Laterza, Roma-Bari, 2008.

–, *Storia economica d'Italia. Dall'Ottocento ai giorni nostri*, Einaudi, Torino, 2006.
Chabod Federico, *L'idea di nazione*, Laterza, Roma-Bari, 1962.
Cicchitto Fabrizio, *La linea rossa. Da Gramsci a Bersani, l'anomalia della sinistra italiana*, Mondadori, Milano, 2012.
Clementi Marco, *L'alleato Stalin*, Rizzoli, Milano, 2011.
Colarizi Simona, *Storia del Novecento italiano*, Rizzoli, Milano, 2000.
Corradini Enrico, *Discorsi politici (1922-1924)*, Vallecchi, Firenze, 1925.
Craveri Piero, *De Gasperi*, il Mulino, Bologna, 2006.
Croce Benedetto, *Quando l'Italia era tagliata in due. Estratto di un diario (luglio 1943 - giugno 1944)*, Laterza, Roma-Bari, 1948.
–, *Taccuini di guerra (1943-1945)*, Adelphi, Milano, 2004.
La cultura italiana tra '800 e '900 e le origini del nazionalismo, Leo S. Olschki Editore, Firenze 1981.
De Benoist Alain, *Democrazia. Il problema*, Arnaud, Firenze, 1985.
De Felice Renzo, *Fascismo*, Le Lettere, Firenze, 2011.
–, *Rosso e Nero*, a cura di P. Chessa, Baldini&Castoldi, Milano, 1995.
Djilas Milovan, *Conversations with Stalin*, Brace&World, New York, 1962.
Ferrante Stefano, *La Cina non era vicina. «Servire il popolo» e il maoismo all'italiana*, Sperling&Kupfer, Milano, 2006.
Ferrazzoli Marco, *Guareschi: l'eretico della risata*, C. Marco Editore, Cosenza, 2001.
Franceschini Alberto, *Mara, Renato e io. Storia dei fondatori delle BR*, Mondadori, Milano, 1988.
Galli della Loggia Ernesto, *La morte della patria*, Laterza, Roma-Bari, 1996.
Gentile Panfilo, *Opinioni sgradevoli*, Volpe, Roma, 1968.
Ginsborg Paul, *Storia d'Italia dal dopoguerra a oggi*, Einaudi, Torino, 2006.
Guerri Giordano Bruno, *Antistoria degli italiani*, Mondadori, Milano, 1997.
Gundle Stephen, *Dolce vita*, Rizzoli, Milano, 2012.
La Malfa Ugo, *Intervista sul non-governo*, Laterza, Roma-Bari, 1977.
Lepre Aurelio, *Storia delle Prima Repubblica. L'Italia dal 1943 al 2003*, il Mulino, Bologna, 2004.
Liucci Raffaele, *L'Italia borghese di Longanesi*, Marsilio, Venezia, 2002.
Lo Piparo Franco, *I due carceri di Gramsci. La prigione fascista e il labirinto comunista*, Donzelli, Roma, 2012.
–, *L'enigma del quaderno*, Donzelli, Roma, 2013.
Longanesi Leo, *Ce grand un malheur*, 1950, in *Fa lo stesso*, a cura di P. Longanesi, Milano, 1996.

–, *Parliamo dell'elefante*, Longanesi, Milano, 1947.

Lomartire Carlo Maria, *Insurrezione. 14 luglio 1948*, Mondadori, Milano, 2006.

–, *Mattei*, Mondadori, Milano, 2006.

Mieli Renato, *Deserto rosso. Un decennio da comunista*, il Mulino, Bologna, 1996.

Monicelli Mino, *L'ultrasinistra in Italia (1968-1978)*, Laterza, Roma-Bari, 1978.

Montanelli Indro, Mario Cervi, *L'Italia del Novecento*, Rizzoli, Milano, 1998.

Montanelli Indro, *Soltanto un giornalista*, a cura di T. Abate, Rizzoli, Milano, 2002.

Mussolini Benito, *Opera omnia*, XXIX, La Fenice, Firenze, 1959.

Napoletano Roberto, *Promemoria italiano*, Rizzoli, Milano, 2012.

Napolitano Giorgio, *Dal Pci al socialismo europeo. Un'autobiografia politica*, Laterza, Roma-Bari, 2005.

Oliva Gianni, *La resa dei conti. Foibe, piazzale Loreto e giustizia partigiana*, Mondadori, Milano, 1999.

Oriani Alfredo, *La lotta politica in Italia*, Cappelli, Bologna, 1952.

Pasolini Pier Paolo, *Interviste corsare*, Liberal Atlantide Editoriale, Roma, 1995.

Pavone Claudio, *1943. L'8 settembre*, Laterza, Roma-Bari, 2012.

–, *Una guerra civile. Saggio storico sulla moralità nella Resistenza*, Bollati Boringhieri, Torino, 1991.

Piovene Guido, *Viaggio in Italia*, Baldini&Castoldi, Milano, 2003.

Prezzolini Giuseppe, *Diario 1942-1968*, Rusconi, Milano, 1981.

–, *L'Italia finisce. Ecco quel che resta*, Rusconi, Milano, 1981.

–, *Manifesto dei conservatori*, Rusconi, Milano, 1972.

Ragionieri Ernesto, *La storia politica e sociale*, in *Storia d'Italia*, Einaudi, Torino, 1976.

Scalfari Eugenio, *Inventario del Fondo Mario Pannunzio*, Camera dei Deputati, «Quaderni dell'Archivio Storico», n. 9.

–, *L'autunno della Repubblica. La mappa del potere in Italia*, Etas Kompass, Milano, 1969.

Sedita Giovanni, *Gli intellettuali di Mussolini. La cultura finanziata dal fascismo*, Le Lettere, Firenze, 2010.

Serri Mirella, *I redenti. Gli intellettuali che vissero due volte*, Corbaccio, Milano, 2005.

Taviani Paolo Emilio, *Politica a memoria d'uomo*, Bologna, il Mulino, 2002.
Vacca Giuseppe, *Vita e pensieri di Antonio Gramsci (1926-1937)*, Einaudi, Torino, 2012.
Valenzi Maurizio, *C'è Togliatti! Napoli 1944. I primi mesi di Togliatti in Italia*, Sellerio, Palermo, 1995.
Valiani Leo, *Tutte le strade conducono a Roma*, il Mulino, Bologna, 1996.
Vanoni Ezio, *La politica economica degli anni degasperiani. Scritti e discorsi politici ed economici*, a cura di P. Barucci, Le Monnier, Firenze 1977.